道徳教育の理論と方法

［第2版］

内山宗昭
栗栖　淳
編著

成文堂

第２版　はしがき

初版が刊行された折は、学習指導要領が改訂の途中で、特別の教科道徳も新体制になろうとしているところであった。その後、高等学校の学習指導要領も改訂され、現場での実践も本格的に開始され、教科書や評価の扱いなども様々に検討されるようになってきている。

道徳教育は、必ずしも政策的な動向によるものばかりではなく、つねに本質的な問題も多くあり、それを踏まえて編集を試みてきたが、社会の動きも急であり、新型コロナウイルス感染症（COVID-19）対応をはじめとして、まさに予測を超えた事態に向き合うことが求められるなかで、持続可能な社会を意識した道徳教育の在り方が大いに問われているものと考えられる。その点ではまた改めて、「道徳科」とともに、学校教育全体、そしてまさに社会に開かれた連携のなかで、よりひろい道徳教育の在り方を問うていく必要があるものと考えている。今回の改訂に際しては、そうした意識に基づき、各章ごとに内容を再度検討し、必要に応じた書き直しをおこなった。

もとより、道徳教育について考え学び、また教師として、その充実を図ろうとすることは、恒常的な教育への関心と課題意識に支えられるものである。道徳教育に関する問題は、つねに教育への本質的な問いかけを必要としており、本書は、そのような背景から、引き続き、道徳教育の理論的な側面と方法的な側面の両者を意識して構成したつもりである。

第１章では、変化する現代社会における道徳の在り方を捉え直し、新たな動向に基づき、学校や社会での道徳教育の将来像を模索した。第２章では、「道徳性」という概念を心理学的な観点から確認し、その発達的なプロセスとそれを促す要因などについて述べた。

つづいて、歴史的な変遷も踏まえ、西洋や日本の教育史・教育思想史も観点に入れながら、道徳教育の在り方を考えた。第３章では、西洋における時代や社会の移り変わりを見るなかで、改めて個と社会の関わりを意識しながら、道徳教育を考えるうえでの課題について考えた。第４章では、主に日本の道徳教育に関わる思想史を踏まえながら、道徳教育と文化の問題について検討した。第５章では、近代以降の日本の学校教育における道徳教育の歴史的な変遷を現代に至るまで取り上げた。最終章の第６章では、新しい学習指導要領を踏まえたうえで、学校における道徳指導の実践のための計画や方法、授業の在り方に関して取り上げている。

執筆者は、各分野の専門の見地から、改めて道徳教育に関する重要な知見と提言をして下さった。多忙ななかで執筆を頂きましたことに、心より感謝を申し上げたい。そうしたなかで、第１章を担当して下さっていた田部井潤先生が、病により執筆中に他界された。田部井先生は、教育社会学の見地から、社会の変化と道徳教育の関わりについて大切な知見を示して下さっていた。心よりご冥福をお祈りするとともに、先生が残された貴重なご見解を、私どもも真摯な気持ちで、引き続き学ばせていただきたいと思う。

これまでと同様、本書を教職課程教育のテキストとして活用頂くとともに、本書がまた、道徳教育にひろく関心を抱かれる多くの方々と、道徳や道徳教育の在り方をともに考え究明していく一助になれば幸いである。

最後に、今回の改訂版出版に際しても、初版と同じく成文堂編集部の田中伸治様にご理解と多大なご尽力をいただきましたことに、心より感謝と御礼を申し上げたい。

2021 年（令和３年）３月

編　　者

はしがき

学校における道徳教育の位置づけの問題は、学校教育の中で最も直接的に価値の問題を取り扱う領域としての必然性も手伝って議論が尽きない。教育史的なデリケートな問題を含むこともあるだろう。しかし、「道徳教育の充実」というテーマは、たとえ多くの議論があるにせよ、看過することの出来ない重要な領域であることに変わりはない。

2015（平成27）年3月の学習指導要領の一部改正による道徳の「特別の教科　道徳」すなわち「道徳の教科化」に伴い、教師教育も含めた道徳教育のための方法論についても関心が強くなっている。今まで実施してきた学校教育の活動全体の中で道徳教育を実施しながら、義務教育段階において「道徳の時間」を特設してきた体制から、現在は、「特別の教科　道徳」の設置に伴い、それを如何に実践してゆくのか盛んに検討されている最中であり課題の多い時期でもある。

もとより、道徳教育について考え学び、また教師として、その充実をはかろうとすることは、恒常的な教育への関心と課題意識に支えられるものであろう。道徳教育に関する問題は、つねに教育への本質的な問いかけを必要としている。本書は、そのような背景から、道徳教育の理論的な側面と方法的な側面の両者を意識して構成したつもりである。

第1章では、変化する現代社会における道徳のあり方を捉え直し、学校社会での道徳教育の将来像を模索した。第2章では、「道徳性」という概念を心理学的な観点から確認し、その発達的なプロセスとそれを促す要因などについて述べた。

つづいて、歴史的な変遷も踏まえ、西洋や日本の教育史・教育思想史も観点に入れながら、道徳教育の在り方を考えた。第3章では、西洋における時代や社会の移り変わりをみるなかで、道徳教育を考えるうえでの課題について考えた。第4章では、主に日本の道徳教育に関わる思想史を踏まえながら、道徳教育と文化の問題について検討した。第5章では、近代以降の日本の学校教育における道徳教育の歴史的な変遷を現代に至るまで取り上げた。そして、最終章の第6章では、学習指導要領の一部改正（平成27年3月）を踏まえた上で、学校における道徳指導の実践のための計画や方法に関して取り上げている。

執筆者は各分野の専門の見地から、改めて道徳教育に関する重要な知見と提言をして下さった。多忙の中をしかも短期間に執筆を頂きましたことに感謝を申し上げたい。

2017（平成29）年3月、次期学習指導要領が公示された。幼稚園では2018年度から、小学校では2020年度から、中学校では2021年度からの全面実施が、高等学校は2017年度末改訂を経て2022年度から年次進行での実施とされている。こうしたなか、本書が、教職をめざす学生にとって、道徳教育の様々な面の理解に役立つとともに、道徳教育の実践指導へ向けた援けになることを期待している。また教育に関わる多くの方の道徳教育への検討のための一助となれば幸いである。

最後に、本書出版に際し、ご理解と多大なご尽力を頂きました成文堂編集部の田中伸治氏に心より感謝と御礼を申し上げたい。

2017年（平成29年）6月

編　　者

目　次

第１章　社会の変化と道徳教育　　**田部井　潤**
第１節　社会の中の道徳……1
１　社会とは何か……3
２　多様な社会と文化における個人……4
第２節　社会の変化と道徳教育……6
１「家族」の変化……7
２「学校」の変化……10
３「コミュニティ」の変化……15
第３節　これからの道徳教育のあり方……19
１　道徳教育を考える前に……19
２　子どもたちの道徳に関する大人としての対応……21
第４節　現代社会における学校の道徳教育を考える……24
１　学校における道徳教育の位置づけ……24
２　学校における道徳教育の教授法と教育内容……26

第２章　道徳性の発達
——社会の秩序はなぜ保たれるのか——　　**柴原　宜幸**
はじめに……31
第１節　道徳性とは
——知識と判断と行動と、そしてそれにともなう感情——……32
１　道徳的知識……32
２　道徳的判断……33
３　道徳的行動……34
４　道徳的感情……34
５　道徳的行動に立ちはだかる社会的（他者からの）影響……35

第２節　道徳性の発達
——「すべき」「すべきでない」と考えるには理由がある——…36
1　発達心理学の観点から……37
2　精神分析学の観点から……42
第３節　道徳性の発達を支える要因——教えればいいのか——…44
1　発達の感受期説から考える……44
2　発達の相互作用説から考える……45
3　学習の産物として考える……46
第４節　道徳教育の難しさ
——道徳的「行動」は普遍ではない——……47
1　道徳的行動の時間的変容……47
2　道徳的行動の文化的相違……48
3　道徳的行動の状況的問題……49
第５節　本章を終えるにあたって——教育への視点——……50

第３章　西洋における時代や社会の変遷と道徳教育の課題　**栗栖　淳**
第１節　道徳教育を考える意義……53
1　西洋における古代・中世社会と道徳
——道徳における相対主義と価値内面化を手がかりとして——
……53
2　西洋における近世・近代社会と道徳教育
——価値選択の自主性を手がかりとして——……61
第２節　道徳教育を考えるうえでの課題……69
1　道徳性のもつ道徳的価値にかんする課題
——道徳的価値論を手がかりとして——……69
2　道徳性を養うことにかんする課題
——道徳性育成の方法論を手がかりとして——……72

第４章　道徳教育と文化　内山　宗昭
第１節　日本の文化・思想と道徳教育……………77
1　日本における「道徳」観……………77
2　儒教道徳の特色と批判……………82
第２節　文化的背景と道徳教育──「同調文化」と道徳教育──……87
1「同調文化」の諸側面……………87
2「同調文化」への対応……………90
第３節　道徳教育と文化：その課題……………93
1　文化と道徳教育の指導理論・方法……………94
2　文化論に立つ道徳教育の理論と方法の事例……………96

第５章　道徳教育の史的変遷
──明治期～現在──　浜野　兼一
第１節　日本の近代化と道徳教育……………103
1　西欧化教育改革における徳育……………103
2　開明派と儒教派の対立……………105
3　徳育強化の端緒……………109
第２節　教育勅語体制による修身教育の確立……………112
1　教育勅語による徳育……………112
2　修身科からみた徳育①
──明治期以前から明治前期──……………115
3　修身科からみた徳育②
──明治期後期から昭和戦前期──……………118
第３節　戦後の教育状況にみる道徳教育の展開……………121
1　戦後新教育のなかの徳育構想……………121
2　道徳教育をめぐるアメリカ教育使節団報告書と
「新教育指針」……………123
3　社会情勢の変化による道徳教育への問題提起……………127
4「道徳の時間」特設と学校の役割……………128

5　道徳教育の進展と教科化への道筋……………………………… 130

第6章　学校における道徳教育　　　　　　　　　　　**坂本　徳雄**

第1節　道徳科を要とした道徳教育………………………………135

1　これまでの経緯と今後の課題…………………………………… 135

2「読み取り道徳」から「考え、議論する道徳」への質的転換

……………………………………………………………………… 137

3　高等学校における道徳教育……………………………………… 140

第2節　道徳科の学習指導と評価…………………………………145

1　考え、議論する「道徳科」への授業改善……………………… 145

2　道徳科の評価……………………………………………………… 150

第3節　道徳科学習指導案の作成…………………………………153

1　学習指導案作成の手順や留意点（ここがポイント！）……… 153

2　学習指導案作成における評価の観点（ここがポイント！）…… 163

第4節　道徳科を要とした道徳教育（実践事例）………………164

1　宮城県大崎市立長岡小学校の実践事例に学ぶ………………… 164

2　東京都千代田区立麹町中学校の実践事例に学ぶ……………… 168

第5節　道徳教育に関する資料……………………………………171

1　道徳科の内容項目………………………………………………… 171

2　道徳教育全体計画・年間指導計画の作成事例………………… 175

資 料 ……………………………………………………………… 193

學事奬勵ニ關スル被仰出書（學制序文）…………………………194

教学聖旨…………………………………………………………………196

教育ニ関スル勅語………………………………………………………197

国民実践要領……………………………………………………………198

期待される人間像（抄）………………………………………………205

教育基本法………………………………………………………………217

小学校学習指導要領（抄）（平成20年3月告示）…………………224

中学校学習指導要領（抄）（平成 20 年 3 月告示）……………………233
高等学校学習指導要領（抄）（平成 21 年 3 月告示）…………………241
道徳に係る教育課程の改善等について（答申）（抄）…………………242
幼稚園、小学校、中学校、高等学校及び特別支援学校の
　　学習指導要領等の改善及び必要な方策等について
　　（答申）（抄）………………………………………………………………245
小学校学習指導要領（抄）（平成 29 年 3 月告示）……………………255
中学校学習指導要領（抄）（平成 29 年 3 月告示）……………………274
高等学校学習指導要領（抄）（平成 30 年 3 月告示）…………………291

第１章　社会の変化と道徳教育

第１節　社会の中の道徳

日々の生活の中で、社会における道徳心の荒廃やモラルを欠いた人々の行動がニュースとして取り上げられている。それは、具体的には次のような出来事である。学生がアルバイトをしている飲食店の店員として、非常識かつ不衛生な行為をした映像を自ら YouTube にアップロードした。必ずしも違法とは言えないが、公費を私的に利用した知事が、国民からの批判を受けて辞職した。教師や医師、公務員といった社会的に高い倫理観を期待されている人々が、セクシュアルハラスメントや痴漢といった破廉恥な行為をしたり、収賄といった違法行為をした。このような出来事が、毎日のようにテレビやインターネット上で報道されているのである。さらにこのような違法・不道徳な行為の中で、特に注目すべき事実が見られる。それは、そのような行為を犯した人間がそれを恥じる事なく公の場で言い訳をしたり、自らの非を認めず逆に開き直ったり、さらには自慢げにそれを人々に吹聴して世間の人々からの注目を集めたがる行為さえ現れてきたことであろう。そのような行為に対して、いまだ多くの人々が批判の目を向けていることは救いであるが、反面そのような違法・不道徳な行為を賞賛したり、そのような行為をした人物をヒーロー視するような風潮があることも事実である。他人のことをあれこれと批判するだけではなく、私たち自身に関してはどうであろうか。帰宅後、自分の今日一日の行動を落ち着いて振り返ってみよう。通勤・通学の途中でルールやマナーを守ったか、手助けを必要している人たちを助けるために自ら行動したのか、そしてまた他人に対して心ない対応をしなかったのか。このように考えてみると、日常生活のさまざまな場面において、自分がすべきであった行為を必ずしもできていなかったことを反省し、後悔してしまう。

道徳的に望ましくない問題が生じたとき、人々は、非道徳的行動をとった個人を批判するだけでなく、道徳教育、とりわけ学校における道徳教育にその解決策を求める。みんなが学校教育を受けることができているのに、なぜ人々は必ずしも道徳的に正しく生きることができないのであろうか。また学校で教えられている道徳教育は、人々が正しく生きる手助けにはならないのであろうか。この問題を考える際に、私たちはまず社会という視点から道徳の問題を考える必要がある。

人間は、社会的動物である。その理由は、人間は社会の中に生まれて育ち、社会の中で生活している。そしてまた、社会の中で死んでいくのである。人間は、社会なしには存在できない生き物なのである。無人島で、ひとりで暮らしたロビンソンクルーソーの話は、「生きる」という視点から見れば大変興味深いテーマであるが、私たちの日常生活ではほとんど経験することのない、完全に孤独な生活である。他者と全く接触しない世界において人が生活するとしたら、そこでは、生きるという問題はあっても「よりよく生きる」といった道徳問題が生じることはない。人々は、自分自身が生き延びるために、全精力を注ぐことになろう。すなわち、ルールや規範の設定、異なった価値観の対立を解消しようとする行為は、他者という存在があって初めて生じるものである。

このことはまた、生物学的にも指摘されている。生物学者であるアドルフ・ポルトマン（Adolf Portmann）は、他の動物と比較して人間の特徴を「生理的早産」という言葉で表現している。これは、人間の赤ちゃんが他の動物とは違い、生後すぐに自立して生きることはできないことを意味している。生まれたばかりの動物が、出産後まもなく立ち上がることができるのに対して、人間の子どもが立ち歩きを始めるのは、成長の早い子でも生後7ないしは8ヶ月後である。また、動物の赤ちゃんは生後ひとりで生きていける最低限の能力を持っているが、人間の赤ちゃんは、誰かに世話をしてもらわなければ生きていけない。すなわち、人間は生まれながらにして、他者との関係を前提とした社会的生物なのである。

1　社会とは何か

人間が社会なしには存在できないことを想定した場合、それではその「社会」とはいったい何かという問題に突き当たる。社会とは、いったいどのようなものなのだろうか。社会という言葉は、抽象的に見れば人々の集まりを指す言葉である。たとえば複数の人々が同じ目的を持って集まった「集団」は、社会の一部である。家族、隣組、学校、会社といったものは、集団や「組織」と呼ばれる小さな社会である。そしてそれらの集団や組織が集まって、市町村や都道府県といった行政単位が形成されたり、業界や政党のようなより大きな社会が作られている。さらにその上に、国家や国際社会といったいわゆる「全体社会」も存在する。

ただし国家や国際社会といった全体社会は、あくまでも概念上の産物である。事実、内戦が続いている国や国家間での利害関係からまだひとつにまとまっていない世界が、私たちの前に存在しているのである。それでは、大きな社会ではなく私たちが日常生活を過ごしている身近な社会について見てみよう。それは、どのようなものなのであろうか。学校の道徳教育の対象者である中学生を例にとって考えてみよう。中学生の生活は、通常「家族」という集団の中で始まる。朝起きて、シャワーを浴びて衣服を整えるのも、また朝食をとるのも多くの場合、それは家族が生活している家庭という場である。子どもたちは、家庭を基盤とした日常生活を過ごしいている。さて朝食を済ませてから、中学生ならば、「中学校」という組織に通学する。義務教育期間は中学校までであるが、「学校」という社会との密接な関係は、それ以後も高校、大学・短大・専門学校と続いていくのである。中学校で授業を受けたり、給食を食べたり、友達と遊んだり、放課後の部活動を終えてから、彼らの多くはもうひとつの学習集団に参加する。それは、「学習塾」や「予備校」である。学習塾や予備校では、学校とは違った教育目的や内容に沿って学ぶ。また学習塾や予備校だけではなく、「スイミングスクール」、「サッカーのクラブチーム」そして「ピアノ教室」といったさまざまな年齢からメンバーが構成される、集団活動にも参加している。さらに、休日・祭日や夏休み・冬休みといった長期休暇では、「林間学校」、「祖父母宅への訪問」そして「国内外旅行」などを通して日常生活とは違う環境の中で生活する。そこではまた、日頃とは違った集団のメンバーと接触する機会をもつのである。

このように中学生の日常生活を概観しただけでも、彼らは多様な集団や組織に同時に関与・所属し、その中で活動していることがわかる。彼らは同時に複数の社会に所属することで、それぞれの集団や組織が持つ多様な価値観を学ぶとともに、同時に所属する集団間での利害関係に悩んだりする。この集団間での利害関係に悩むとは、どういうことであろうか。それはそれぞれの集団にはさまざまなルールや価値基準があり、それらをメンバーが守ることで集団は維持されている。個人が行動の規準とする集団は特に「準拠集団」といわれているが、個人にとっての準拠集団の間で、価値や行動基準の食い違いが生じることがある。たとえば、夏休みに日程が重なってしまい「学校の部活動」と「家族旅行」の参加の選択に悩んでいる中学生を考えてみよう。学校の部活動の日程と家族旅行の日程が重なったとき、物理的にはどちらか一方を選択せざるを得ない。学校の友人関係を優先して所属する部という集団を選択するのか、親子・兄弟関係を優先して家族という集団を尊重するのか、といった問題に悩んでいる姿はしばしば見られる。これに類似するような事例は、遊び仲間、クラブ活動の友達、塾の仲間といった多様な集団のひとりのメンバーとして参加している中学生が、集団間の優先順位に悩み、考え、判断し行動している様子にも見られる。このように、悩み、考え、判断し行動するという過程にこそ、社会における実践的道徳を考える上での端緒が見られるのである。

2　多様な社会と文化における個人

社会が異なれば、その社会が求める道徳も異なる。その結果、人々が生まれ育つ社会が違えば、そこで人々が学ぶ道徳の考え方も異なる。1990年代以降の世界では、共産主義社会の崩壊、資本主義とりわけ新自由主義の浸透などに象徴されるように、国際化と世界の価値観の一元化が進められてきた。しかしながら、この変化の中で社会やそこにおける文化の違いにより、さまざまな事件が起こってきた。その代表例として、2001（平成13）年9月11日にアメリカで起こった「同時多発テロ」事件があげられよう。これは、アメリカ社会を代表とする欧米先進諸国とは価値観の異なる、イスラム社会のテロリスト集団が引き起こした事件として報道されている。この事件以降も、欧米先進諸国とは文化や価値観の異なるイスラム社会との間でさまざまな爆破事件や争い事は今も続いている。アラブの春から始まったシリア内戦は、終結の方向が見えず現在も続き、多くの難民を流出している。ヨーロッパ諸国では、シリアのみならず中東やアフリカ諸国からの難民や移民の受け入れの是非について論争が引き起こされている。そして、それに関連して国民の難民や移民に対する嫌悪や排除といった行動も見られる。

このようなイスラム社会と西欧社会の間に限らず、世界中至る所で、国家間紛争や民族対立といった問題が生じている。日本でも韓国や中国といった隣接諸国との間で、両国間の歴史や領土に絡んだ問題がしばしば表面化してきている。その動きの呼応するかのように、海外では反日運動が、また国内では在日韓国・朝鮮人や中国人に対するヘイトスピーチといった人々の過激な行動が行われている。

さらに日本国内においても、国民の意識がひとつにまとまっているわけではない。国際化や新自由主義の浸透により、国民の間で格差が生じ、国民の分断が生じている。この分断には、具体的にどんなものがあるのだろうか。身近な例でみてみよう。たとえば最近、テレビドラマでもとりあげられた、高層マンション住民の居住階数の違いによるグループ化とグループ間の対立は、所得や資産の格差から生じた、同じマンションに住みながらも住民同士が分かれている現象であろう。また、年金の受給率による世代間格差は、世代間による年金に関する考え方の違い助長している。それは年金不払いといった若者の行動、反対に「シルバーデモクラシー」という言葉に象徴されているような高齢者の行動にも現れている。

ここで誤解をまねかないために確認しておきたいことは、人々が違う意見を持ったり、違った集団を形成し所属する事を否定しているわけではない。学校教育の中では本音で語られることは少ないが、人は皆生まれながらにしてその身体的特徴や能力も異なり、育つ環境も違う存在である。だれひとりとして同じ人はなく、代わることができない唯一の存在であるという点でかけがえのないものである。このように異なった存在である個人が、互いに話し合ったり、協力するために歩み寄ることをしない。さらに、不確かな知識や誤った考えのもとで、個人間の対立やグループ間の争いを生じさせていることが、あまりにも多いのではなかろうか。そして、そのような対立や争いを避けたいがため、個人が集団から離脱し結果として孤立してしまう例も見られる。孤立化した個人は、他者や集団の助けが必要な時にその助けを求めない、求めたくないと考えがちである。このようにして人々が互いに話し合わずに理解できない結果が、集団の対立や個人の孤立化そして無力化を助長しているのである。

このような現代社会の中で、私たちは発達過程にある子どもたちに何を教えるべきなのであろうか。たとえば、国際社会のあり方について理想をいえば、それは世界に生きるすべての人々が互いに尊重し合い、争い事や意見の食い違いがあったとしても話し合いによって解決策を見いだせるといった考え方や態度を学ばせることであろう。そのためには、人々の間で、「競争というよりは協調を、対立というよりは対話を」重視するような態度を育成することが必要である。本章では、社会という視点を軸として今日の道徳問題を考えていくものである。

第2節　社会の変化と道徳教育

これまで見てきたように、私たちは複数の社会に同時に存在し、その中でさまざまな規範や習慣を学んでいる。またその規範や習慣はそれぞれの社会により異なっており、個人は異なった規範や習慣を学びながら成長してくるのである。ここでは子どもたちを取り巻く環境の中で、「家族」、「学校」そして「コミュニティ」の3つの社会を取り上げ、そこで見られる社会の変化とそれが子どもたちの道徳にどのように影響しているかを検討していこう。この3つの社会は、子どもたちにとっては身近な社会であると同時に、その中で生活することで子どもたちは道徳を学んでいるのである。

1 「家族」の変化

子どもたちが基本的生活を過ごす社会集団である家族が、大きく変化してきた。少子化や両親の離婚による成員数の減少、父親ないしは母親を欠く家庭の増加、家計収入の減少による家庭の貧困化など、家族を取り巻く状況はここ数年の間に激変してきている。その中で、家庭における経済格差がひとつの大きな問題として浮上している。そしてそれが典型的に顕れたものが、最近盛んに論じられている子どもの貧困問題である。

日本において子どもの貧困問題が新しい社会問題として気づかれ始めたのは、21世紀に入ってからである。さまざまな統計データが、日本の子どもたちの貧困状況について報告している。たとえば厚生労働省が発表した「2019年国民生活基礎調査」では、令和元年度の全世帯（5178万5千世帯）の中で児童（本調査では「18歳未満の未婚の者」）のいる世帯は、全世帯の21.7%（1122万1千世帯）である。その世帯の生活意識状況を調査した結果、生活状況が「苦しい」(「大変苦しい」、「やや苦しい」、「普通」、「ややゆとりがある」、「大変ゆとりがある」の5件法で「大変苦しい」、「やや苦しい」の合計)と回答した比率は54.4%であり、この数値は高齢者世帯の調査結果(「苦しい」という回答の合計51.7%）と比べても高い。今日、生活状況を左右する大きな要因は、世帯所得であると考えられる。それに関して見てみると、児童のいる世帯の平均所得金額が745万9千円であるのに対して、高齢者世帯の平均所得額は312万6千円でしかない。しかしながら世帯構成人数の平均は、児童のいる世帯が3.94人であるの対して高齢者世帯のそれは1.52人である。結果として、世帯の平均所得金額を世帯構成人数で除した数値は、児童のいる世帯が189万3千円/人であるのに対して高齢者世帯は205万7千円/人となる。子どもをつくりたくてもつくれない家庭が増えている原因が、ここにも窺われる。さらに近年、「老後破綻」や「下流老人」という言葉が流行している。若者たちが「老後のため」という理由で消費を我慢して貯蓄行動に励んでいることも指摘されている。これらのことからも現実の日本社会は、相対的に高齢者世帯にはやさしく、児童がいる世帯や若者に対しては厳しいことがわかる。

また、内閣府が発表した『平成26年度子ども・若者白書』においても、同様の指摘がなされている。本白書では、①子どもの相対的貧困率（世帯の可処分所得の半分以下の収入しかない家庭の子どもの比率）が上昇していること、②大人ひとりで子どもを養育している家庭が経済的に特に困窮していること、③就学援助を受けている小学生・中学生の割合も上昇していること、が指摘されている。さらに同白書では、我が国の子どもの貧困率を国際比較の視点から検証している。貧困率が低い順（貧困世帯数の割合が少ない順）でみてみると、2010（平成22）年時点では比較対象国34カ国の中で、日本は第25位に位置している。この順位は、先進国の中ではイタリア（第28位）やアメリカ（第30位）よりは上位であるが、北欧福祉国家であるデンマーク（第1位）、フィンランド（第2位）、ノルウェー（第3位）そしてスウェーデン（第7位）とは較べるまでもなく、アジアでも韓国（第9位）よりも下位に位置している。

これらの調査結果をまとめてみると、子どもを取り巻く家庭の経済的環境は大変な厳しいものと言わざるを得ない。「衣食足りて礼節を知る」や「貧すれば鈍する」といったことわざに象徴されているように、道徳の問題は、その行為者がおかれた経済的環境に大きく左右されるのが現実であろう。まったく余裕のない経済的環境の中では、犯罪行為を犯さないまでも、常に道徳的に正しい行為を行うことは難しい。とりわけ、まだ成長途中にある子どもたちにとって、普通と言われるような子どもたちと較べて劣った環境におかれることは、耐えがたい苦しみを味わうものである。「よそはよそ、うちはうち」といった大人の慰めの論理は、もはや今の子どもたちには通用しないのが現実ではなかろうか。子どもたちの生まれた家庭環境により、経済的格差が生じているのは事実である。そこで国は、最低限の生

表1　家族類型別一般世帯数

単位　1,000 世帯

調査年次	親族のみの世帯					非親族を含む世帯	単独世帯	総計
	核家族世帯				核家族以外の世帯			
	夫婦のみ	夫婦と子供	男親と子供	女親と子供				
平成7年	7,606	15,014	477	2,606	6,747	211	11,239	43,900
平成12年	8,823	14,904	535	3,011	6,322	276	12,911	46,782
平成17年	9,625	14,631	605	3,465	5,919	360	14,457	49,062
平成22年	10,244	14,440	664	3,859	5,309	456	16,785	51,757
平成27年	10,718	14,288	703	4,045	4,561	464	18,418	53,197

（出典）総務省統計局、『日本の統計 2016』、『日本の統計 2020』、「統計表　家族類型別一般世帯数」より作成

活を確保するためにさまざまな福祉政策をとっている。生活保護や就学援助などは子どもたちが、生きていくためには不可欠な政策である。しかしながら、これらの福祉政策に関しては、その支援内容や制度自体に関して賛否両論があるのも事実である。

このような家庭の経済的貧困の問題だけでなく、子どもの養育に関連する保護者の変化もまた、子どもたちの道徳性の形成に影響している。子どもの保護者の多くは、父母であるが、離婚によりどちらかの片親を欠いた家庭は年々増加している。国勢調査結果を基とした総務省統計局による「家族類型別一般世帯数」の変化については、**表1**に示されている。**表1**を見ると 2015（平成 27）年時点で、日本の世帯構成は、単独世帯、すなわちひとりで暮らしている世帯が最も多く、全体数である 5,319.7 万世帯の中で約 34.6%を占めている。それ以下、「夫婦と子供」(26.9%)、「夫婦のみ」(20.1%) からなる家族が続く。親族から構成される子どものいる家族類型の中では、「夫婦と子供」から形成される家族の比率は年を追うごとに確実に減少している（平成 7 年 34.2%、平成 12 年 31.9%、平成 17 年 29.8%、平成 22 年 27.9%、平成 27 年 26.9%）ことがわかる。それに対して、「女親と子

供」から形成される家族の比率が、年々増加している（平成7年5.9%、平成12年6.4%、平成17年7.1%、平成22年7.5%、平成27年7.6%）。これは離婚等により、母親によって育てられる子どもが増加していることを示し、その結果が子どもの成長に何らかの影響を及ぼすことは容易に推測できよう。無論、片方の親と同居する事が子どもの成長にとって必ずしもマイナスに働くとは限らない。しかし、夫婦で子どもを育てることが当然であると考えられている日本の社会環境の中では、親の離婚はまだ普通でないものと見られやすい。さらに、家計的にみても、片方の親だけの世帯、特に母親だけの世帯では、経済的貧困が生じていることは明らかである。

2 「学校」の変化

「学校」という、子どもたちが学ぶ社会も変化してきている。学校という社会の中で病理現象として問題視されるものも多く、そしてそれらの現象は年々多様化している。今日、学校の中で現代的な病理現象としてとり上げられてきた問題の発端は、70年代の受験競争や校内暴力や家庭内暴力に始まるものと考えられる。これに続いて、いじめ、学級崩壊、少年犯罪、援助交際、ひきこもり、児童虐待、ニート、フリーターや若者の貧困問題など、学校をとりまく病理現象が絶えることなく生じてきている。また、学校の病理現象をミクロな視点から考察してみると、「給食費不払い」や「モンスターペアレント」など主に児童の保護者が引き起こしている問題、「小中学校教員の多忙化」や「スクールセクシュアルハラスメント」といった教員を取り巻く問題もあげられる。ここではまず、子どもの道徳教育と関連すると思われるテーマのひとつである「スクールカースト」について見てみよう。

スクールカーストとは、中学校や高校における、生徒間の見えない地位の差であり、とりわけ平等と思われがちな同一の学年、同じクラスの中で、生徒が上、中、下といったグループに分けられ、生徒たち自身もその序列を受け入れている現象である。クラスメートの序列を決める要因としては、所属しているクラブ活動の種類、髪型や服装に関する意識や工夫、異性関係そしてコミュニケーション能力などである。スクールカーストが生徒の学校生活に与える影響としては、鈴木翔によれば次の2点が挙げられている。

第一に、それはスクールカーストの中で、下位の地位に置かれた生徒の問題である。彼らは、上位カーストの生徒から身分の低い存在、つまり目下の存在だと見なされてる。その結果、下位カーストの生徒がいじめの標的になりやすくなることが指摘されている。いじめの問題は、すでにスクールカーストの存在が確認される以前からある病理現象であるが、その構造や姿は年々変化してきている。たとえば、ネットワークの普及は、SNS（social networking services）を介した新しいいじめの形態を誕生させている。スクールカーストも、いじめの原因のひとつであると考えられる。

第二に、スクールカーストの中で下位に位置づけられた生徒たちが、低い自己像を形成することである。自分が下位カーストであると他者から見られていることを認識することにより、自分自身に自信をなくし、自己評価を低下させ、結果として学校生活に関心を持たなくなるのである。クラスという小さな社会は、将来子どもたちが生活する社会の縮図でもある。このようにまだ成長の過程にある子どもたちが、たとえ他者からのいじめといった直接的な攻撃に遭わなかったとしても、自分自身の存在を価値のないものと考えたり、どうでもいいものと考えることは、その子自身の成長を阻害するものである。自分自身の将来の可能性を信じ、高い目標を目指して努力する子どもたち、そして子どもの成長可能性は無限であると考えて子どもたちを応援する大人、といった関係が教育には必要なのである。

次にみていく問題は、家族の側面でも指摘した「子供の貧困」問題と同様に、学校教育と経済格差に関連する問題である。ここでは、近代公教育の目的のひとつでもある教育の機会均等という視点から、大学生の奨学金問題を考えてみたい。奨学金とは本来、学校教育における教育機会の均等を保証する制度であるが、日本の奨学金制度は残念ながら必ずしもうまく機能しているとはいえない。さらにこの問題は、大学生にとっても身近で切実な問題であるのでここで取り上げておきたい。奨学金問題には様々な

表2　高等教育がもたらす利益

		利益の種類	
		社会（経済的側面を除く）	経済
利益の享受者	個人	私的な社会的利益	私的な経済的利益
	社会	公的な社会的利益	公的な経済的利益

（出典）サウル・フィッシャー、田部井潤監訳、『ビジネスとしての高等教育』より作成

論点があるが、ここでは具体的な制度としての側面と理念としての側面という2つの視点から考察してみよう。

制度としての側面とは、その奨学金が貸与型（loan）なのか給付型（grant）なのかという視点があげられる。貸与の奨学金とは、大学生の多数が利用している奨学金であり、日本学生支援機構の奨学金に代表されるものである。短大・大学ないしは大学院で学んでいる期間、毎月定額の資金を借り、卒業後20年ほどの期間をかけてその返済をしていくものである。これに対して給付型奨学金とは返済義務のないものであり、その数は少なく給付金額も低い。日本における制度としての奨学金は、このようなものである。そして今日、中心である貸与型奨学金は、高等教育を受けることで最大の利益を受けるのは受給者本人であるという考えのもと、「受益者負担」がその原則となっている。ここで、問題となっているのは奨学金の返済に関してである。貸与であれば、借金であり返済するのが当然であるが、返済ができない受給者が増加している。これは、産業構造の変化と雇用体系の見直しによって生まれた就職機会の変化がその大きな要因と考えられる。すなわち、大学を卒業しても正規の職業に就けない、もくしは就いたとしても返済できるだけの給与を得られない若者が増加しているのである。さらに貸与される金額に関しても、それが大学生の生活と学習を賄えるものであるのかという点でも議論されなければならない。

理念としての側面とは、奨学金制度によって教育の機会均等が保証され、その結果ひいては社会全体の利益につながるかどうか、という視点があげられよう。高等教育がもたらす利益は、その受益者と利益の分類（経済的利

益と社会的利益）から、**表2**のように分類できる。

表2をみてみよう。まず、「私的な社会的利益」とは、受益者のより良い健康状態や余暇時間の増加などがあげられる。高い教育を受けた本人は、たとえば、たばこの害を知ることにより禁煙の習慣を身につけたり、効率的に仕事をこなすことにより余暇時間を多く獲得できるのである。次に、「公的な社会的利益」とは、高い投票率や地域社会への参加の促進などである。高い学歴を持つ人間は、そうでない人間と較べて民主的な社会に変える手続きを熟知している。自分たちの理念を社会的に実現させるためには、選挙における投票行動が有益であることから結果として高い投票率につながるのである。さらに、「私的な経済的利益」とは、端的には個人の高い所得を意味する。現代社会では、学歴の差が賃金や待遇の差となっているのは周知の事実であろう。最後に、「公的な経済的利益」とは、個人の高い所得に応じた高額の納税額や個人消費の増加や個人の生産性の向上などに結びつく。高い所得には、高額の納税額が課せられる。そのうえ累進課税を採用している先進諸国では、高額所得者にはより高い納税率が課せられている。このように見てみると、個人が奨学金を得て高い学歴を獲得することは、単に私的利益、とりわけ受益者負担という言葉の裏で強調されている私的な経済的利益だけではないことがわかる。高等教育にかかる費用をだれが負担すべきかという問題は、まずそれがもたらす多様な利益を個人や社会でそれをどのように還元すべきであるのか、を踏まえて議論されなければならない。すなわち、この問題は単に奨学金の負担比率の問題や国際比較したデータから議論されるだけではなく、税制や公的援助をどうするかといった社会的正義を巡る問題として考えていくべきなのである。

スクールカーストや奨学金の実態に関しては、以上見てきたとおりであるが、スクールカーストだけでなく、学校教育ではさまざまな病理現象が生じてきた。日本の高度経済成長が終焉した後で、社会構造が変化し始める70年代以降に顕著に見られる学校の病理現象は、それに対する処方箋も確定していないのが現状である。このような事態はなぜ生じているのであろうか。その答えのひとつは、今の学校教育の機能不全に求められると考える。

現在の学校教育制度の原型は、第2次世界大戦後の1947（昭和22）年から移行が始まり1951年（昭和26）に完成した6・3・3・4制である。無論それ以後、学校教育法等の改正にともない中等教育学校や義務教育学校の制度化、大学での飛び級など部分的な制度改革は行われてきたが、制度の基本設計は約70年変わっていない。同時に、この期間において、学校を取り巻く社会環境は大きく変化してきた。このなかで、これまで当たり前と考えられてきた学校の機能それ自体が十分に機能しないばかりでなく、学校そのものに対する社会や保護者のニーズも変化してきている。

たとえば、知識の習得、具体的には教科の学習は、学校教育の主要な機能である。しかしながら公教育制度の成立・発展とともに、学校の学習を補完する形で学習塾や予備校という民間企業は着実に成長し続けてきた。児童や生徒は、「国語」、「数学」、「理科」、「社会」そして「英語」といった教科内容を学校よりも学習塾や予備校で、効率的に学んでいるのが実状ではなかろうか。また、運動や芸術活動についても、学校教育で教えられている「保健体育」、「音楽」そして「美術」といった科目や放課後の文化・運動等のクラブ活動の内容は、無論そのすべてではないにしろ民間の教育機関でもほとんど教えられている。さらに、「体操教室」、「ダンス教室」、「習字教室」そして「絵画教室」などでは、その教育水準から見れば、これらの施設で教授される内容は学校のそれを超えているのではなかろうか。

このように見てみると、社会における学校の知識教育という機能が、変化してきていることは否めない事実である。もちろんこのような学校外の教育機関に通えない児童・生徒の教育機会を保証する、という公教育の理念は否定できない。しかしここで確認しておかなければならないことは、知識や技能の伝達という側面での学校教育の機能は、相対的に低下してきたという事実である。

学校は何も、知識や技能だけを教えるだけの機関ではない。道徳といった徳育を学んだり、クラスや学年という集団の中で友達をつくったり、集団行動の仕方を学んだりするのも、学校における大切な学習である。さらに学校には、児童や生徒が将来の進路を考えたり、食育や金融教育に代表されるように、教科にはなっていないが社会生活で必要とされる知識を学ぶ機会もある。

また保護者の学校に対するニーズや態度も、明らかに変化してきている。家庭教育で教えなければならないしつけやマナーといった児童・生徒の生活指導を学校教員に求めたり、学校教員による児童・生徒への対応、とりわけ評価に対してクレームをつける保護者も目立ってきた。無論、学校教員は自分の教授内容に関して説明責任を持つことは当然であるが、不当と思われるようなクレームも見られることは、学校と家庭とのコミュニケーションが必ずしも良好でないことを示唆しているのではないだろうか。

このように見てみると、現代の学校は、少なくともその機能を十分に果たしているといえない。そしてその機能が、年々低下している事が危惧される。学校という組織を社会的に活用していくためには、今まさにその再生が必要なのである。

3 「コミュニティ」の変化

「家庭」や「学校」以外で、子どもたちが日常生活を過ごして成長していく場である、「コミュニティ」もまた、その役割を変えてきている。伝統的な地域社会といった共同体、具体的には町内会、自治会そして子ども会などのコミュニティの崩壊は、すでに切実な問題として表面化してきている。また「限界集落」、「買い物難民」といった物理的過疎化による生活問題ももちろん、コミュニティの存続に大きな影響を及ぼしている。コミュニティといわれるような社会はもはや必要ないのであろうか。

私たちの生活にとってコミュニティは、必要であると考える。しかしながらその形態は、これまでその中心であった地縁というつながりを重視したコミュニティのみならず、新しい形態のコミュニティでもある。

伝統的なコミュニティ、とりわけ地域社会が必要な理由は、災害時に顕著に見られた。1995（平成 7）年の阪神淡路大震災、2011（平成 23）年の東日本大震災、そして 2016（平成 28）年の熊本地震といったように、近年日本では大きな自然災害が頻繁に生じている。大規模な自然災害は、それまでの人々の生活を一変させてしまう。つまり自宅や資産を失うだけではなく、親族や友人といった人間関係を一瞬にして失った人々は、災害後の間接死亡率をみても明らかなように、その人の人生を大きく変えてしまう。たとえ公的な生活支援を受けたとしても、それまでの生活を取り戻すことは大変難しい。災害で家を失った住民は、避難所で自分たちの家族だけでなく見知らぬ人々と共同生活を営むこととなる。このような状況の中で、避難所生活になじめず、自家用車で車上生活をしている姿も多く見られた。また被災して家族を亡くした住民が、隣近所やボランティアの支援のもとで他人との交流を通じて立ち直っていく姿も見られた。震災のような極限状況の中では、どのような形にせよ他者からの支援は不可欠であり、人はコミュニティの支援なしには生き延びていくことは難しいのである。その際、いかにしてコミュニティとつきあっていくかが大切である。自らコミュニティに積極的に参加し、他者を助けるとともに自分も助けられながら、生き抜いていく力が必要とされているのではなかろうか。

震災のようなそれまでの人生を激変させるような出来事ではないにしろ、退学、失業そして離婚といった日常生活の中で誰もが危機といわれるような状況に遭遇することは、多くある。それまで学校、会社そして家族といった個人が頼りとしていた集団や組織がもはや頼れなくなったときに、その人はいったいどうなるのであろうか。またどのようにすれば、人はそのような危機的状況から立ち直れるのであろうか。それを考えるヒントは、老人問題に見られる。

最近、退職後の老人の貧困問題、すなわち下流老人になる危険性がメディアにおいて盛んに取り上げられている。老人問題は、生きている限りだれもが避けることのできない問題である。藤田孝典は『下流老人』の中で、下流老人の具体的指標を３つの「ない」という表現で示している。それらの指標とは、①収入が著しく少「ない」、②十分な貯蓄が「ない」、そして③頼れる人間がい「ない」（社会的孤立）である。前者２つは、経済的要因であり、生活扶助等の制度が機能することによりある程度は解消できる。

ただ後者の社会的孤立に関しては、ケースワーカーやボランティアからの働きかけも無論あるだろうが、当事者が主体的に集団へ関与しなければ解決できない問題である。このように、社会的孤立とは社会的動物である人間固有の問題なのである。

退職後の老人ばかりでなく、青年期や壮年期の人々にとって社会的孤立に陥るとはどういうことであろうか。それまで会社中心の生活を送っていたが、病気やリストラによって失職したサラリーマン、家族崩壊から孤立してしまった主婦、そして登校拒否や社会的不適応から自宅に引きこもってしまった青年などが考えられる。今日の社会経済状況の中では、誰もがこのような状態に陥る危険性をもっている。このような場合でも、人々の集まりである多様なコミュニティは、彼らの準拠集団としての役割を果たすものとなりえるのではなかろうか。それでは今日、血縁や地縁からなるコミュニティが崩壊する中で、これからはどのような形のコミュニティ形成が期待できるのであろうか。

新しいコミュニティの形成は、新しい技術や価値観から形成されると考えられる。たとえば、新しい技術革新により形成されるコミュニティとしては、情報ネットワークを利用したグループの形成、具体的にはSNSを利用した集団の形成といったものを思いつく。これまでのコミュニティが主として地縁を鍵とした閉鎖的集団であったのに対して、SNSを利用した仕組み、たとえばツイッターやインスタグラムを利用して形成された集団は、開放的で物理的空間を超えたものである。その集団は、地域的には地球全体に広がり、メンバーの集団への加入や脱退が自由である。無論、これまでの仮想空間におけるコミュニケーションの多くは匿名性が高く、そこにおけるコミュニケーションに関しても、無責任な書き込みや誹謗中傷といった問題が多々存在した。このような条件下では、個人にとって有益なコミュニティとしての形成は難しい。なぜなら、有益なコミュニティとは個人にとっては、家族や学校そして会社のような準拠集団である。仮想空間で交流している怪しい集団を、誰も準拠集団とはしないであろう。しかしながら、実名登録を前提としているFacebookでは、学歴や職歴そして居住地なども他のメンバーが知ることができる。もちろんこの問題は、個人情報の漏洩の危険性と裏腹の関係にあるが、SNSの仕組みを通して、これまでに実現できなかった準拠集団としてのコミュニティが形成できる可能性を秘めているのである。

また、最近頻繁に使われる「シェアリング（sharing）」という考えもまた、これからのコミュニティを考えていく上で参考になるものと思われる。シェアリングを使った言葉としては、ルームシェアリング、カーシェアリング、ワークシェアリングそして情報のシェアリングなどがあげられる。これらの言葉は、資源の少ない環境の中でそれを有効に利用したり、少ない資源をみんなで分け合ったり、相互の理解のために同一のものを共有しようといった試みであろう。個人が必要な資源を無理して獲得することなく、他者と共有すること互いに同じものを共有するという仕組みは、大変興味深いものである。

ルームシェアリングやカーシェアリングは、具体的には住居や自動車の「所有」を放棄し、必要に応じて借用ないしは共有しようとする試みである。以前であれば、住居や自動車を個人で保有するという行為が当然であり、みんなが普通にやっていることであり、自分もそのように行動することが、人並みであるといった意識が社会の中心であった。しかしながら、私たちを取り巻く経済環境の厳しさも手伝って、若者を中心として所有という価値に対する疑問や新しい価値観の模索が始まっている。その典型的な例は、「ミニマリスト」といった行動様式にも読み取れる。ミニマリストとは、生きていくのに必要な最小限の日用品しか所持しない、新しいライフスタイルである。彼らの行動は、物があふれてもさらに新しい物を求めるような、私たちがもつある種「醜い豊かさ」を再考させるものである。またワークシェアリングという考えも、限られた労働機会を必要に応じて分け合うという点では、これまでの成長経済を中心とした弱肉強食のような社会像とは違った考えで大変興味深い。さらに情報のシェアリングは、「情報の非対称性」を解消するという点では平等社会につながるきっかけとなるものであろう。

しかし、残念ながら現時点では、シェアリングという概念は、まだ社会の中でマジョリティを得ていない。しかし人間社会における成長の限界や人間の欲望に対する自己規制といった視点から見れば、近未来には市民権を得て、これらの考えが鍵となるようなコミュニティが形成されることが予測できる。シェアリングという概念から形成されたコミュニティは、参加者個人の価値観共有の上に成立するコミュニティであり、さらにコミュニティへの参加や脱退は参加者の自由意志に任されている点がその特徴と言える。またSNSとの大きな違いは、仮想空間ではなく実際の生活がそこに存在し、他者と直接関係するコミュニティなのである。

第3節　これからの道徳教育のあり方

前章までに、道徳を規定する社会、とりわけ子どもたちにとって身近な社会について考察を進めてきた。そこで明らかになったことは、それら身近な社会は確実に変化してきているということである。社会が変化すればそこにおける道徳も変化するので、道徳の問題とは単に学校教育の問題というよりは、むしろこの変化する社会に関連する問題である。学校教育の中で、道徳教育を学ぶ理由は、社会に出て道徳的判断をしなければならない時に、どのように行動すべきかを考えるための準備をしているにすぎない。道徳も含めて、学校教育で生徒が学習する内容は、非常に限定的なものである。また、学校で学ばれる道徳とは、実際の社会における問題解決とは大きな違いがあることを再度確認しておかなければならない。このような前提に立ったとき、道徳で学ぶ内容をどう考えればよいのであろうか。

1　道徳教育を考える前に

道徳教育で教えられる内容は、どうあるべきなのであろうか。学校教育の中で教えるべき道徳の内容や方法に関しては、次章において検討する。ここでは、道徳で教えるべき具体的内容を考える前に、これまで見てきた道徳のあり方を参照して、道徳には何が必要かを広く捉えて検討していく。

前述したように、道徳の問題とは単に学校教育段階の子どもたちだけのものではなく、社会の問題である。社会それ自体を運営しているのも大人であり、道徳とは、学校を卒業した大人や退職した老人までも含めた、社会成員全体の問題でもある。まず社会のメンバーという視点から、道徳の問題を考えていかなければ、学校で教える道徳が生かされる社会とはならないのである。

たとえばその一例として、社会の変化に沿って国際化が進行することによって道徳はどのように変わるのかを考えてみたい。国際化の進行とともに文化や価値観の相違が明らかになり、また子どもたちが成長する社会も急激に変化してきた。その結果、道徳教育において教えるべきであると人々が考える教育内容は、人々や社会によって異なるものである事が分かる。国際化は進行しているが、必ずしも異文化を背景に持つ人々の、相互理解や価値の共有につながっていないのが現状である。それでは、相互理解や価値の共有につながるためには何か必要なのであろうか。これに関しては次の2点が重要であると思われる。

第一に、私たちは、自らの道徳心に関して、自省の念を常に持ち続けなければならないということである。道徳の考えはこれまで見てきたように、その個人の育った文化や社会の影響を強く受ける。文化には優劣はなく、各々の文化は尊重されなければならない。この文化相対主義を前提として考えれば、文化には絶対的なものはないのであるから、そこから形成される個人の道徳にも絶対的なものはないのである。自分の道徳心やそれに基づく行動や意識に対して、正しいとは限らないといった信念を常に持ち続けることが必要である。その上で、正しいこととは何かを常に考え、行動し、自らの行動を反省する作業が必要となろう。

第二に、道徳を規定しているさまざまな社会に、自ら主体的にコミュニケーションをとって参加すべきである。道徳を規定しているさまざまな社会とは、さまざまな人々の集まりであり、それを運営するのもまた人々である。個人は多様な社会に同時に存在しているのであるから、各個人もまたそれぞれの社会にできるだけ積極的に参加していかなければならない。

すでに指摘した通り社会的孤立とは、個人が集団との関係が希薄になる過程から生じやすい。強制ないしは自発といった意思の有無にかかわらず、個人は集団に関与しなくなればなるほど、孤立していく存在なのである。私たちは、日常生活の中で忙しさや面倒といった理由から、自分の所属する集団の運営にはなるべく関わりたくないと思ってしまう。たとえば、PTA や自治会の役員選出には、多くの人は立候補するのをためらうであろう。しかしながら、今日の社会状況は以前よりも人々を孤立化させている。個人が社会と関係を持ち続けるためには、社会を構成する人々とのコミュニケーションが必要なのは明白である。そしてそのコミュニケーションに関しては、参加者一人ひとりが主体的行動をとることが期待されなければならない。人は皆、なじみのない集団に入ったときに、不安を覚え積極的行動をとりにくい。しかし、そのような状況の中でも一人ひとりが積極的に集団に関与していくことにより、メンバー間のコミュニケーションは活性化し集団が集団としての働きを発揮できるのである。社会集団は自分が関与しなくても、誰かが運営してくれているから自分は何もしなくてよいと考えるのではなく、自分自身の社会的孤立を防ぐためにも、社会的共同体である集団への参加を自ら主体的に行うことが求められている。

2　子どもたちの道徳に関する大人としての対応

学校教育の中で、教師が児童・生徒に対して道徳教育を行うことは当然であるが、ここでは教師以外の私たち大人世代が、子どもたちの道徳教育に対して行うべき事を考えておきたい。学校の教師もまた、学校という社会を離れればひとりの大人に過ぎないのである。

それでは、私たち大人は子どもたちの道徳教育に対して、どのようなことをしなければならないのか。ここでは２点あげておきたい。

第一に、私たち大人も道徳教育を学び続けること、現実の道徳問題に関心を持ちどうすべきかを問い直して実行に移すことが必要である。大人の道徳性が完成されたものであると思い込むのは、誤りである。道徳の問題は、これまで見てきたように社会に強く依存し、社会の変化とともにその考え方も変わってくる。そこではこれまで予想もできなかったような現象も生じている。たとえば、今日ほどネットワーク社会が普及することを多くの人々は予測できなかったのではなかろうか。ネットワークが普及するとともに、それを使った犯罪やマナー違反が生じてきた。今の年配者は学校教育の中で、ネットワークを利用した犯罪やマナー違反については学ぶ機会はなかったであろう。そこで、時代や社会の変化とともに、道徳のあり方を私たち大人自身が考えていくことが、社会的道徳やその背景となる世論の形成に役立つのである。また、私たち大人世代は、多くの場合子どもたちに対して道徳を教える立場にある。しかしながら私たちはしばしば、自分が行った行為や行動を振り返って「子どもに教えられた」という表現を使う。この表現は、子どもたちが大人に直接、教育行為を行ったわけではなく、子どもたちの行動をみて、大人たちが自分の行為が不適切であったことを自覚したときによく使われるものである。知識ではなく道徳という倫理的問題では、しばしばこのような現象は生じやすい。たとえば、私たちは大人は日常生活の中で、社会的には許容できる範囲の違法行為やモラル違反をしばしば犯している。車が通っていない交差点で信号が赤なのに横断する行為、困っていた人や助けを求めていた人を意図的に見過ごしてしまった行為、自分勝手に振る舞い集団や組織に損害をかけた行為など、過去を振り返ってみると私たちは不道徳、不適切と言われるような行為を数多く犯してきたことが反省される。

第二に、大人、ここでは特に年配者を意味しているが、彼らが大人としての自覚を持って、子どもたちも含めた若い世代に接する必要がある。過去20年ほどの間に、新自由主義の下で流行した言葉として「自己責任」がある。これは、自分のやることには責任を持ち自分の判断で行動する。そして、それは本人自身がやったことであるから、成功しようが失敗しようがどちらにせよ、その結果は本人自身が受け入れなければならないといった意味であろう。確かに、この言葉の意味すること自体に誤りはない。しかしこの言葉は、自律的で能力やチャンスに恵まれた一部の人間を前提条件としているように考えられる。同時にこの言葉には、人々は常に競争状態にあり勝者は敗者に配慮する必要はない、といった考えがあるようにも思われる。現在の社会では、すでに社会参加している人間には既得権があり、それが保障されている年長者にとっては有利な状態にある。これが端的に現れる場面とは、世界的に見られる若年層の失業問題であり、年金や医療制度に顕著に見られる若者と高齢者に対する公的支援の違いである。

この失業問題と関連して、時代の流れの中で自分たちの人生設計を大きく変えられてしまった世代として、「ロストジェネレーション」がある。ロストジェネレーションとは、バブル経済崩壊後の2000（平成16）年を挟んだ前後数年の間、すなわち就職氷河期といわれる時代に、就職活動を行った世代を指す言葉である。彼らは、新卒時に正規の雇用機会を得ることができなかったため、それ以後、正社員の職を獲得することが難しく、その多くが非正規社員として厳しい雇用環境の中で現在も生活している。さらに彼らが年を重ねるに従って、正規雇用への道はより狭くなり、彼らが就ける非正規の職自体も減少してくる。彼らが正社員という職に就けなかった原因の多くは、彼ら自身に責任があるというよりは、単に卒業した時代が悪かったからであると言われている。さらに、その後の世代においても、「ゆとり世代」や「さとり世代」と呼ばれる若者たちは厳しい労働環境に置かれている。このような若者世代を見てみると、現在の若者たちを取り巻く閉塞的な社会状況を、単純に自己責任で解決するようにという形で、済ますわけにはいかない。相対的に恵まれている人たち、多くの年配者が矜持を持って社会に貢献すべきではなかろうか。無論、世代間によって、その時代背景は違うため、どの時代に生まれた世代が幸福であるかという問いに答えはない。自分がどの時代に生まれるかは、本人自身が決定できるものではない。同様に、どんな家族に生まれてどのような国や地域で生活を過ごすことも、究極的には当事者本人が決められる問題ではないのである。

社会とは、さまざまな人間から構成され、全く同じ人間は存在しない世界であり、そして人間には個人差が認められる。また社会では、その時代や地域により個人の特性を評価する規準は変化している。たとえばそれは、高度経済成長下の社会ではできるだけ早く効率的に仕事を処理できる人間が高く評価され、ポスト産業化社会では、クリエイティブな人間が高く評価されるようになるといった形で現れる。人間のどんな特性を高く評価するかの問題は、社会の産物でありそれに対する絶対的な正当性は見いだせないのである。社会の中のある時点で余裕のある人たちがそうでない人たちを少しでも助けるような社会が必要とされる。社会の仕組みとしては欧米の寄附行為のような考えが、日本にも浸透し普及されることも望まれる。

第4節　現代社会における学校の道徳教育を考える

これまで、道徳と社会の関係、「家族」、「学校」、「コミュニティ」といった社会の変化、そして道徳のとらえ方と大人が道徳にどのように関与すべきかについて見てきた。最終章では、学校における道徳の問題を考えてみよう。具体的には、道徳を教える際、教師にとって何が必要かを考えていく。

1　学校における道徳教育の位置づけ

学校社会における道徳教育の位置づけが、近年大幅に変化してきた。この変化は、学校教育を規定している法律の改正によって裏付けることができる。最も大きな影響を及ぼした法律改正は、教育基本法の改正であろう。2006（平成18）年12月15日に国会において成立し、同年同月22日から施行された教育基本法では、第2条の教育の目標において「道徳心を培う」ことが明記された。同条文では、次のように明記されている。

「教育は、その目的を実現するため、学問の自由を尊重しつつ、次に掲げる目標を達成するよう行われるものとする。
　一　幅広い知識と教養を身に付け、真理を求める態度を養い、豊かな情操と道徳心を培うとともに、健やかな身体を養うこと」

この教育基本法の改正を受けて、2007（平成19）年6月に学校教育法の一部が改正された。改正された主な部分は、義務教育において「伝統と文化を尊重すること」、「外国の文化の理解」が付け加えられた点である。同条文では　第2章、義務教育の第21条の第3項目には次のように明記されている。

「我が国と郷土の現状と歴史について、正しい理解に導き、伝統と文化を尊重し、それらをはぐくんできた我が国と郷土を愛する態度を養うとともに、進んで外国の文化の理解を通じて、他国を尊重し、国際社会の平和と発展に寄与する態度を養うこと。」

これらの法律改正後、2008（平成20）年に現行の学習指導要領が告示され、小学校では2011（平成23）年から、中学校では2012（平成24）年から完全実施されている。そこでは道徳の学校教育の位置づけ、道徳の内容や指導法が改定された。たとえば、学校における道徳教育は、「道徳の時間を要として」学校教育全体を通じて行うことが明記された。道徳教育の目標には、教育基本法の改正を反映させて、「伝統と文化の尊重」、「郷土愛」、「公共の精神の尊重」そして「他国の尊重と国際平和や環境保全」等の内容が付け加えられた。さらに、学校全体の道徳推進の担い手として、「道徳教育推進教師」を校長の下に置くことが明記された。

さらに、道徳は、2014（平成26）年10月に行われた文部省中央教育審議会の答申を経て、2015（平成27）年3月に学習指導要領が一部改正された。その中で、道徳は「特別の教科」として、教科への格上げが行われた。さらに、平成29年3月の学校教育法施行規則の一部改正と小学校学習指導要領の改訂により、「特別の教科　道徳」として、小学校では平成30年度から、中学校では平成31年度から実施されている。

このような学校教育における道徳教育に関連した法的変遷をみると、道徳の学校における位置づけが確実に変化してきたことが確認できる。その変化とは、学校教育において道徳を重視していこうという考えである。同時に、日本社会の特性を見直して大切にしていこうという考えでもある。このような動きに対して、戦前の「修身」教育が戦争に加担した事実への反省から、道徳が「教科」として位置づけられることに関する批判も見られる。また、それを日本社会の右傾化の動きであると捉える人々もいる。しかしここでは、その是非を論ずるよりも、今生じているさまざまな道徳問題をひとりの大人として、ここではさらにひとりの教師として、子どもたちと一緒にどのように考えていくべきかを問うべきであろう。

今日、日本社会は法治国家という枠組みの中で、学校という社会をさまざまな法規によって規制しつつ、運営している。その意味では、教師として、現行の学習指導要領に沿った指導計画を立案することは当然のことである。しかしながら、次節で見るように、道徳という授業は、他の教科とは違った特性を持っている。その特性に合うような形で教授法や教授内容を考えていくのが教師の役割である。

2　学校における道徳教育の教授法と教育内容

学校の中で、「道徳の授業はつまらない」といった子どもたちの声はよく聞かれものである。多くの学生自身もまた、小中学校で経験してきた道徳の授業の多くは、つまらないものであり、どんな授業であったかの記憶も不確かなのが事実ではなかろうか。そして、唯一残っている記憶があるとすれば、道徳の時間に担任の先生が何か説教じみた話をしていた、といった思い出であったりする。

これからの道徳の授業では、まずこのような興味の持てない授業を解消し、児童や生徒が道徳そのものに興味を持てるような内容に変えていかなければならない。授業を構成する要素として、教授法と教授内容が考えられる。そこで、道徳の授業を変える試みをこの教授法と教育内容の点から検討してみよう。

まず、授業を変えるための試みのひとつとして、教授法そのものを変えていくことが必要である。小学校では2020（令和2）年度から全面実施された学習指導要領には、教科としての英語の導入やプログラミング教育の導入、などが示されている。さらに、新しい指導要領では、このような教科の新設だけでなく教授法の改革が示されている。それは、これまでの知識教授型の教育方法から問題解決型の学習方法への展開であり、学習者が主体的に課題を解決していくものである。これらはその姿勢から主体的・対話的で深い学び（アクティブラーニング）と示されている。これまでの、学校教育における教授法の中心であった教師による講義形式の授業は、今の子どもたちの学習にうまく適合しないばかりか、発展・創造的思考の育成にも適していない点が批判されている。これまでの道徳の授業においても、教師による講話だけではなく、映像教材の利用、子ども同士の話し合い、さらには少し高度であるがロールプレーイングを取り入れた授業も試みられてきた。しかしながら実際の授業の多くは、学級担任の負担とならない副読本や市販教材を利用した授業が主であったように思われる。

今後、他の教科と同様に道徳教育の教授法も、抜本的に変更していく必要がある。アクティブラーニングでは、グループワーク、ディベート、ピアインストラクション、PBL（Problem Based Learning）などこれまでの学校教育にはない多様な教授法が想定される。それらの詳細については本論の目的ではないので省くが、教師にとってこれらの教授法の利用に関して留意しなければならないことがある。それは、これらの方法に関してはこれまでの自らもその体験が乏しく、また教える側としてもその教授法について学ぶ機会はほとんどなかったものと思われる。私たち教員は、自分が教えられる側になったとき、自分自身が児童・生徒そして学生として教えられていた経験を正しいものと思い込みやすい。それは、自分自身がその教授法に慣れているためであり、その方法が適切でない場合であっても安易にそれを利用してしまう。この点では、アクティブラーニングとして紹介されている教授法は、教師にとって過去の実体験がないため、このような悪弊には陥りにくいという利点はある。反面、新しい教授法を学ぶのは、初めてという点から理解するのも難しい。さらに、あまりにも多様な方法があり、忙しい教員生活の中で学び続けることは大変である。また、学べば学ぶほど、それを実際の教育場面で使いたくなることもある。授業のねらい、教材そして教授対象者の特性を踏まえて最も適切と思われる教授法を利用することが肝要である。そして、その教授法が適切がどうかを第三者の視点からも常に検証していかなければならない。これまでの伝統的な教授スタイルの授業と違って、道徳教育にとってアクティブラーニングとは、子どもたちが主体的に考え、共感し、実践的道徳行為をするためには欠かせない手法なのである。

次に、道徳教育で取り上げる、題材すなわち教育内容について考えてみよう。教育内容を設定する場合、次のような点に留意する必要がある。

第一に、本章でこれまで述べてきたように道徳は現実の社会と強い関連性がある。そのため、身近で具体的テーマ、現実社会の中で十分に起こりうるようなテーマを設定する必要がある。ここで、死というテーマを授業の中で扱うことを想定してみよう。死刑廃止や安楽死の是非といった問題は、人間の倫理観を考える上では大変興味深いテーマではあるが、私たち大人にとってさえも議論するのが難しい問題である。それよりは、身近に起こっている社会的事実と関連させて、たとえば身内の中で高齢者が亡くなる経験を通して死とは何かを考えさせるようなテーマはどうであろうか。道徳の問題設定は、身近な社会的事実の中に潜んでいるのである。

第二に、道徳的問題には完全な解答はないので、明らかに解答が決まっているような課題設定は、学習者にとって意味がない。たとえば、人に暴力を振るうとか、他人の所有物を盗むといった単純な違法行為や逸脱行為それ自体の是非は、道徳を考えさせる課題にはなり得ない。行為に対する善悪が不確かなもの、是非や賛否のどちらの考えも想定できる課題がふさわしく、それを巡った学習者の思考こそが実践的な道徳問題を考える際に重要になる。児童・生徒を葛藤状況の中で自ら考えさせるようなテーマの選択が、主体的学習には必要なのである。

最後に、道徳という授業は、他の教科と比較すると大変自由度の高いものである。無論、他の教科と同様に教科書に沿った形で今までのような授業が進められるとしたら、道徳という教科が持つ自由度は制限され、その個性が失われてしまうかもしれない。しかしながら、教師が、学習指導要領に明記された内容を基本として授業の中で展開する具体的テーマを選択し、さらに多様な教授法の活用を考えれば、生徒はもちろんのこと教師にとっても、道徳は大変魅力のある教えることが楽しい科目となるのである。

<参考文献>

・アドルフ・ポルトマン/高木正孝訳『人間はどこまで動物か』岩波書店、1961年
・藤田孝典『下流老人』朝日新聞出版、2015年
・広井良典『コミュニティを問いなおす』筑摩書房、2014年
・厚生労働省『2019年　国民生活基礎調査の概況』厚生労働省、2020年
・溝上慎一『アクティブラーニングと教授学習パラダイムの転換』東信堂、2014年
・内閣府『平成26年度版　子ども・若者白書（全体版）』内閣府、2015年
・サウル・フィッシャー/田部井潤監訳『ビジネスとしての高等教育』人間の科学出版社、2011年
・総務省統計局、『日本の統計2020』、総務省統計局、2020年
・鈴木大介『再貧困シングルマザー』、朝日新聞出版、2015年
・鈴木翔『教室内カースト』、光文社、2012年
・橘玲『言ってはいけない』新潮社、2016年
・東洋経済編集部『週刊東洋経済2015.10.17　絶望の非正規』東洋経済、2015年
・和田秀樹『この国の冷たさの正体』朝日新聞出版、2016年
・山田昌弘『なぜ日本は若者に冷酷なのか』東洋経済新報社、2013年

（たべい・じゅん）

第2章　道徳性の発達
——社会の秩序はなぜ保たれるのか——

はじめに

われわれが安心して、かつ快適に社会生活を送れるのは、「少なくともその文化においては、全ての人が一定の行動指針に従って行動するはずである」という認識に基づいている。そしてそのような認識は、大抵の場合、間違った認識ではないからこそ、社会的な秩序が保たれていると言える。

では、そのような一定の行動指針はどのように形成されているのであろうか。「窃盗」や「傷害」「殺人」など、刑法上で罰せられるような犯罪や、地方公共団体による「迷惑防止条例」などに規定された犯罪については、そのような行為に対して一定の罰則がある。課される罰則を積極的に求める人はいないであろうから、それが社会的秩序を保つ防波堤の１つになっていることは確かである。

また、学食で食事をしたあとは各自で下膳するとか、利用者同士が気持よく過ごせるようなルールや社会的常識、暗黙の了解のようなものが存在する場合も多々ある。この場合、たとえそれが履行されなくても、明確な罰則規定があるわけではない。しかしながら、「他者の目」というものが防波堤となっている。

一方、困っている人に手を差し伸べるとか、多くの人が快適に過ごせるように配慮するとか、いわゆる善意に基づく行動に対しても、そうしなければ罰則があるという訳ではない。それにもかかわらず、多くの人はそれを当然のこととして受け入れて行動し、かつ、他者に対してもそのような行動を期待し、それに至らない行動に対しては非難が生ずることもある。

改めて考えてみれば不思議なことに、われわれの社会的行動の多くは、法制上の規則やそれにともなう罰則によってのみ導かれている訳ではない。また、そうすることが個人の利益につながるか否かだけで説明できるものでもない。むしろ、コンセンサスが不明確な「常識」であったり、自身の「良心」や「プライド」に照らし合わせた場合の、自尊心に関わるような個人的な感情に従った結果であったり、いわばインフォーマルな、あるいはパーソナルな「価値基準」といった枠組みの中から導かれていると考えられる。そして法律等の規則のみならず、このような枠組みを含めて、個人の行動の指針となっている心的機制や実際の行動が、「道徳性」として捉えられている。そのように考えると、道徳性の問題は、社会の秩序を保証するための重要な教育的要素である。

本章では、「道徳性」という概念を心理学的な観点から確認し、その発達的なプロセスとそれを促す要因などについて述べる。

第1節　道徳性とは――知識と判断と行動と、そしてそれにともなう感情――

心理学で扱われている「道徳性」という概念は、道徳的「知識」「判断」「行動」「感情」等を含む広範な概念である（福島、1979；二宮、1995）。以下、それぞれについて、簡単に説明をしておく。

1　道徳的知識

「ルールは守る」とか「時間を守る」といったことはもちろんのこと、「人に迷惑をかけてはいけない」ということは、多くの親が子どもに口を酸っぱくして言っていることであろう。「人の物を勝手に使ってはいけない」「公共の場では騒がない」「順番を守る」、あるいは「困っている人は助ける」「その人が嫌がることはしない」「その人の属性によって差別しない」など、行動の指針となるような知識には枚挙に暇がないし、そのような知識レベルにおいては、個人差はそれほど大きくはないものと思われる。すなわち、やって善いことと悪いこととのコンセンサスは、敢えて法律を持ち出すことはなくとも、その理由を問わない限りにおいて、かなりの程度得られているであろう。

たとえば、学校教育の現場で、「モンスターペアレント」という言葉がある。自分の子どもを中心に考え、過度な待遇を要求してくる親のことをいう。なぜ「モンスターなのか」と言えば、一般的には納得できないような行動をとるからこそが原因であろう。すなわち、特殊な事例であるからこその話題性による命名である。多くの人において、善いことと悪いことについて、知識レベルでは大差がなく、そこから逸脱しているからこその「モンスター」である。

2　道徳的判断

「道徳的知識」は、ある意味で断片的なものであり、かつ状況に依存しない、いわゆる原理・原則である。単純な状況であれば、知識と判断は一致する。すなわちむやみに他者を傷つけた場合には、「傷つけたこと」そのものに対して、それが「善くない行為」とされる。他者の物を勝手に持ち去るとか、自分の出したゴミをそのまま放置するとか、体調がすぐれず動けなくなっている人を放置するとか、いずれも道徳的に問題のある行動と判断できるであろう。

しかしながら、現実の社会生活においては、道徳的知識同士が相克することがある。たとえば、誰かに襲われている人を助けるために、その暴漢に対して暴力をふるった場合を考えてみよう。これは、「他者に暴力をふるってはいけない」という原理・原則からすれば、非難されるべき行動である。その一方で、困っている人の力になる、という「あるべき姿」でもある。さて私たちはどのように行動すべきなのであろうか。恐らく多くの読者は、「状況による」し「ふるった暴力の程度」による、という判断を下すことと思われる。では、どういう状況ならとかどの程度なら、と考えると、1つの回答に導くことは難しいのではなかろうか。

3　道徳的行動

われわれが日常的に経験していることではあるが、「こうした方が善い」とか「こうするべきである」という道徳的判断が、必ずしも個人の実際の行動となって現れるとは限らない。日常的なところでは、「法律は守らなければならない」という知識は誰もがもっている。そしてたとえば、「信号に従って通行しなければならない」という法的ルールがあることも知っているであろう（当然歩行者も、である)。しかしながら、「信号無視をしたことはない」と断言できる人はいるだろうか。また、「歩きスマホ」に関しては、法的規制はないものの、昨今、社会生活を送る上でのマナーとして強調されている。しかし日常的に目にする光景であり、行為者は間違った行動をしているという意識すら薄いものと思われる。

道徳的知識や判断といった道徳的認識と行動との関係について、認識が行動に直結するわけではなく、行動観察を通して個人の道徳的認識は推定できない。逆に、行動上道徳的とみられても、その動機は必ずしも道徳的認識に基づいていない場合も考えられる。

4　道徳的感情

前項において、知識や判断と行動とは必ずしも一致しないことを示した。「こうしなければならない」あるいは「こうした方が善い」ということが、必ずしも行動に繋がるわけではない。たとえば、東日本大震災に際して、多くの人が被災者に対して「力になりたい」と思い、「自分に何ができるか」と考えたことであろう。しかし、実際にその思いを具体的に行動として表現できたであろうか。復興ボランティアに参加したり、義援金や義援物資に協力したり、SNSを通じて精神的な支援をしたり、方法は多様にあるにもかかわらず、そういった思いはあるものの具体的に行動できなかった者もいるであろう。

しかしながら、「こうしなければならない」とか「こうした方が善い」と分かっているにもかかわらず「できていない」自分、すなわち道徳的判断は下せたものの行動に移せていない自分に対して、少なからずの罪悪感をもつであろう。先述の東日本大震災の例は特殊なものとしても、家庭で出たごみを公共施設用のごみ箱（たとえば公園や高速道路のサービスエリア）に捨てるとか、電車内において、年配者を認識しながらも席を譲れなかったといったようなことは、ついついやってしまいがちであるが、その後味の悪さを経験したことのある人は少なくないであろう。このようにわれわれは、法律や他者の目といった外側の要因も含めて、自分自身がもつ行動基準から外れた行動をとった場合、少なからず罪悪感や自責の念にかられる。逆に、「法律で決まっているから」とか「そうしないと罰があるから」といった、外側から強いられているという認識の下では、それが行動上示されなくても、罪悪感は生じにくいと考えられる。

そのように考えると、どういう知識を持っているか、あるいはどう判断するか、さらにはどう行動するかは、道徳性の大きな指標ではあるが、感情の面から考えることも重要である。

5　道徳的行動に立ちはだかる社会的（他者からの）影響

心理学は、人間の行動の背後にある心理的な問題について、多くの研究を蓄積し、行動理解のための有意義な説明概念を提起してきた。その結果、さまざまな状況で、個人の行動はあながち個人の責任とは言えない場合もあることを提示してきた。

たとえば、ソロモン・アッシュ（Solomon Asch）に端を発する「同調行動」の研究では、われわれは、明らかに間違っている他者の判断に対して、それがわずか数名であっても同調する存在がいる限り、追随しがちであることを明らかにした（Asch, 1951）。では、なぜ同調行動が生ずるのであろうか。単純に原因を特定できるわけではないが、自分自身では判断がつきにくい状況であったり、他者と同じ意見を表明したり行動したりすることが集団の維持に役立ったり、場の空気といった暗黙の圧力があったり、といったことが考えられる。

また、ビブ・ラタネ（Bibb Latané）に代表される「援助行動」の研究からは、他者がその場に居合わせることによって、援助行動は生じにくくなることが示された（Darley & Latané, 1968）。たとえば、早朝の通勤や通学の雑踏のなか、倒れている人がいるにもかかわらず、皆が何喰わぬ顔をして通り過ぎていく、といった光景を目にしたことがないだろうか。もちろん単なる泥酔者かも知れないが、放置しておいてよいというわけではなかろう。にもかかわらず、誰も対応しようとしないのである。このような現象は、「傍観者効果」と呼ばれている。

さらに、ジェームズ・ストーナー（James Stoner）に端を発する「リスキーシフト」の研究では、あることを決定する際、集団で議論を重ねることによって、その結論は冒険的傾向を帯びること（Wallach et al., 1962）が示された。たとえば、文化祭の出し物について話し合っているうちに、どんどんと話が壮大になり、気がつけば実現不可能なような計画になっていた、といった経験はないだろうか。また、若者が数人でホームレスの人たちに暴行を加えるといった事件が発生する。周囲の人に聞けば、1人1人はそのような事件を起こす子どもに思えなかったと言う。たむろしていろいろと話をしているうちに、リスキーシフトが起こったとも考えられる。

以上のような現象はいずれも、他者の存在によって個々の責任感が拡散することが、その一因であることを示唆している。すなわち、個人の行動を規定するのは、個人の道徳性の問題だけではなく、現実問題としては、集団力学の観点からも考察されなければならない。

第2節　道徳性の発達
――「すべき」「すべきでない」と考えるには理由がある――

「道徳性」は、人間に本来的に備わっているものではなく、出生後の親や教師、年長者からのはたらきかけ（教育）や、親子関係や仲間関係等の人間関係の経験を通して形成されていくものと考えられる。しかしながら、ただ知識として闇雲に教えればいいというわけでもないし、表面的な行動形成をすればいいというわけでもない。たとえば、「ゴミを捨ててはならない」ことは多くの人が分かっているにもかかわらず、街中からゴミがなくなることはないし、コンビニのレジの前に置かれている募金箱にしても、募金する動機として、財布が小銭でいっぱいになって都合が悪いから、ということもあろう。上記の例は、いずれも個人の都合から生じたものであり、道徳性に基づいた行動とはいい難い。では道徳性は、どのように発達していくのだろうか。

1　発達心理学の観点から

(1) ジャン・ピアジェ（Jean Piajet）の捉え方

ピアジェは、発達心理学とりわけ認知発達の研究に多大な功績を残した人物であり、その発達段階説は、今なお子ども理解のための1つの指針として、大きな影響力を有している。本稿は、ピアジェの理論を包括的に紹介することが主目的ではないため、とりわけ道徳性の発達に関わるところに焦点を当てることにする。

ピアジェによる道徳性の発達は、2つの側面から検討がなされている(Crain, 1981a)。1つは「他律」から「自律」への移行、2つ目に「結果論」から「動機論」への移行である。もちろんこの2つは独立した心理的機制に基づくものではなく、認知発達の特徴を反映した結果として捉えることができる。

1つ目の側面としては、規則は自身の外側にあって変えることのできない絶対的なものであるという認識(他律)から、規則のもつ本質を自身が内面化し、規則は変え得る相対的なものであるという認識(自律)への移行である。このような変化は、われわれにとっても比較的了解可能なものである。たとえば、新しい環境に放り込まれた場合、「郷に入れば郷に従え」的に、とりあえずその環境下のルールに従う。しかしながら、その環境に順応しつつも、よりよい環境を考えた場合に、ルールそのものに疑問を感じ、それを見直そうとするのではないだろうか。このような理解の仕方は、道徳性の発達の本質を表しているものではないが、比喩的理解としては有益な考え方であろうと思われる。

一方の2つ目の側面であるが、たとえば、給食の準備を手伝おうとした

表1　ピアジェによる認知発達段階とその特徴

段　階	年　齢	概　要
感覚―運動期	2歳くらいまで	5感や身体的運動を通して外界と関わる 表象や言語はもたない
前操作期	2歳から7歳くらいまで	論理に基づかない直観的思考をする 自分自身の思考に依存し、他者の視点に立てない（自己中心性）
具体的操作期	7歳から11歳くらいまで	具体物や具体的状況であれば、論理的な思考が可能となる 現象を多面的に考慮することが可能となる（脱中心化）
形式的操作期	12歳以降	抽象的な事柄に関しても論理的な思考が可能となる 仮説に基づいての論理的な思考が可能となる

※ピアジェは感覚―運動期を、さらに6つに分けているが割愛する。

児童が、誤ってスープの鍋をひっくり返してしまい、クラスの皆がスープを食べられなかった状況と、友だちとふざけていて、関係のない数人の友だちがスープを食べられなかった状況を考えてみよう。結果的に被害は前者のほうが大きい。よって結果論的には前者のほうが悪いということになるが、動機論的には後者のほうが悪いということになる。

これらの2側面はそれぞれが独立したものではなく、認知発達という上位概念の上で連動するものである。すなわち「絶対」から「相対」への移行と捉えることができよう。規則は、人間社会の外部に存在する絶対的なものから、人間社会の内部からつくられる相対的なものへという移行である。また、行為そのものに善悪が決められているという絶対的な考え方から、動機やそこに至った経緯によるという相対的な考え方への移行である。ピアジェによる発達段階を**表1**に示した（Piajet, 1964；Piajet & Inhelder, 1966）。詳述は避けるが、この移行が起こるのは、具体的操作期から形式的操作期にかけてであり、年齢にしておよそ10〜11歳ごろである。

表2　Kohlbergによる道徳性の発達段階とその特徴

水準	段　階	正しいこと
Ⅰ 前慣習的水準	第1段階 他律的道徳性	罰則のある規則を守ること。権威者に従うこと。人や人の所有物に物理的な害を与えないこと。
	第2段階 個人主義・道具的意図・交換	自分の直接的利害にかかわるときのみ、規則に従う。自分自身の利害や欲求に沿うように行動するが、他者にも同じことを認める。公平、平等な交換・取引・合意が正しいことである。
Ⅱ 慣習的水準	第3段階 相互の個人間の期待・関係・個人間の調和	よい息子・よいきょうだい・よい友人といった、他者が期待している役割に背かないように行動する。よい人であることが重要であり、よい動機をもち他者に気遣いをすることである。また、信頼、誠実、尊敬、感謝といった相互的な関係を保つこと。
	第4段階 社会システムと良心	自分が同意した義務を果たすこと。法律は守られるべきものである。社会や集団や制度に貢献することも正しいこと。
Ⅲ 脱慣習的・原理的水準	第5段階 社会的契約あるいは効用・個人の権利	人々はさまざまな価値観や意見をもっていること、たいていの価値や規則は集団間で相対的なものであることに気づく。これらの相対的な規則は、通常、公平さを期するために、または社会的契約であるために守られる。しかし生命や自由のような絶対的な価値や権利は、どのような社会であっても、守られなければならない。
	第6段階 普遍的な倫理的原理	自ら選んだ倫理的原理に従う。特定の法律や社会的合意は、この原理に基づいているため、通常は妥当である。法律がこの倫理的原理に反している場合には、原理に合うように行動する。その原理とは、正義という普遍的な原理であり、それは、人権の平等性と、個としての人間の尊厳の尊重である。

（Kohlberg, 1976, pp. 34–35. の表より一部抜粋）

(2) ローレンス・コールバーグ（Lawrence Kohlberg）の捉え方

ピアジェの研究に影響を受けたコールバーグは、ピアジェの道徳発達理論をさらに精査し、その発達段階をより細かく**表2**のように示した（Kohlberg, 1976）。その特徴は、認知的な特質からは「前慣習的水準」「慣習的水準」「脱慣習的・原理的水準」という3つの水準に分けられており、さらにそれぞれが2つに分かれ、6つの段階が想定されている点にある。

6つの段階については後述するとして、コールバーグの理論的背景となった研究は、「道徳的ジレンマ課題」と言われるものである。

たとえば、

ハインツのジレンマ

ヨーロッパのある国で、ある女性が特別な種類の癌にかかって死にそうになっている。医者によれば、この人を救うことができる薬が1つだけある。その薬は、同じ町に住んでいる薬剤師が最近発見したラジウムの一種である。その薬を作るのにはお金がかかるが、その薬を製造するための費用の10倍の値段を薬剤師はつけている。つまり、薬剤師はそのラジウムには200ドル使い、わずか1回分の薬に2000ドルの値段をつけているのである。病気の女性の夫であるハインツは、あらゆる知人からお金を借りたが、薬の値段の半分の1000ドルしか集められなかった。彼は薬剤師に自分の妻が死にかけていることを話し、値引きしてくれるよう、あるいは後払いをさせてくれるよう頼んだ。しかし薬剤師は「それはできない。私がそれを発見したのだし、それでお金を稼ぐつもりだから」と言う。ハインツは思いつめてしまい、妻のために薬を盗もうと、その男の薬局に押し入ることを考えている。

といった状況に置かれた場合、われわれはハインツのとろうとしている行動をどのように評価するであろうか、またその評価の理由をどのように説明するであろうか。そのような質問への回答（実際には、半構造化インタビュー[(1)]により、質問に対する回答に応じて、さらに多様な質問がなされている）の分析をとおして、その回答の道徳的判断を分類した。分類のための典型的な反応については**表3**に示した。それを参照しながら6つの段階をみていこう。

前慣習的水準の特徴は、自己中心的な考え方であり、利害関係に基づく

---

(1)　半構造化インタビューとは、インタビューの進め方の1つである。「これだけは絶対に聞いておかなければならない」とか「こういう流れで聞いていく」というような、基本的なインタビューのプログラムはつくっておくものの、質問に対する対象者の反応によって、その場で質問を自由に構成していく、というやり方である。

表3　ハインツの事例に対する反応例

水準	段階	反　応　例
Ⅰ	段階1	法律に違反したことで罰せられるから、ハインツは悪い。 薬剤師に頼んだのだから、ハインツは罰せられない。だから悪くない。
	段階2	ハインツは、盗んでも妻のためだから正しいと考えるだろうし、薬剤師は、盗みを悪いと考える。
Ⅱ	段階3	ハインツは妻を助けようとしているのであり、悪いことをしようとしているわけではない。 むしろ薬剤師は、自分のことしか考えていない。
	段階4	盗むに至る動機はわかるが、やはり社会の秩序のために法律があるのだから、もし盗んだとしたら、ハインツは罪を償うべきであるし、薬剤師に弁償すべきである。
Ⅲ	段階5	正当な理由はあるが、個人の財産を侵害することは、法的にも罰せられることである。一方で、人には生命を尊重され全うするという権利もあり、法律を変える必要があるのかもしれない。
	段階6	ハインツには法律を犯す権利はないが、個人の生命には絶対的価値があり、より高次の道徳的権利がある。

（Crain, 1981b；Reimer et al., 1983. を参考）

判断である。その中でも、権威に逆らうと罰を受けると考えるのが第1段階であり、ギブ・アンド・テイク的に考えるのが第2段階である。つまり、道徳というものが、自分を中心に考えられているのである。

次の慣習的水準では、所属している社会や集団がもつ規範に従って判断する。その中の第3段階では、他者が個人に何を期待しているのか、その期待に沿うことが、すなわち善良な人であることが重要である。第4段階では、より広い社会的な視点が考慮され、制度や法律に従って秩序を保つことが重要なのである。

最後の脱慣習的・原理的水準では、今ある制度や法律を超えて、そもそも人間とはどうあるべきかという視点が、道徳的判断の基準となる。第5段階では、社会的秩序を維持することと個人の尊厳との整合性に視点が向く。よってこの段階での道徳的判断は、非常に葛藤に満ちたものとなる

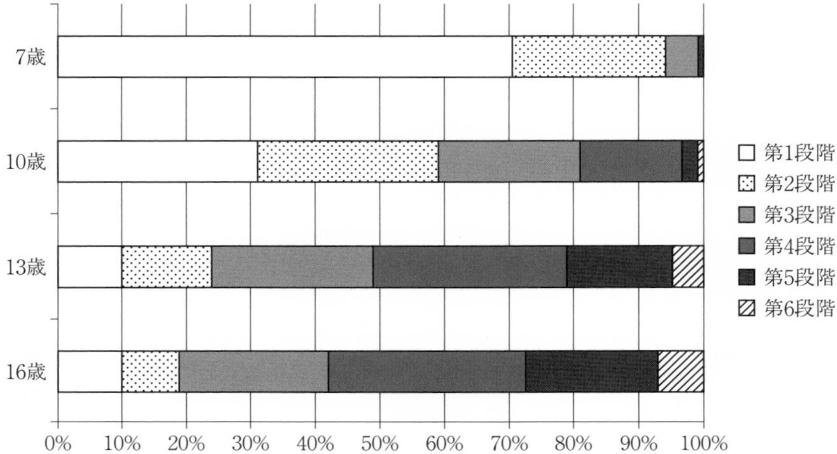

図1　コールバーグによる6段階の使用の割合（Kohlberg, 1963 を改変）

(Reimer, et al., 1983)。第6段階では、人間としての原理原則そのものが判断基準となる。

そして年齢別にこの6つの段階に属する回答の割合を示したのが、**図1**である。ここから、ある程度の発達的変化を読み取ることができよう。すなわち、年齢を経るごとに、水準Ⅰ（第1・2段階)→水準Ⅱ（第3・4段階)→水準Ⅲ（第5・6段階）へと、その割合が増加している。また、ピアジェによる道徳的判断の転換点と考えられた10歳〜11歳の間に、水準Ⅰの減少と水準Ⅲの増加をみて取ることができる。

2　精神分析学[(2)]の観点から

ピアジェやコールバーグが、道徳性の発達を認知機能の発達の関数として捉えようとしたのに対し、精神分析学の創始者であるジグムント・フロイト（Sigmund Freud）は、道徳性の起源を、精神的なトラブルを抱える者（主にヒステリー患者）に対する臨床経験から、発達初期の親子関係に還元できるのではないかと考えた。

フロイトは、人格を「イド」「超自我」「自我」という概念から説明している（Freud, 1923）。イドとは人格の原初的なもので、快楽原則に基づいている。すなわち、ひたすらに快を求め不快を解消しようとする。たとえば誕生後の乳児は、お腹がすくと泣き、暑いと感じれば泣き、眠たいと泣きという具合に、不快感を周囲に対して訴え、その除去を求める。しかしながら、現実的には常に快の状態にいることは無理であるし、不快感がすぐに解消されるとは限らない。そこで、イドの衝動を抑えて現実に対応する必要が生じてくる。そのはたらきを担うのが自我であり、自我は現実原則に基づき、イドと現実との調整役を行っており、理性と換言することもできよう。

さて、フロイトの理論の重要な概念の１つに「エディプス・コンプレックス」がある。略述すれば、男児は母親に対して性愛的な感情を抱くが、父親という存在が厳然と立ちはだかり、その欲求が満たされることはない。この葛藤のことを指す概念である。この葛藤を解決するために、男児は、母親に愛される存在としての父親と自分とを同一視する、すなわち無意識のうちに、父親と同じように考え行動することによって、両親からの愛情を獲得しようとするのである。結果的に、父親のもっている価値観が男児の中に取り込まれることになる。これが超自我として、人格の１部を形成しており、男児にとっての道徳性や良心といったものの礎をなしていると考えられる。

イドにしても超自我にしても、無意識の産物であり、実際に現実場面と接するのは自我の領域である。よって自我は、イドからの欲求や現実場面からの要請、超自我からの制御といった３つの葛藤を抱える可能性がある。

⑵　人間を理解するにあたって、「無意識」という領域を想定することによって、心のはたらきを解明しようとする立場である。もともとは心理療法の１つである精神分析という実践から始まったのであるが、その実践を通して得られた知見から、人間の人格発達の過程や、個人の環境へのはたらきかけや対応の一般的法則を見出そうとする学問である。その理論をもとに、精神的トラブルを抱える患者の治療に資することが目的である。

いわば中間管理職のようなものである。「道徳的行動に立ちはだかる社会的（他者からの）影響」の項で述べたように、われわれの行動が、必ずしも自身の価値基準にのみ依っているのではなく、時と場合によって揺れ動くのは、自我の脆弱性によるものである。

第3節　道徳性の発達を支える要因
――教えればいいのか――

1　発達の感受期説(3)から考える

先述したフロイトの理論からすれば、「道徳性」とは直接的に教えられるものではなく、主に同性の親が有する価値観を無意識のうちに内面化したものである、という解釈になる。そもそもイドは生来的に有しているものであるが、必ずしもイドがすぐには満たされるわけではないという日常的な経験をとおして、自我が発達してくる。では、道徳性や良心の象徴としての超自我は、いつ頃発達するのであろうか。

フロイトの心理性的発達理論では、発達は口唇期（～1.5歳）・肛門期（～3歳）・男根期（～6歳）・潜在期（～11歳）・性器期（11歳～）の5つの段階を経て進行していくと考えられている（Crain, 1981b）。道徳性の発達という観点からは、とりわけ男根期が重要である。先述したエディプス・コンプレックスを克服するのがこの時期だからである。男根期を心理的発達において重視したフロイトによると、人格の発達は5歳までに決定づけられているという（Nolen-Hoeksema et al., 2009）。

---

(3)　物事を習得するにあたって、発達的時間軸に従って、獲得しやすい時期としにくい時期があり、しやすい時期のことを指す。たとえば、生まれて6年もすれば、ことさらに勉強しなくとも、日常生活を送るうえで困難を生ずることがないほどまでに言語的コミュニケーションが可能となる。しかし、日本語を母国語とするわれわれにとっては、中・高の6年間、限られた時間ではあるが英語の授業を受けてきても、ほとんど英語によるコミュニケーションがとれないのが実情である。つまり、言語の獲得には発達の初期に感受期があり、それを過ぎると獲得できないわけではないが、感受期に比して時間と労力がかかる。

ただここで問題となるのが、フロイトの発達段階がもつ意味である。発達段階は、高層ビルの建築のようなものであり、ある段階をクリアしないと次の段階に進めない（下の階ができない限り上の階はできない）、あるいは、不完全さを残したまま進行する（基礎工事が不充分なまま積み上げる）と、のちになって問題が生ずることになる（崩壊する）。よって、発達段階のそれ相応の時期にその段階の課題を解決しておく必要がある。その意味では、道徳性の発達は、親の規範の内面化が生ずる、5歳前後の時期が感受期と考えられる。

2　発達の相互作用説(4)から考える

人間が発達していくうえで、個人がもっている資質や、人間が種として獲得している要素、さらには個人が置かれている環境条件が、少なからず貢献していることについては、異論がないものと思われる。

ピアジェやコールバーグなどの認知発達論者は、道徳性の発達に関して、環境要因や教育的はたらきかけを決して軽視している訳ではないが、基本的には、個人の環境への認知的はたらきかけを重視している。

ピアジェは、道徳性を促す要因として、「脱中心化」を挙げている。脱中心化とは、自己中心性の克服であり、他者の視点から物事をとらえられるようになる、あるいは現象を異なる側面からとらえられるようになることを意味している（Piajet, 1960）。またコールバーグは、「役割取得能力」を挙げている。役割取得能力とは、自分自身がもっている欲求や感情は、他者も同様にもっていることを理解し、他者の視点から自己の行動を調整する能力である（Kohlberg, 1969）。

脱中心化にしても役割取得能力にしても、そこには、子ども自らが環境にはたらきかけた結果として経験する、認知的葛藤が大きな役割を果たす。

---

(4)　人間の発達を支える要因として、古くは「遺伝か環境か」の論争があった。しかしながら、どちらが重要かというよりも、それらがどのように影響を及ぼし合っているかという視点が重要視されるに至った。このような発達の考え方を相互作用説という。ここでは、遺伝と環境の問題ではなく、個人と環境との相互作用という意味である。

認知的葛藤とは、これまで自分がもっていた知識や考えと矛盾した事態に出会った際に起こる混乱や葛藤をさす。たとえば、年少児では喧嘩が頻繁におこる。自分が使いたい玩具を友だちが使っていれば、隙を見つけてそれを取る。それに気づいた友だちが取り返そうとする。当然喧嘩になるわけである。子どもにとっては、自分が遊びたいのにそれを邪魔する人がいる、という認識である。しかし喧嘩は、子どもにとっても決して気持ちのいいものではない。このような社会的経験を繰り返す中で、少しずつ他者にも欲求があることに気づくようになってくる。

3　学習の産物として考える

それに対して、アルバート・バンデューラ（Albert Bandura）は、行動主義（端的には、人の行動は賞罰の操作によってコントロールし得るという考え方）の系譜の中に位置づけられる人物であるが、それを発展させた形で社会的学習理論を展開した。

初期の行動主義の考え方では、何らかの行動に対して、その人にとって快い刺激が与えられれば、その行動は強化され（促進され）、不快な刺激であれば弱化される（抑制される）、というものであった。動物に対するしつけを考えれば、理解できるであろう。もちろん人間においても、このようなメカニズムはいたるところに存在する。たとえば、家の手伝いをすると小遣いがもらえるといった場合、小遣いという快い刺激によって、家の手伝いという行動が強化される。逆に、公共の場で騒ぐと注意を受けるといった場合、注意を受けるという不快な刺激によって、騒ぐという行動が弱化されるのである。

一方バンデューラは、行動の学習は、他者の行動を観察するだけで、容易に成立すると主張した（Bandura, 1971）。われわれは絶えず周囲の人の行動を目にしているわけであるが、たとえば、簡単なダンスであれば、その場面を見るだけで、特別な練習を経ずとも同じような行動をとることができる。つまり、「親の背中を見て子は育つ」という言葉もあるように、行動の手本（モデル）を提示することでその行動は獲得されるのである。これを

「観察学習」という。ただし、行動が獲得されるからといって、その行動が遂行されるとは限らない。モデルがその行動をとることによって快刺激を得ていれば遂行が強化され、不快刺激を得ていれば遂行が弱化されるのである。

そして、自分自身への賞罰やモデルに対する賞罰を観察することによって、行動の遂行が強化されたり弱化されたりという経験を繰り返すうちに、自分自身の行動規範として道徳性が確立されていく。すなわち、外的基準によって行動調整が行われていたものが、内的基準へと移行していくのである。たとえば、道徳性の問題ではないが、いやいや習わされていた水泳が、いつの間にか面白いものになり、自ら進んで練習をするようになった、というようなことに似ている。

学習の産物という観点からは、道徳性の発達には感受期が存在するわけでもないし、発達段階を想定することもできない。

第4節　道徳教育の難しさ
——道徳的「行動」は普遍ではない——

1　道徳的行動の時間的変容

お馴染みのハンバーガーショップ、マクドナルド（McDonald）が日本に上陸したのは1971年である。「銀座」という、それなりの社会的地位にある人々が集う地にあって、テイクアウトの専門店であった。若い読者にとっては「なぜ」という違和感があるかも知れないが、その頃までは、歩きながら物を食べることは行儀の悪い行いだとされていた。しかし、道徳性の体現者と見なされる大人が、店頭で買ったハンバーガーをほおばりながら銀座を歩く姿が日常化するにともない、「歩きながら食べる」という行動が、決して道徳に反する行動ではなくなっていった。むしろ、歩きながら食べられることを売りにする商品が開発されていった。このように、ある時代においては道徳的に問題視されていた行動が、異なる時代においては問題視されなくなることがある。

逆に、近所の人たちに気を配り、「困ったときはお互いさま」という互助の行動が、プライバシーの侵害ともなり得るようになってきている。道徳的行動だったものが、非道徳的行動ともなりかねないのである。

2　道徳的行動の文化的相違

異文化理解ということが叫ばれて久しい。今や多くの外国の人が日本に住み、また日本人が外国で生活を送っている。そのような状況の中で問題となるのは、言語の問題だけではなく、文化による価値観や行動様式の違いである。

東（1994）は、道徳的判断の日米比較の研究から、アメリカにおける「律法主義」と日本における「気持ち主義」を挙げている。すなわちアメリカでは、子どもをしつける際に、親は、「だめって言ってるでしょ」というように、その権威に訴えることが多い。一方の日本では、「いい子はそういうことしないでしょ」というように、子どもの情緒に訴える傾向にある。そのようなしつけの方略は、子どもが道徳的判断をする際にも投影されるであろう。

このことは、コールバーグ（1963）と山岸（1986）の研究結果を重ね合わせることによって、ある程度わかる（**図1・2**）。比較の対象となるのは、コールバーグの10歳と山岸の小5、13歳と中2、16歳と高2である。水準Ⅱ（第3・4段階）に着目した場合、コールバーグ（アメリカ）の結果に比べて山岸（日本）の結果のほうが、各年齢に一貫して高くなっている。このような道徳的判断の傾向は、行動にも表れると推察できる。

たとえば、スポーツの国際大会が開催された会場で、日本人の観客は、負けた試合であっても終了後にごみの後片づけをする、といって多方面からの称賛が得られたことがあった。その意味では道徳的行動ととらえることができよう。しかしながら、ある国においては、ごみを片づけるための雇用者の、職場を奪う行為だという批判もあったようである。私事で恐縮であるが、確かに、ニューヨークへ行った際に、毎朝、清掃員がメインストリートのごみを拾っている光景を目にした。

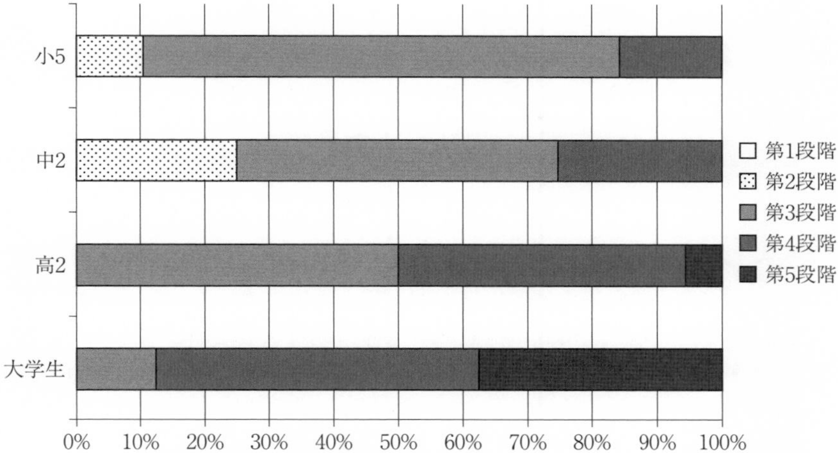

図 2　年齢ごとの発達段階の分布（山岸、1986）

3　道徳的行動の状況的問題

質問から始めてみよう。電車の中で、ある人が絡まれていたとしたらどうするか。道徳的知識としては、「人がいやがることをやってはならない」し、「できるなら困っている人の力になる」ということがある。絡んでいる人が一方的に悪いのであれば、その人を諌めるのが道徳的判断である。しかしながら、現実的にはそのような行動が起こることは稀である。学校教育場面で頻繁に問題となる、「いじめ」の問題も同様である。

なぜいじめの問題が生ずるのかという議論も、道徳的にはもちろん必要であるが、なぜそこで援助という道徳的行動が生じないのであろうか。先述したような責任感の拡散ということも考えられる。しかしながら、こういう場合に行動を抑制しているのは、自分自身に多大な被害が起こる可能性に対する危惧である。加害者に注意をした結果、自分自身に危険が及ぶ可能性がないわけではない。そういう可能性を度外視してまでも行動すべきである、とは言えない。自身の身の危険を顧みず、という行為は確かに尊い行為ではあるが、すべての人にそれを期待することはできないし、期待すべきでないと考える。

第5節　本章を終えるにあたって
――教育への視点――

先に紹介したフロイトの理論では、子どもに接する親の養育態度が大きな要因として考えられていた。フロイトの理論に従うならば、道徳性の発達には、発達初期の親子の関係性が非常に重要であり、しかも感受期が想定され得る。このプロセスは無意識のうちに進行するため、何らかの心理臨床的介入がない限り、児童・生徒の個人的な努力で克服できるものではない。

また、ピアジェやコールバーグの理論の観点からは、道徳性の発達を促すためには、基盤となる認知能力の発達が必要であり、それを促す要因として、認知的葛藤が考えられた。実際、コールバーグは自身の発達観に基づき、道徳教育のあり方を提案している。そこでは、道徳的ジレンマ課題についてのグループディスカッションをとおして、それぞれの子どもが認知的葛藤を起こすように構成されている（Blatt & Kohlberg, 1975）。

さらに、バンデューラの考え方からは、道徳教育の基本は、われわれおとなの行動であると戒めるとともに、子どもがおかれている環境についても、不断にアンテナを張り巡らせ、それに対応していく必要があろう。現実の社会は善行に対しては何らかの報いがあり、悪行に対しては何らかの咎めがある、というほど単純ではない。むしろ逆の場合もある。またバーチャルな世界では、人為的にいかようにでも世界を描くことができ、インターネットを通して児童・生徒に容易に伝達される。道徳性という抽象的な問題に関して、リアルな世界とバーチャルな世界を分化して判断する能力の発達についても、研究が必要である。

＜引用文献＞

- Asch, S. E. (1951). Effects of group pressure upon the modification and distortion of judgments. In H. Guetzkow. (ed.). Group, leadership and men. Carnegie Press, pp. 222–236.
- 東洋．(1994)．シリーズ人間の発達 12　日本人のしつけと教育：発達の日米比較にもとづいて．東京大学出版会．
- Bandura, A. (1971). Psychological modeling：Conflicting theories. Aldine-Atherton.（原野広太郎・福島脩美．(訳)．(1985)．モデリングの心理学：観察学習の理論と方法．金子書房．）
- Blatt, M. M. & Kohlberg, L. (1975). The effects of classroom moral discussions upon children's level of moral judgment. Journal of Moral Education, 4, pp. 129–161.
- Crain, W. C. (1981a). Theories of development：Concepts and applications. Prentice-Hall.（中島実．(訳)．(1984)．道徳性の発達に関するコールバーグの段階説．小林芳郎・中島実．(訳)．発達の理論．田研出版、pp. 125–144.）
- Crain, W. C. (1981b). Theories of development：Concepts and applications. Prentice-Hall.（小林芳郎．(訳)．(1984)．フロイトの精神分析理論．小林芳郎・中島実．(訳)．発達の理論．田研出版、pp. 145–176.）
- Darley, J. M. & Latané, B. (1968). Bystander intervention in emergencies：Diffusion of responsibility. Journal of Personality and Social Psychology, 8, pp. 377–383.
- Freud, S. (1923). Das ich und das es. Internationaler Psychoanalytischer Verlag.（小此木啓吾．(訳)．(1970)．自我とエス．フロイト著作集 6 自我論・不安本能論．人文書院．所収、pp. 263–299.）
- 福島脩美．(1979)．道徳性テスト．依田新．(監)．新・教育心理学辞典（普及版）．金子書房、pp. 606–607.
- Kohlberg, L. (1963). The development of children's orientations toward a moral order：Ⅰ. Sequence in the development of moral thought. Vita Humana, 6, pp. 11–33.
- Kohlberg, L. (1969). Stage and sequence：The cognitive-developmental approach to socialization. In D. A. Goslin, (ed). Handbook of socialization：Theory and research. Rand McNally. pp. 347–480.
- Kohlberg, L. (1976). Moral stages and moralization：The cognitive-developmental approach. In T. Lickona. (ed). Moral development and behavior：Theory, research, and social issues. Holt, Rinehart and Winston, pp. 31–51.
- 二宮克美．(1995)．道徳性．岡本夏木・清水御代明・村井潤一．(監)．発達心理学辞典．ミネルヴァ書房、pp. 496–497.

・Nolen-Hoeksema, S., Fredrickson, B. L., Loftus, G. R., & Wagenaar, W. A. (2009). Atkinson & Hilgard's introduction to psychology (15th edition). Cengage Learning EMEA（内田一成．（訳）．（2012）．人格．内田一成．（監訳）．ヒルガードの心理学（第 15 版）．金剛出版、pp. 674-735.）
・Piajet, J. (1960). Problèms de la psycho-sociologie de l' enfance, In G, Gurvich, Trait de sociologie, 14, pp. 229-254.（星美和子．（訳）．（1979）．児童期の心理：社会的諸問題．芳賀純．（編訳）．誠信ピアジェ選書 4 発達の条件と学習．誠信書房．）
・Piajet, J. (1964). Six études de psychologie. Éditions Gonthier.（滝沢武久．（訳）．（1968）．思考の心理学：発達心理学の 6 研究．みすず書房．）
・Piajet, J. & Inhelder, B. (1966). Le psychologie de l' enfant. ＜Coll.《Que sais-je?》N°369＞. P. U. F.（波多野完治・須賀哲夫・岡郷博．（訳）．（1969）．新しい児童心理学．白水社．）
・Reimer, J., Paolitto, D. P., & Hersh, R. H. (1983). Promoting moral growth：From Piajet to Kohlberg (2nd edition). Longman.（荒木紀幸．（監訳）．（2004）．道徳性を発達させる授業のコツ：ピアジェとコールバーグの到達点．北大路書房．）
・Wallach, M. A., Kogan, N., & Bem, D. J. (1962). Group influence on individual risk taking. Journal of Abnormal and Social Psychology, 65 (2), pp. 75-86.
・山岸明子．（1976）．道徳判断の発達．教育心理学研究、24、pp. 97-106.

＜参考文献＞

・Crain, W. C. (1981). Theories of development：Concepts and applications. Prentice-Hall.（小林芳郎・中島実．（訳）．（1984）．発達の理論．田研出版．）

（しばはら・よしゆき）

第3章　西洋における時代や社会の変遷と道徳教育の課題

第1節　道徳教育を考える意義

1　西洋における古代・中世社会と道徳
——道徳における相対主義と価値内面化を手がかりとして——

ここでは、道徳の在り方や捉え方を考えるうえで意味をもつ、西洋における時代や社会をふりかえることをとおして、道徳教育の意義と課題を考えておきたい。

たしかに、今日、「教育上の大きな課題」となっているとされる「いじめの問題や少年による重大事件など」については、考えるべきものがある。具体的な「生徒指導上の諸課題」には、毎年出される『文部科学白書』においても、たとえば「いじめ」「暴力行為」「不登校」「高等学校中途退学」「自殺」などがとりあげられている。メディアなどにおいては、昨今の事件をもとに、いわゆる青少年問題の深刻化や青少年の凶悪化がいわれるようにもなっている。このような教育上の課題についての現状認識を背景として、文教施策における道徳教育も、充実・強化される動きがあるが、こうしたなかで、例えば、戦後半世紀の日本といった中長期的な視座にたった場合、いわゆる犯罪の「凶悪化」は、青少年に特有なものとして指摘しえない、といった見方が存在することにも、留意をしておくことは必要である。道徳教育の強化や、例えば少年法の改正による厳罰化などを検討する意味はあるが、そこでは、青少年問題の本質をみきわめた対処をする必要があり、道徳教育のもつ意味をこうした問題行動の現状と関わらせて理解するには、慎重な注意を要しよう(1)。

社会のなかでの、人間一人ひとりの在り方・生き方を考える道徳や道徳教育に関しては、なかなか正しい理解がなされているとはいいがたい。道徳については、人が「ふみ行うべき道」、あるいは、ある社会において、「行為の善悪を判断する基準」として「一般に承認されている規範の総体」といった捉え方がなされているが、「行うべき」あるいは「規範」といったところから、拘束感をともなった命令的なものとして、とくに若い世代には敬遠されることが多いともいえる。このような道徳は、また、本来その理由を問う倫理とほぼ同義に解釈されるなど、実際のところ、曖昧な理解も多い。

道徳は、それを意味する「Moral, Morality」が、「慣習・習俗」に相当するラテン語の「mos, mores」を語源とするように、一つの思想的な意味として、「集団」「社会」における「個」としての望ましい「人間の行為形式」を要請するものである。これは、「Tugend, virtue」といった「徳」が、「個人的な徳」を意味するギリシア語の「アレテー」とともに、「慣習・習俗」に相当するラテン語の「ヴィルトゥス」を由来とすることから、そこにはやはり、「集団」における「他者」との関わりのなかにある「個人」が意識されていることに通じるものとえいよう。社会が変化するほか、人間もまた変わることが考えられるなかで、「社会内存在」である人間において、「個

---

(1)　2008（平成20）年3月に公示された幼稚園教育要領、小学校学習指導要領および中学校学習指導要領は、2014（平成26）年10月の中央教育審議会答申「道徳に係る教育課程の改善等について」を受けて、2015（平成27）年3月に小学校・中学校学習指導要領の一部改正の告示が公示された。そこでは、従来の「道徳の時間」が「特別の教科　道徳」（「道徳科」）としてあらたに位置付けられ、「考え、議論する道徳」への質的転換が図られている。また、幼稚園は2018年度から、小学校は2020年度から、中学校は2021年度から全面実施の学習指導要領等は、2017（平成29）年3月に示された。2018（平成30）年3月改訂の高等学校学習指導要領は、2022（令和4）年度から年次進行での実施である。なお、中学校「特別の教科　道徳」の教科書（2017（平成29）年度検定）は、2019（令和元）年度から使用開始である。青少年問題にかんしては、「殺人を犯さなくなった若年層」や「マスメディアの責任」をはじめ、いわゆる「社会全体」の在り方を問題とし、「青少年凶悪化」の「幻想」を指摘する実証的な考察などがある［広田照幸「＜青少年の凶悪化＞言説の再検討」（藤田英典・黒崎勲・片桐芳雄・佐藤学編『子ども問題』所収、世織書房、2001年）など参照］。

としての存在」意味が「無規制」的に肥大化されるなど、共同性と主体性の統合が見失われつつもある。本来、「アレテー」は、「パトス」などとは違って、恒常的な、道徳的規範に関する歴史的社会的精神である「エートス」と、相互に基礎づけられるべきものであった。それが、思想的概念でいうならば、「全体」よりも「個人」の自由が前面におしだされたなかでの、「目的合理性が価値合理性に優先されるという現実」というかたちで、「エートスとアレテーの乖離」が進み、道徳の意味もまた変わると考えられるのである(2)。

アメリカの教育哲学者であるジョン・デューイ（John Dewey 1859-1952）は、『民主主義と教育』のなかで、「社会生活に有効に参加する能力を発達させるすべての教育は道徳的である。」とするが、道徳をもたない民族などというものは、そもそも歴史的に存在しないといえよう。奴隷制であることを一つの特徴とする西洋の古代社会においては、紀元前6世紀ころ、小アジアの西部およびエーゲ海東部の諸島を含む、古代ギリシアの植民地であったイオニア地方で、最初の自然哲学者の一群として、イオニア学派と呼ばれる人たちが存在した。このなかに、古代イオニアの都市国家であったミレトスを中心に活躍した、いわゆるギリシア最古の哲学学派であり、西洋哲学の祖ともされるミレトス学派がある。その代表的な一人が、万物の根源は「水」であると説いた、最初の哲学者ともいわれるタレスで（Talês 前624頃-前546頃）あり、そこには、神話的な見方からの解放への意識が認められる。ミレトス学派のなかには、この他に、万物の根源を無限な無

---

(2)　増渕幸男「道徳の本質」、長田三男・橋本太朗・増渕幸男・宇井治郎『道徳教育研究』所収、酒井書店、1992年、pp. 3-8。人間は、もとより社会的存在であるとされる。たしかに、まったくの一人では生きていくことなどできないし、またまったく一人で生きているということも、基本的にありえない。なんらかの他者とのかかわりや協同のなかで生きていることは、疑いのない現実である。さらには、われわれが本質的に「社会的存在」であることは、今日、おおくの学問分野においても、認められているといえよう。例えば、人間がもっているとされる、「群集欲という本能的な心」など、自然科学の分野でも、われわれの「社会的存在」に関する側面は、「人間の本性」としての社会的性質などが指摘されつつある。

規定なものである「アペイロン」としたアナクシマンドロス（Anaximandros 前610頃-前546頃）や万物の根源を「空気」としたアナクシメネス（Anaximénēs、前585頃-前528頃）といった人たちも含まれる。このように、西洋の古代社会において中心的な立場にあったのが、ギリシアであった。

道徳教育を考えるうえで重要な人物として、ギリシアにおいては、ミレトス学派の彼らが、世界全体の根本原理としての「アルケー（arche）」を問う自然哲学の立場にあったのに対し、いわゆる人間哲学を問うたソクラテス（Sōkrátēs、前470頃-前399）やプラトン（Plátōn、前427頃-前347）、アリストテレス（Aristotélēs、前384-前322）らがいる。ソクラテスは、徳は知識であり教えられるとする知徳合一という主知主義に立ち、共同体意識の立て直しをはかって国法の遵守を説き、「対話法」（問答法）として進められる「助産術」（産婆術）により、青年を「無知の知」すなわち「無知の自覚」へと導くことを行ったが、そこで彼が意識してきたことの一つは、プラトンの『クリトン』などで認められる―ソクラテス自身は著作を残していない―「最も尊重しなければならぬのは生きることではなくて、善く生きることだ」というものであった。青年をはじめとして、いわゆる人としての生き方を問う姿勢は、学塾アカデミアを開き、『国家』のなかで、いわゆる「洞窟の比喩」を用いて教育論などを論じたプラトン、あるいは学塾リュケイオンを開き、『ニコマコス倫理学』のなかで行動の習慣化や人間愛の重要性を説き、いわゆる公共性の意識をもって、都市国家であるポリスの一員としての個人の在り方を人間の生き方と考えたアリストテレスにも、観念論や唯名論などといった考え方の違いはあれ、引き継がれていく。また、アレクサンドロス大王（Aléxandros Ⅲ前356-前323）の東征（前334年）または没年からローマのエジプト併合（前30年）までをあたりを時期とする、東方のオリエント文化と融合したギリシア文明であるヘレニズムにおいては、たとえばギリシアの唯物論哲学者であるエピクロス（Epíkouros 前341-前270）が快楽主義を説くが、それは真の快楽を、たんなる欲望の充足ではなく、「アタラクシア」という欲望から解放された心の平静な状態にあるものとしていた。これらは、古来、人間が人としての在り方・生き方を問う道徳的存在であることを示しているといえよう。

人としての生き方や在り方を問う姿勢は、古代におけるローマにも認められる。いわゆる王政から共和政、そして帝政として西洋社会に存在した古代ローマは、帝政期のアウグストゥス（Augustus 前63-後14）の時代（前27-後14）から五賢帝（ネルウァ、トラヤヌス、ハドリアヌス、アントニヌス・ピウス、マルクス・アウレリウス・アントニヌス）の統治（96-180）にいたる「パクス・ローマーナ（Pax Romana）」の時期が最盛期とされる—イギリスの歴史家であるギボン（Edward Gibbon 1737-1794）にあっては「人類至福の時代」と評された—が、こうした古代ローマにおいて、人間を自然的立場から考察したストア学派の哲学が確立されていった。古代ギリシアからの歴史を有するストア哲学は、時代により主張に特色はあるものの、世界に遍在する宇宙理性としてのロゴスを認め、いわゆる賢人が、内心の理性にのみ聴くことによって得られる泰然自若の心境である「アパテイア」によって、人としての幸福に与りうるとする。

ローマ時代の代表的な哲学者には、演説や修辞学・哲学関係の著作を有する共和政期の政治家・雄弁家であるキケロ（Marcus Tullius Cicero 前106-前43）や人生や自然について論じたローマ帝政初期の政治家・哲学者であるセネカ（Lucius Annaeus Seneca 前4頃-後65）らがいるが、たとえば、弁論術を追究するなかで「人間的教養」を説いた前者の『弁論家について』や、「人生の短さについて」において公の中での自己の生き方等を論じた後者の『道徳論集』などは、まさに人としての生き方を問うたものであった。文人であるローマ帝政初期の詩人ホラティウス（Quintus Horatius Flaccus 前65-前8）にも、「カルペ・ディエム（その日を摘め）」など今に通じる警句を認めることができよう。こうした先人は、やはり人間が生き方を問う道徳的存在であったことを示しているといえよう。

ただ、たとえば、多くの都市国家であるポリスが存在していた古代ギリシアにあって、イオニア人のポリスであったアテネは、アケメネス朝ペルシアと戦ったペルシア戦争（前500-前449）の勝利に貢献し、デロス同盟の盟主となっていくが、ドラコンの法やソロンの改革、ペリクレスの指導などを経て、貴族政から民主政への移行を果たしていくなかで、自由で民主的なポリスを形成していった。いっぽう、ドーリア人のポリスであったスパルタは、前6世紀にはペロポネソス同盟の盟主となり、アテネとの覇権を争ったペロポネソス戦争（前431-前404）にも勝利するが、征服民を隷属農民であるヘイロタイ（ヘロット）やいわゆる劣格市民であるペリオイコイ（「周辺に住む人々」の意）として位置づけ、貴族的軍事的なポリスを形成していった。このように、複数の共同体の集住（シュノイキスモス）から成立し、内にアゴラ・アクロポリスの丘・神域を有する城壁を持つ市街地と田園地帯から構成されるポリスという都市国家としての形態は共通し、時代を同じくするにあっても、社会によって異なった価値に基づくあるべき社会観や人間観を有する。

また、ローマにあっては、古来、独自に共通して大切にされてきたのが、「ヴィル・ボーヌス（vir bonus）」してのローマ人の在り方であった。ローマ最古の法典であり、慣習法を公示した「十二表法（Les duodecim tabularum）」（前5世紀頃）には、すでに強固な性格や強い意志、それらに基づく公民としての良き実践力などが強調されているとされるが、古来ローマ人においては、先のキケロをはじめ、ラテン散文文学の祖とされる大カトー（Cato Major 前234-前149）にみる素朴な雄弁家的人間から、ローマの修辞学者・教育家であるクインティリアヌス（Marcus Fabius Quintilianus 35頃-95頃）の「立派に語る善き人」などまでに一貫して、こうした「人（男らしさ）」としての「徳（virtus）」を備えた人間が、独自な「ヴィル・ボーヌス」として共有されていた。これらは、善や美、調和や正義などを理想としていた古代ギリシアに対置しうるものであり、家父長的気風に富む意志的実践的国民としてのローマ人の特質（具体的には祖先や家系、愛国心・義務・勇敢・質実剛健などの重視）であったといえよう。ここには、時代や社会にあって、それぞれにみられる求めるべき人間の在り方、道徳的には、時代や社会における相対性といったことが見て取れる。それは、続く中世においても同じであった。

西洋社会は、テオドシウス1世（Flavius Theodosius Ⅰ、346頃-395）の死

後、ローマ帝国の東西分裂を経るなかで中世へと時代を移す。この時代は、おおよそ次のような範囲でとらえられるといえよう。すなわち、その初めは、375年のフン族の西進から始まりゲルマン諸族の移住・建国によってローマ帝国西半部の解体をもたらしたゲルマン人の移動が展開された4世紀後半である。一方その終わりは、フランス王位継承と羊毛工業が盛んなフランドル地方領有問題でもって、英仏間で断続的に争われた百年戦争（1337あるいは1339-1453）が終わり、東ローマ帝国（ビザンツ帝国、330あるいは395-1453）がオスマン帝国に滅ぼされた15世紀半ば頃までとされよう。

この西洋における中世は、主として封建制を土台とする社会であった。封建制は、一般的に恩貸地制度と古ゲルマンにおける自由民相互間の従士制の流れをくむ家臣制という二つの要素をその基本とする。前者の恩貸地制度は、メロヴィング王権が従士に行った土地贈与を基とする、領主であった主君が家臣に封土を給与するというものである。後者の家臣制は、「誠実宣誓」と「託身」という行為をとおして成立した人身的服属関係を基とし、封土給与の代わりに軍役の義務を課するというものである。その意味では、主君と封建家臣間における給養と援助といった義務的双務契約関係を基にしつつも、封建的関係を中核とするものであった。世襲化された騎士の子弟教育も制度化されるなか、文学作品をとおして美意識をふくめ影響があった、いわゆる騎士道なる騎士の生活規範も、12世紀から13世紀において形成されていく。

いま一つ、この中世西洋社会は、キリスト教の進展がみられたことも、特質の一つであった。イエス（Iēsoûs 前4頃-後28）をキリスト（メシア・救い主）と認め、その人格と教えを中心とするキリスト教は、古代ローマ皇帝の一人であるネロ（Nero Claudius Caesar 37-68）の時代に迫害を受けたものの、『告白』などにより深い信仰を示したローマ時代末期の神学者・思想家である聖アウグスティヌス（Aurelius Augustinus 354-430）らによって次第に信仰のすそ野を広げていく。ローマ帝政末期においては、コンスタンティヌス大帝（Flavius Valerius Constantinus 273頃-337）によるミラノ勅令

(313年) でのキリスト教の公認、テオドシウス1世の治下では380年に国教としての地位の確立を果たしていく。キリスト教にあっては、人類の始祖アダムが犯したゆえに、すべての人間が捉えられている「原罪」(original sin) を教義の一つとすることから、その罪の自覚を基に敬虔な生き方がつよく求められる。

中世社会が進むにおいても、修道院などに代表されるキリスト教の影響を受けた教育は、ベネディクト (Benedict 480頃-547頃) によるベネディクト派修道院をはじめ、後のクリュニーなど幾つかの修道院が同一会則でもって統合・認可された修道会により、学問や文化の保存・普及におおきな影響を及ぼした(3)。そこでは、清貧・貞潔・従順が誓われ、そのモットーを「祈りそして働け」としていたことは、こうした人間観・宗教観によるものといえる。修道院学校も重要な教育機能を果たしていた中世にあって、人間におけるわが身の宿命的「原罪」を認め、したがって信仰や労働という行為をとおして、義務によって人の行動や行為を規制する当時の教育は、道徳教育を考えるうえでも、重要な視点を提起している。すなわち、一つは、古代と同じく、中世という時代や社会に特有な道徳が存在したという点である。トマス・アクィナス (Thomas Aquinas 1225頃-1274)—彼は「共通善」を意識したが—を代表として、キリスト教教義の理性的な弁証をアリストテレス的論証により追求したスコラ哲学は、それを理論的に支えたものといえよう。その一方で、中世は、11世紀頃には、人格的従属関係をともなう封建制度の社会関係的な定着が認められるようになるなど、道徳教育の在り方を考えるうえで、封建的関係を中核とする人間関係や原罪を有する人間観により、あらためていま一つの道徳的諸価値の教化(「価値内面

(3)　吉澤昇「中世ヨーロッパの教育」、『新教育学大事典』(第5巻) 所収、第1法規、1990年、pp. 185-190。万人の内面の救いを意識する宗教的公共性への指摘、キリスト教を介することにより、古代ローマ社会から中世ゲルマン社会への移行がなされたとする指摘、現世の快楽や物質的・精神的奢侈に対する蔑視が「若い民族」としてのゲルマン社会に受け入れられたとする指摘—後述するフランスの社会学者デュルケーム (Emile Durkheim 1858-1917) の『フランス教育思想史』など—は、中世社会の存立・継続を考えるうえで興味深い。

化」）という課題を提示するといえよう[(4)]。もとより中世は、800 年に西ローマ帝国の復興をなしたカール大帝（シャルルマーニュ、Charlemagne 747–814）がキリスト教理念に基づく国家統治の文化運動を展開し、アルクイン（Alcuin 735 頃–804）らの学識者が活躍したカロリング・ルネサンス、普遍論争において唯名論をとなえたアベラール（Pierre Abélard 1079–1142）らが活躍した 12 世紀ルネサンス、法学のボローニャや神学のパリ、医学のサレルノといった各地の大学の勃興と隆盛など、学問や文化面でのおおいなる発展がみられる時期でもあった。また、大学の隆盛を支えた背景にみられる、国際主義や世俗主義の台頭、それとかかわるおもに商人の中世同業組合であるギルドやドイツの都市手工業者同職組合に特有なツンフトなど、自治団体組織の社会化傾向は、哲学的合理主義や世俗主義の成長として、中世を負の側面からとらえることを是としない視点として大切である。いわゆる 14・15 世紀に現れる「中世の秋」による時代の推移は認めたうえで、来るルネサンスを準備したこの時期の教育を、道徳教育を考えることをとおして理解することは重要であろう。

2　西洋における近世・近代社会と道徳教育
——価値選択の自主性を手がかりとして——

古代・中世に続くいわゆる近世は、ヨーロッパ史などにおいては、ルネ

---

(4)　以下、「価値内面化」の立場いわゆる「徳目主義」にたつ考えや、「価値選択の自主性」の立場いわゆる「価値主義」とでもいうべき考え、「価値判断における段階的発達」の立場すなわち「段階的発達主義」にたつ考えなどは、藤田昌士「道徳教育」［『新教育学大事典』（第 5 巻）所収、pp. 315–318］参照。これは、言葉を代えれば、「徳目主義」、「価値主義」、「段階的発達主義」、あるいは「人格教育」といったものにもなろう［村井実「道徳をどう教えるか」、村井実・遠藤克弥編著『共にまなぶ道徳教育（改訂版）』所収、川島書店、1997 年、pp. 1–12］。なお、「道徳性」をめぐっての「人間性」や「社会性」については、「学習指導要領」や、その「解説」、「道徳教育推進資料」などにおいて、多様な規定がなされているといえるが、2008（平成 20）年 3 月小学校・中学校学習指導要領では、「第 3 章　道徳」の「目標」に「道徳教育の目標は、（中略）学校の教育活動全体を通じて、道徳的な心情、判断力、実践意欲と態度などの道徳性を養うこととする。…」とある。

サンスから絶対王政期までといった狭義の捉え方がある一方、広義には近代と同義的にとらえられる。人間性に基づく人文主義にたち、ギリシャ・ローマの古代文化の復興と新たな文化の創成を目指したルネサンスは、芸術・思想上にとどまらない、西洋社会の革新的文化運動であった。ペストの流行を避けた十人の男女が十日間にわたって世俗的な物語を語るボッカッチョ（Giovanni Boccaccio 1313-1375）著『デカメロン』（『十日物語』）は、ルネサンスの代表作の一つである―イタリア語で詩作したイタリアの詩人で、社会批判を含みつつ中世キリスト教世界観を描いた『神曲』を著したダンテ（Dante Alighieri 1265-1321）は、中世から近世への橋渡し的な時期に位置するといえよう―。ローマ教会の贖宥状（免罪符）発行を非難する「九十五カ条の論題」を発表（1517）し、救いを行いでなく聖書を基とする信仰のみによると説いたルター（Maltin Luther 1483-1546）などによる宗教改革の展開も、まさに西洋社会の一大転換であった。また、15世紀から17世紀にかけては、いわゆる大航海時代であり、西洋社会の拡大が認められるが、それを可能とした背景に、これまでのいわゆる教権にとってかわった世俗権力の台頭、すなわち君主政の成立がある。16世紀前半にはポルトガルとスペインが、同世紀後半以降はイギリスやフランスが、君主政の時代を築いていく。

たとえば、中央アメリカ沿岸を明らかにしたイタリア生まれの航海士であるコロンブス（Columbus 1451頃-1506）の大西洋航海を支援したのは、カスティリャやアラゴンなどイベリア半島の大半を夫と共同統治した女王イサベル（Isabel Ⅰ, 1451-1504）のスペインであった。ヴァスコ・ダ・ガマ（Vasco da Gama 1469頃-1524）のインド航路開拓にかかわったのは、アヴィス朝期のポルトガルであった。イギリスでは、ノルマン朝（1066-1154）やプランタジネット朝（1154-1399）といった中世イングランド王朝が、中世貴族の内乱であるばら戦争（1455-1485）に勝利した開祖ヘンリー7世（Henry Ⅶ 1457-1509）によるチューダー朝（1485-1603）やジェームズ1世（James Ⅰ 1566-1625）の王位継承によるステュアート朝（1603-1649、1660-1714）へと移りいくなかで、絶対主義時代が展開される。また、フランスでは、カペー朝（987-1328）やヴァロワ朝（1328-1589）といった中世以来の王朝が、たとえば宗教的には、ローマ教皇ボニファティウス８世（Bonifatius Ⅷ 1235 頃-1303）とフランス王フィリップ４世（Philippe Ⅳ 1268-1314）との争いであるアナーニ事件（1303）を一つの起因とする教皇のバビロン捕囚（1309-1377）などを経ながら、政治的には、身分制議会である三部会の恣意的な設置・召集などを経ながら、世俗的王権の確立を図り、いわゆる統一国家としての第一段階—フランスの政治家・歴史家であるギゾー（François Gizot 1787-1874）は『ヨーロッパ文明史』において「ヴァロワ王朝とともにいわゆるフランスが始まる」としている—が形成されていく。そして、ナントの勅令（1598）により新教徒の信仰の自由を認めることでユグノー戦争（1562-1598）に終止符をうったアンリ４世（Henri Ⅳ 1553-1610）が初代となるブルボン朝（1589-1792、1814-1830）へと至るにおいて、絶対王政の絶頂期をむかえる。近代政治学・歴史学の祖とも呼ばれ、政治と歴史を宗教や道徳による価値観から切り離して論じたイタリア・フィレンツェの政治思想家マキアヴェッリ（Niccolò Machiavelli 1469-1527）が、イタリア統一と外国勢力排除への実践的関心のもとに、マキアヴェリズム—いわゆる目的のためには手段を選ばない権謀術数を指すが、その理解には留意が必要である—を展開した『君主論』を著したのは、こうした時期であった。

さきに、中世における道徳的価値の教化という点に触れたが、新たな西洋近世が展開されるなかで、あらためて一般的な人間を視野に入れ、これまでの第一身分である聖職者と第二身分である貴族に伍する存在として、第三身分としての平民が位置づけられるようになる時代が到来する。それを、まずは思想的に開けたのが、一人はイギリス経験主義に立つフランシス・ベーコン（Francis Bacon 1561-1626）であり、いま一人が、大陸合理主義に立つ、近代哲学の父デカルト（René Descartes 1596-1650）といえよう。たしかにデカルトの出現は、他者からの独自性や自由さを表明する点などにより、中世における「神の道徳」が、ルネサンスをへて、近世・近代以降の「人間の道徳」へと大きく転回する重要な一つの契機となった。すなわち、デカルトは、『方法序説』の冒頭において、「良識は万人に分け与えられている」として、理性における人間の平等を宣言し、さらに、「方法的懐疑」により、「わたしは考える、ゆえにわたしは存在する〔ワレ惟ウ、故ニワレ在リ〕」として、思惟する存在としての「ワレ」、いわゆる「自我」を確立したのであった。こうした近世・近代への移り変わりには、道徳を考えるにおいては、道徳性を「道徳的諸価値についての内面的自覚とみる立場」すなわち「価値内面化」ともいう立場とは異なる、道徳性を「自主的な価値選択の能力としてとらえる立場」すなわち「価値選択の自主性」ともいう立場が認められよう。

もとより、近世・近代においても、人間が道徳的な意義を問い続けていたことはいうまでもない。たしかに、教育の最終的な目的は、たんなる知識や技術を伝達し習得することにあるわけでもないし、社会規範でもって人間を拘束するためにあるのでもない。教授学・近代教育学の祖とされるチェコ・ボヘミアの神学者・教育思想家コメンスキーことコメニウス（Johann Amos Comenius 1592-1670）が、自然と人間と神についてのすべてを統一的普遍的な知識の体系においてまとめあげようとする汎知学にたち、「あらゆる人にあらゆる事柄を教授する・普遍的な技法を提示する」とされていた『大教授学』において期待していたのは、「男女両性の全青少年がひとりも無視されることなく」、「学問を教えられ、徳行を磨かれ、敬神の心を養われ」ることであった[5]。イギリスの哲学者、政治思想家であるジョン・ロック（John Lock 1632-1704）も『教育に関する（若干の）考察』のなかで「白紙」説に立って教育に言及するが、「子どものために望ましく思うものの中には、（私の想像では）徳性、分別、育ち、知識の四つが含まれていると思う。」としたあとで、「私は徳性が一個の人間あるいは紳士の備えるべき資質のうち最初のものであり、また最も必要なものだと考える。」とつづけている。『エミール』などによりいわゆる「消極教育」を主張するジャン・ジャック・ルソー（Jean Jacques Rousseau 1712-1778）においては、「社

⑸　以下67ページなども含めて、とくにコメニウスの意義については、井ノ口淳三氏の『世界図絵』にかんする「解説」など（コメニウス『世界図絵』（平凡社ライブラリー、1995年）所収）を参照されたい。

会の内部にあっては12歳になるまで人間対人間の関係について、また人間の行動の道徳性についてなんらかの観念を与えることなしに子どもを育てることは不可能だとわたしは考える。」と指摘されている。世界市民的な公共性への意識を有するイマニュエル・カント（Immanuel Kant 1724-1804）は、行動に内在する意志の自由を尊重するドイツの観念論哲学者であるが、教育についても考察をおこなっている。かれが、『教育学講義』の冒頭で「人間とは教育されねばならない唯一の被造物」というとき、それは、「訓練、あるいは訓育は動物性を人間性に変えて行くもの」であり、「人間は教育によってはじめて人間となる」、ということを意味している。これは、人間が、「人間性」に基づいて「生きる」存在、すなわち、人間の「本質」に根ざした生き方を求め続ける存在である、ということである。シュタンツでの孤児・貧児をはじめとする民衆救済を記した『シュタンツ便り』でも知られるスイスの教育家ペスタロッチ（Johann Henrich Pestalozzi 1746-1827）は、『隠者の夕暮』の書き出しで「玉座の上にあっても木の葉の屋根の蔭に住まっても同じ人間、その本質からみた人間、一体彼は何であるか。」と問いかけ、高貴な人間性の意義を指摘したが、本質的に、教育されるべき存在である人間は、そこに「人間性」や「生き方」を考えるという点で、道徳的存在であるといえよう。こうした教育の道徳的意義を重要視する考えは、いわゆる「教授段階論」を説き、明治中期から後期にかけて、日本の道徳教育にも影響を与えたヘルバルト（Johann Friedrich Herbart 1776-1841）が、はじめて体系的教育学を確立するなかで、教育の方法を心理学に求めるとともに、その目的を倫理学においていたことにも、認められるといえよう。近世・近代においても、人間はかわらず、道徳的存在であった。

　こうした近世・近代において、道徳教育を考えるうえで大切なのは、いわゆる近代市民社会への意識が顕在化するなかで、道徳性を「自主的な価値選択の能力としてとらえる立場」すなわち「価値選択の自主性」ともいう立場が認められる点である。イギリスにおいてはピューリタン（清教徒）革命（1642）や名誉革命（1688-1689）を経るなかで―もとより人民の自由と議会の権利の擁護は、中世封建貴族がジョン王（John 1167-1216）に対する権利を主張した「マグナ・カルタ」(1215) などからの伝統であり、ピューリタン革命の契機となった「権利の請願」(1628) や議会主権を明確にした「権利の宣言」(1689) の法文化である「権利の章典」(1689) などにも引き継がれていく—、また、フランスにおいてはフランス革命およびその理念の制度的実現をみた第三共和制などを経るなかで—公教育制度にかかわるものとしては、立法議会下において、コンドルセによる教育の自由や機会均等の原則等を提起したコンドルセ案 (1792)、第三共和政下において、首相・公教育相として制定に貢献したフェリー (1832-1893) による初等教育の無償化を規定した1881年教育法・義務化と世俗化を規定した1882年教育法などがあげられる—、新たな市民層が主役となる市民社会が到来し、人間が主体的存在として道徳教育をとらえる重要性が認められるようになっていく。近世・近代における道徳教育の特質の一つは、まさにこの点にあるといえよう。『市民政府二論』を著したロックや『社会契約論』を著したルソーは、それぞれ名誉革命やフランス革命、あるいはアメリカ独立革命—イギリス領植民地における印紙法の対立 (1765) からアメリカ独立宣言 (1776) を経てアメリカ合衆国憲法成立 (1788) に至る、人民主権体制確立過程—といった近代市民革命に、公私二元論や「民の公共」の重視といった立場において寄与した思想家としての側面を有するが、道徳教育を考えるにおいても、近世・近代に至り、とくに新たな社会における主体的存在への意識が認められることを理解することは重要であろう。

例えば、道徳を個と個のかかわる集団の中に位置づけた、『国富論』で有名なスミス (Adam Smith 1723-1790) は、産業革命期における日常の共感といった道徳感情の人間的意義を説く。「最大多数の最高幸福」を論じたベンサム (Jeremy Bentham 1748-1832) は、快楽や苦痛をも含む経験世界における道徳論を展開した。また、適者生存によって人間社会が進化発展するとする社会ダーウィニズムを論じたイギリス在野の哲学者であるスペンサー (Herbert Spencer 1820-1903) は、道徳教育において、「行為の道徳的価値」を「行為の結果が有益であるかどうか」に依拠するとする功利主義的道徳—同時期のミル (John Stuart Mill 1806-1873) らにも連なる—を展開するが、その『教育論』においては、最終的に「訓練」の目指すものを、「人から治められる人間ではなくて、自ら自己を治める人間を作ることである」と指摘する。こうしたなかにあって、『道徳教育論』で道徳性の要素の規定を試みたデュルケームも指摘する、価値選択における主体的能力を育成することの重要性は、すくなくとも、忘れてはならないといえよう。例えば彼は、帰納的に、「道徳観念」の「形態」を考察したうえで、その「根底」をも問題とするが、そこでは、道徳的規範に対してとる個人の側の「態度」を重視する。そして、基本原理に、「人間の人格は、この上なく神聖なもの」があるとする傾向をみてとったデュルケームは、「新たな道徳的価値の発見」として、「道徳の世俗化を通じて、道徳に新たな要素を加えて、これを豊かに」しようとしたのであった。すなわち、「もはや道徳性は、単にある一定の行為を全うすること—たとえそれが意図的なものにせよ—にあるのではない。さらに、この行為を命令する行為が自由意志によって求められること、つまり自由意志によって受容せられることが必要なのである。」というものであり、これが、行為の「道徳性」を行為者の自律性に結びつける、「意志の自律性」なのであった[6]。

さらに、近世・近代は、あらためて存在としての子どもを認めていく時代でもあった。先のコメニウスは、世界で初めての「絵入り教科書」である『世界図絵』を出版したが、それは、ドイツを舞台にしつつ、ハプスブルク・ブルボン家の国際的対立とプロテスタント・カトリック諸侯間の対

(6)　たしかに、デュルケームのいう道徳教育については、「権威」的な上下の社会関係から生じる、他律的な「拘束の道徳」よりも、「相互的尊敬」を特徴とする平等な社会関係から生じる、自律的な「協同の道徳」の意義を主張するピアジェらによって、批判がなされたことは重要であるし、また、コールバーグが重視するような「葛藤」などを手がかりにすることも必要であろう。だが、ここには、科学的考察による、多様な道徳の体系化と、外的規範が、社会化において内面化され内的規範と転化する際に問題とされる、後述する「相対主義」克服の一つのきっかけが考えられるともいえよう。また、「道徳的主体」にかかわる「道徳性」が、「普遍的な道徳原則」にたつ、カントの「定言的命法」をさらにすすめるかたちで、「新たな道徳的価値の発見」として認められていることに留意しておく必要があろう。

立によりヨーロッパ諸国を巻き込んで繰り広げられた「三十年戦争」(1618-1648) の荒廃のなかで、「戦火に荒らされた国々の、見捨てられた子どもたち」と「抽象的な学問をぎっしり詰め込まれる上流社会の子どもたち」にむけて、まさに「子どものための絵本」を世に問うたことが評価されている。経験論的な認識論にともなう白紙説をとなえたロックは、『教育に関する（若干の）考察』を出版したが、それは、鞭が支配する因習的な学校を否定し、紳士教育を目指すべく、あらためて子どもの育ちを考えるものであった。『エミール』の冒頭の一文、「万物をつくる者の手をはなれるときすべてはよいものであるが、人間の手にうつるとすべてが悪くなる。」、これを「根本命題」とするルソーが、「消極的な教育」において、子どもにおける自然の発育を重視し、外部からの悪い影響をふせぐことを大切にするのも、子どもとしての存在を認めるがゆえのものであった。『人間の教育』を著し、「さあ、子どもに生きようではないか！」という言葉を好んだとされるフレーベル（Friedrich Wilhelm August Fröbel 1782-1852）は、とくに幼児期の子どもを意識して、「恩物」(Gabe) と呼ばれる独自な教育遊具を考案し、世界初の幼稚園「一般ドイツ幼稚園」を創設（1840）する。また、ルソーの思想的系譜に立つスウェーデンの女性教育思想家であるエレン・ケイ（Ellen Karolina Sofia Key 1849-1926）は、『児童の世紀』（1900）のなかで「教育の最大の秘訣は教育しないことである」とし、徹底した児童中心主義に立つ新たな新教育を主張した。アメリカにおいても、いわゆる「旧教育」に対する新たな教育を考え、『学校と社会』において「われわれの教育に到来しつつある変革は、重力の中心の移動である。」として、「このたびは子どもが太陽となり、その周囲を教育の諸丶のいとなみが回転する。子どもが中心であり、この中心のまわりに諸丶のいとなみが組織される。」と述べたデューイらが認められる。くわえて、たとえばルソーの『エミール』は、「子どもの発育に応じて体や感官や知性を訓練させる」ことの意義を説いたことで、「子どもの発見」という評価を受けるとされるが、発達を含め、科学的に子どもを考察しうるようになったことも、この時代の特色であった。これらを含めて、近世・近代においては、とくに二十世紀に向けて、いわゆる新教育にも認められるように、子どもを中心とするあらたな教育が展開されていったといえよう。

近世・近代における道徳教育にかんして留意すべきこととして、道徳性を「自主的な価値選択の能力としてとらえる立場」すなわち「価値選択の自主性」ともいう立場にふれたが、存在としての子どもが認められていくなかで、道徳を考えるにおいて、子どもの判断理由が重視されるようになり、それにともない「価値判断における段階的発達」の立場、すなわち「段階的発達主義」にたつ考えもまた意識されるようになってくるのは重要といえよう。

第2節　道徳教育を考えるうえでの課題

1　道徳性のもつ道徳的価値にかんする課題
――道徳的価値論を手がかりとして――

このような道徳性の理解と道徳教育における道徳性の育成の重視は、いわゆる「特別の教科　道徳」すなわち「道徳科」にまつまでもなく、「道徳的な判断力、心情、実践意欲と態度を育てる」ことにおいて、意味をもつといえよう。そもそも、道徳性とは、本来、「適法性」などとは異なる、独自の性格をもつ。すなわち、社会化とかかわって個人の内面に育まれる道徳は、法や慣習といった社会規範をはじめとする外的規範にとどまらず、いわゆる良心といった人間の尊厳にも連なる内的規範であり、こうした点で、道徳は価値意識の一種であるといえよう。

しかし、ここには、道徳教育を考えるうえでの課題が浮かんでくる。その一つが、道徳性のもつ道徳的価値にかんする課題である。まず、「価値内面化」の立場、いわゆる「徳目主義」にたつ考えである。この点にかんしては、さきに中世において言及したが、道徳性のもつ道徳的価値にかんする課題は、もとより中世をはじめとして特定の時代に限定されるものでない。たとえばアメリカにかんして、「一般に、戦後のアメリカ社会における道徳教育の考え方には、大きく3つの基本的な立場があったといわれる。」

として、次のような指摘がある[7]。すなわち、「価値に関する立場としては、最も伝統的なもの」とされる「キャラクター・エデュケーションの立場」であり、「社会は、若者たちに身につけさせることが望ましい基本的価値について合意が可能であり、そのような、共通に大切とされた価値を、さまざまな方法を用いて若者たちに身につけさせようとする立場といえる。したがって、キャラクター・エデュケーションは、たとえ時代により、人々の集団により、挙げられている価値、徳目はまちまちであるとしても、教えるべき価値、もしくは徳目のリストを掲げ、それを子どもたちに獲得させようと努力することでは共通している。」というものである。今日においても、たとえば「道徳科」の「内容」における「項目」を考えるさいに、留意されるべきものといえよう。これは、何よりも、「理論上」における「道徳的価値」の強制的「教化」という問題をもつ。また、あわせて、ここでは、「実践上」でも、徳目の適切性、修得の現実性、などといった問題も指摘されよう。例えば「教育ニ関スル勅語」を考える場合では、「現代流」への「読み替え」を含めて、部分的な徳目のもつ意味合いを評価・指摘されることもある。そうした際には、「何のための」徳目か、その「基底」となる考えに立ち返りつつ、理解することが必要となってくるといえよう。

つぎに、「価値選択の自主性」の立場、いわゆる「価値主義」とでもいうべき考えである。この点にかんしても、たとえばアメリカについて、次のような指摘がかかわってこよう。すなわち、「価値相対主義が広がっていく中で、価値明確化という考え方を主張する人々が現れた。これは、キャラクター・エデュケーションの基本的立場と異なり、教えるべき価値もしくは徳目を掲げることをしない立場である。（中略）この立場における教育の要点は、子どもたちが生活の中で表明する目標、願望、興味、不安などを手がかりとし、いくつかの選択肢の中から、それぞれを選択した場合の結

(7)　以下、近年のアメリカの道徳教育にかんしては、岩佐信道「アメリカにおける道徳教育の考え方の変遷―価値に対する基本的立場の違いに焦点を当てて―」日本弘道会・日本道徳教育学会編『近代日本における修身教育の歴史的研究―戦後の道徳教育までを視野に入れて―』（日本弘道会、平成27年）所収、pp. 408-412を参照。

果について十分な考慮をしたうえで、自由に選択を行い、しかも、その選択を喜び、誇りに思い、人前でその選択を確信・肯定でき、それを繰り返し行動に移すことができるように援助することである」というものである。そしてこの「価値選択の自主性」の立場、いわゆる「価値主義」とでもいうべき考えもまた、先の「相対主義」と絡むものとして、「主観」的な「価値づけ」という問題をもつ。とくに、問題行動からも危惧される、現代の青少年の価値意識については、功利主義的な考え方や、価値の相対主義もしくは価値の多様化などがこれまでから指摘されていたが、最近では、とくに、「モノのあふれる社会」や、自由などにおける「個」を重視する風潮のなかで、今日の青少年にみられる、社会の基本的なルールを遵守する意識の稀薄さや、社会への貢献意識の低さ、他者との関わりの不得手などが問題とされている。こうした傾向は、われわれが、「社会的存在」として、本質的な協同性をもつという点で、看過できないものといえよう。個々の価値意識をもつわれわれが、何を「共通の価値」となしえるか、という点の曖昧さに、「道徳教育」における困難があるわけだが、一つとして挙げられる「基本的人権の尊重」などをはじめとして、「合意」の「よりどころ」をもつべきとされることは重要であろう。

また、「価値判断における段階的発達」の立場、すなわち「段階的発達主義」にたつ考えである。この点にかんしても、たとえばアメリカについて、次のような指摘がある。すなわち、下記のコールバーグの考えに基づき、「人間には、文化の違いをこえて広く確認できる道徳性の発達段階があり、道徳教育の目的とは、その発達段階の上昇を促進することである」というものである。ただ、この「価値判断における段階的発達」の立場、すなわち「段階的発達主義」にたつ考えもまた、「段階的発達」が、はたしてほんとうに「道徳的価値」を修得したことにつながるのか、という問題をもつといえよう。この「段階的発達」については、例えば、人間の建設的な成長性を強調したアメリカの心理学者マズロー（Abraham Harold Maslow 1908-1970）が、人間の基本的な欲求・動機を、生理的欲求、安全の欲求、所属の欲求と愛の欲求、承認の欲求の順に充足されるものとし、おのおのを基底にして自己実現の欲求が出現するという階層構造を考えていたことは、よく知られたものであろう。こうしたなかで、確かに、スイスの心理学者であるピアジェ（Jean Piaget 1896-1980）による「客観的（結果論的）判断」から「主観的（動機論的）判断」を考える「認知発達論」は、「他律から自律へ」の移行を認めるという点で、「道徳的判断の発達」の理解において意味をもつものであった。また、「認知の発達」と「道徳性の発達」をより関連させて考察したコールバーグ（Lawrence Kohlberg 1927-1987）は、「妻の命のために盗みをする夫」といった「葛藤場面」を含む物語をもとに「3水準6段階説」の「道徳性発達」を考えたが―これにかんしては第2章に詳しい―、そこで措定された最終的な「水準」における「普遍的な倫理的原理志向」を中心とする「第六段階」は、カントの「定言的命法」である「汝の行為の格率が普遍的法則となり得るように行為せよ」ともいうべきものといえよう。ただここでは、フレーベルが『人間の教育』で「外見は善良にみえる子供でも、しばしば内面は善良でない」と述べているように、「段階的発達」は、その普遍的妥当性と共に、「価値判断」と「判断理由」の修得を保障しうるか、ということが問われるのである。

2　道徳性を養うことにかんする課題
――道徳性育成の方法論を手がかりとして――

いま一つの課題は、道徳の方法にかかわる道徳性の育成の問題である。そもそも、道徳教育にかんしては、つぎのような「素朴な疑問」があろう。すなわち、村井実氏による「道徳は教えられるか」という問い―「道徳教育を受けた人間の方がより多く道徳的であり、道徳教育を受けなかった人間の方は、まったく道徳的でなかったり、あるいは、より少なく道徳的であったりするものであろうか。」―というものである。これらを思うとき、「道徳的」であるということは、「知っている」ということだけではなく「行いうる」ということが兼ね備わってはじめてなりたちうるものであること、あるいは、「道徳教育の過程」は、まずは一貫して「知的な訓練の過程」であるが、道徳を教えるということは、知識の「授受」ではなくて、「理解」をいうこと、などといった重要な問題点が浮かんでくる。たしかに、ソクラテスもまた主知主義にたっていたが、大切にされていたのは、「ただ生きる」ということではなく、「よく生きる」ということであり、ソクラテスの場合、まさに自らの日常的な生をもって、「道徳的な判断力、心情、実践意欲と態度」の意味が示されていたといえる。

道徳的価値の自覚をともなった「道徳的実践力」を育成するということは、真の「道徳的主体」となすことである。こうしたなかで、われわれは、以下のような点を留意しておかなければならないであろう。一つは、「道徳的な判断力、心情、実践意欲と態度を育てる」において期待される、さきに指摘されたような「主知主義」についての問題である。これについては、「道徳判断の基礎としての理性の擁護者と、道徳感覚ないし感情の擁護者との間の18世紀における論争」などを思うとき、合理的な「道徳教育」の理解のための「理性」が、「知性」をはじめとしてさまざまな「意識」や「感情」なるものなどと共に存在することへの指摘もあわせ考えることの重要性を、いま一度みておく必要があるように思われる。その意味では、「意志の自律性」、そしてその基礎となる「道徳を理解する知性」に期待したデュルケームが、『フランス教育思想史』において、「人間的知識のすべての教材をつめ込む」のではなく、「完全な理性とする」として、「相対主義」に流されない、「道徳的実践力」をもった、「道徳的主体」としての「理性的存在」の育成に期待していたこと、そこでは、「知的教育」が、「全生涯にわたって一定の方向に生徒を志向せしめるような魂の一種の極性、をつくりだすことを目的としている。」というように、表面的な「主知主義」にとどまらないように注意を促していたことを留意すべきであろう。近世・近代におけるデカルトの意義を認めつつ、デュルケームが、「新しい種類の合理主義者」に求める次の視座は重要であろう。すなわち、「今日でもなお、われわれは合理主義者、すなわち観念を明瞭ならしめることを強く欲する人間を形成すべきであるという意味では、デカルト哲学の教えに従わなければならない。」としながらも、「しかし、この合理主義者は人間的事物にしろ、物理的事物にしろ、事物は本質的に非常に複雑なものであることを知るとともに、それを直視し、しかも志気沮喪することのない、新しい種類の合理主義者でなければならない。」という指摘である。

また、いま一つは、道徳あるいは道徳教育の問題が、たんに、学校段階にある青少年だけに関わるものではない、ということである。まさに、道徳教育にかかわる問題は、今日のわれわれが、一人ひとり自らの在り方を関わらせながら、考えていかなければならない課題であるといえよう。この点において、道徳教育は、今日では、地球規模の市民性の在り方とかかわらせて理解する必要があるといえよう。すなわち、「グローバル・シティズンシップ」の育成である。いわゆる国際理解教育の領域においては、1998 年のユネスコが提唱した「21 世紀のシティズンシップ教育」の意識のもと、シティズンシップをグローバルという視点で理解する重要性が指摘されている。そこでは、「自国中心のものの見方」や「国際的なものの見方」にとどまらない、「グローバルなものの見方」がもつ意味、あるいは「全存在の肯定」―「みせかけの『話し合い』ではなく、真の対話に基づいた教育、すなわち、あるがままの他者とのあるがままの自分を受け入れること」―にたった、「自己肯定感の育成につながる対話に基づく教育の可能性」などが指摘されたうえで、道徳教育との関連が述べられている。こうした関連領域とも連携しながら道徳教育を考えていくことは、今後とくに重要である(8)。

さきにみたように、さまざまな「道徳性」の理解は、さまざまな道徳や道徳教育の理解をもたらす。道徳教育をめぐる歴史的な葛藤を経て、今日われわれが求めるべきものは、他者から与えられるがごとくの道徳ではなく自らが自らに望む道徳、そして、そのための道徳教育を考えるという視座である。たしかに、ながらくの「社会学的思考」においては、個人に対比される意味での社会の本質的な属性をその規範性ないし「道徳性」に求め、個人に課せられる「義務」にほかならない道徳が、「内面化」されることによって、自発的に求められる「善」となることが、期待されていた。今日にあっては、青少年や子どもにたいして「内容項目」を「道徳科」において、あるいは「体験」を経験させれば、かれらにおいて「義務」が「善」

へと「内面化」されると安易に考えるのではなく、道徳を、若い世代と「共に」、同じ社会に生きるわれわれ一人ひとりが一体になって見直していくことが、いま道徳教育を考えるにおいて求められている精神的態度といえよう。

2017（平成29）年の「次期学習指導要領等の改訂」にかかわっては、次のような指摘がある。すなわち2014（平成26）年の中央教育審議会答申「道徳に係る教育課程の改善等について」において、「道徳教育は、本来、学校教育の中核として位置付けられるべきものである」というものである。その意味では、「日本の道徳教育の歴史的変遷」の考察にあって、「道徳教育の歴史から学ぶべきこと」として挙げられている「道徳教育は、『人生いかに生きるべきか』という生き方の問題である。つまり、国民一人ひとりが価値選択の主体性を体現すべき主体者である。それゆえ、価値を自らの責任において取り入れる、創造的な道徳を身に付けることが求められる。価値選択の主体性の形成が許されなかった戦前期を経て、今、どこまで当事者性に立った価値選択の主体性を自らのものにしているかが問われている。」という指摘は、たんなる学習方法の変革などにとどまらない、「道徳教育で養うべき基本的資質」にかかわる重要な課題が含まれる。教育方法

(8)　荒木寿友「シティズンシップの育成における対話と自己肯定感—『特別の教科　道徳』と国際理解教育の相違を手がかりに—」日本国際理解教育学会編『国際理解教育（Vol. 22）』（特集：道徳教育と国際理解教育、明石書店、2016、pp. 59-70）所収。ここでは、経済産業省の定義（経済産業省『シティズンシップ教育と経済社会での人々の活躍についての研究会報告書』、2006）に基づき、「シティズンシップ」を「多様な価値観や文化で構成される社会において、個人が自己を守り、自己実現を図るとともに、よりよい社会の実現に寄与するという目的のために、社会の意思決定や運営の過程において、個人としての権利と義務を行使し、多様な関係者と積極的に（アクティブに）関わろうとする資質」とし、小関一也（2011）「多元性・多相性から読み解くグローバル・シティズンシップ—『グローバルなものの見方』を基軸として—」などをてがかりに、「地球的な視野に立ち、かつ個々の活動がすべて連動しているというホリスティックな視点をもつこと」の重要性などが述べられている。その他、この「特集」では、「道徳科」の設置等にかんしての貝塚茂樹「戦後の道徳教育と国際理解教育」や、「道徳科」を本質的に考察するうえでの池田賢市「国際理解教育にとっての『特別の教科　道徳』の危険性」など、重要な論稿が収められている。

学の領域においても、教育のグローバル化や道徳の「特別の教科」化が、「加速する教育のナショナリズム化」にかかわる課題として認識されている。「どのように知・徳・体にわたる『生きる力』を育むのか」にかかわって問われている「主体的・対話的で深い学び」は、「考え、議論する道徳」の方法において、とくに意識しなければならないものといえよう[9]。国家という枠組みをもつ市民にとって、現代の社会は、個人と共同体との意思の矛盾が一層感じさせられるものとなっている。人間として存在するわれわれ一人ひとりが、改めて自己と社会の適切な在り方に思いをめぐらすための道徳、そのための道徳教育が求められているといえる。

＜引用・参考文献＞

・長田三男・橋本太朗編著『新道徳教育の研究』、酒井書店、2001年。
・押谷由夫編著『道徳教育の理念と実践』、放送大学教育振興会、2016年。
・河野哲也『道徳を問い直す』、ちくま新書、2011年。
・新村出編『広辞苑（第六版）』、岩波書店、2008年。
・長谷川宏『幸福とは何か』、中公新書、2020年。
・正木正『道徳教育の研究』（十九版）、金子書房、1981年。
・柳沼良太『実効性のある道徳教育』、教育出版、2015年。
・山脇直司『公共哲学とは何か』、ちくま新書、2004年。
・行安茂『道徳「特別教科化」の歴史的課題』、北樹出版、2015年。
・渡邉満・押谷由夫・渡邊隆信編『「特別の教科　道徳」が担うグローバル化時代の道徳教育』、北大路書房、2016年。

（くりす・じゅん）

---

(9)　橋本太朗編著『道徳教育の理論と実践』、酒井書店、2009年、p. 67。また、2016（平成28）年の中央教育審議会答申「幼稚園、小学校、中学校、高等学校及び特別支援学校の学習指導要領等の改善及び必要な方策等について」の第2部第2章「15. 道徳教育」において、「『特別の教科』化は、多様な価値観の、時には対立がある場合を含めて、誠実にそれらの価値に向き合い、道徳としての問題を考え続ける姿勢こそ道徳教育で養うべき基本的資質であるという認識に立ち、発達の段階に応じ、答えが一つではない道徳的な課題を一人一人の児童生徒が自分自身の問題と捉え、向き合う『考え、議論する道徳』へと転換を図るものである」とされている。教育方法学の領域に関しては、日本教育方法学会編『教育のグローバル化と道徳の「特別の教科」化（教育方法44）』（図書文化、2015年）参照。

第4章　道徳教育と文化

第1節　日本の文化・思想と道徳教育

1　日本における「道徳」観

(1) 日本の「道徳」観の変遷：考察の意義

ここでは、日本における道徳をめぐる思想史や文化をふりかえることを通して道徳教育の在り方を考えてゆきたい。道徳教育を考え、実践するに際して、そのおかれている文化状況、とくに道徳的規範をめぐる価値観や思想の状況を考えないわけにはいかないだろう。その点から日本での道徳理解の特色をみておく必要があると思われる。

道徳性の理解や道徳的規範は時代とともに大きく変化をとげており、現代の日本の多様化した社会とその価値観の中にあっては、1つの視点から道徳を論じることは困難である。しかし、日本の文化・思想における道徳観の直接・間接的な影響とそれに関わる日本に特徴的な価値意識の傾向や性格を検討することは、道徳教育の在り方を客観的に考える上でも必要と思われる。

現代においても、それと気づかず、伝統的な儒学的規範に近い価値意識に依拠していたりする場合や、他者や社会に対して同調的な行動原理を中心とした文化の中で行動の目安を決めていると思われる例は、意外なほど多いのではないだろうか。道徳的な価値判断が求められるときに、たとえ議論は多くあったとしても、その最終的な判断は、「きわめて日本的な判断」などと表現されるような結論に帰着してしまっていたりする。一方、近年では「同調的でなくなった」あるいはまた「はたして本当に同調的なのであろうか」という意見も少なからず出てきている。さらには、「絆」や「つながり」の再構築への期待なども叫ばれている。このような状況を念頭におきながら考えてみたい。

(2) 古代・中世における「道徳」観

「道徳」という言葉は、歴史的に、漢籍の伝来とともに輸入され、日本の書物の中にも頻繁に使われはじめたが、日本における「道徳」という言葉の理解の変遷や特徴から、「道徳」という言葉の一般的な理解やとらえ方をみることができる。

「道」という漢字が渡来した時、日本には「みち」という言葉があり、「道」を「みち」あるいは「ち」などと訓読し、また「どう」と音読しても用いた。「どう」としての用法は律令制に伴う地理的な領域の意に用いられたが、そこにやがて人間の営みの領域の意が派生し、さらにその領域の専門性までを意味するように変化していった。一方「仏道・修道（どう）」というような仏教用語として使用され、特に中世以降、「道（どう）」には、追求されるべき究極の境地としての意味があらわれてくる。それは人間にとっての普遍的な究極の境地を指しており、個々人を超えた境地を意味している。ここからまた逆に、例えば、芸道思想のように、個々の「技」の領域における究極的境地が、さらに普遍的な境地につながるとする受け止め方への発展をみることも出来る。

芸道思想の典型として、世阿弥（1363-1443）の『風姿花伝』では、能楽の「道」のその究極の在り方が説かれている。稽古論を軸に芸道教育の在り方を説き、その奥義にわたる芸道が論じられる。「この道を極め終りて見れば、花とて別にはなきものなり…、よき・あしきとは何をもて定むべきや。」等の言には、表面的な評価や価値判断の根底にある、より普遍的な境地を志向する思想が見受けられる。

一方「みち」としての用法には、道路の意とともに、道路によって至り着く土地、道路を進んでいくその途中、道路を進み行くこと自体を意味するなど、方向性のニュアンス、ある方向にたずね求めてたどりつくというニュアンスが含まれる。「みち」にはたどりつくという契機の意が強い。

「みち」は12世紀前後には「どう」と同様、専門領域の意味を持つようになるが、なお、その領域の究極性をたずね求める営みの意味を持ち続けた。また「どう」も「みち」のニュアンスを含み用いられる傾向をうかがうことが出来る。この点で「道は即ち理なり」とするような中国の「道」概念とは、たどりつく営みの契機が重視されてきた傾向を持つ点で質の違いが指摘される。「道（みち）」とは、一方向にすすむ方向性を持った道であり、ちなみに「路」は往復可能なそれを意味していた。

「徳（とく）」は「得」の字としばしば混在して使われてきたように、利やおかげの意の他に、人間の持つ様々の卓越性を意味してきた。卓越性の中には狭義の道徳性も含むが、広く例えば「富裕」であること、あるいは力を有すること等、狭義の道徳性とは直接結びつきにくいような様々の卓越性をも含んでいる概念であったようである。それが狭義の道徳性を中心に理解されるようになっていった。

(3) 近世における「道徳」観

「道（どう・みち）」も「徳」も、日本では近世江戸時代の儒学思想の中で、中国の朱子学の受容とその解釈の過程で、その概念が様々に検討されることになる。「道徳」の解釈は近世の日本においてもはや多様であった。しかし近世の儒学思想の「道徳」理解の著しい特色は、その「人倫」としての理解にあると考えられる。また、「修身斉家治国平天下」という「修身」からはじまって「家」や政治を安定させるという道徳観を強調することとなった。

人と人との間の道徳的秩序という意味での人倫という性格において、習俗の規範、エートスとしての道徳としての性格を強めてゆくことになる。人間関係を中心とした道徳である。共同体の「ならわし」は、近世以降の社会秩序の維持を主たる目的とした幕藩体制の社会教化政策の中での儒学的な規範の中で再編され、「道徳」教化観の基底に位置することになっていったと考えられる。宗教や芸道思想等における「道」概念に対して、近世の儒学の人倫としての「道徳」概念が前面にあらわれて社会規範として定着していった。

芸道思想にみられるような専門領域の意味での「道」は、家伝という形をとり、秘伝性を性格として奥義としての伝達が想定されている。こうした芸道教育の様式や在り方は近代公教育の在り方とは異なる。芸道教育のような在り方は、それぞれの専門領域の伝承の場で行われることを中心としており、学校、とりわけ近代学校においての教育形式にはそのような様式が入ることはなかった。修養まして修行的要素は、意識的に学校教育にとりいれた幾つかの実践を除いては、公教育としての学校教育になじみが少ない。そのことは、例えば宗教的中立性といった公教育の性格とも関係している。その点ではもっぱら「道徳」は人倫としての理解の延長で公教育へと連続面を持ちえた。儒学の人倫としての「道徳」観は、日本においては近世にあって藩校や寺子屋といった学校に影響し、近代学校においても変容しながらも大きく関わった。

(4)　近代における「道徳」観

近代初頭の西洋の「道徳」観との接触にあって、その受容の在り方には限界があり、西洋の「道徳」の内容を十分理解するに至らなかった。近代になって西欧的な「道徳」理解が導入される機会に恵まれていた中で、近代的な個人主義に立つ道徳観も紹介はされていた。しかし「東洋道徳西洋芸術」というように、西洋の学芸は「道徳」と分立した主に「知識・技術」として理解され、「西洋的な知識・技術の習得にしかすぎない教育」は「道徳」の教育には連結しないというとらえ方があった。

近世儒学は「知」を評価したが、その「知」は西洋の「知」とは異質であった。近世儒学における「知」の解釈も多様ではあるが、儒学的発想には、西洋の「理性」の教育という考え方すなわち「知」の中に道徳性をはじめ人間性のすべてが包括してあるというとらえ方をしない傾向が強い。このような「知育」に対してのとらえ方の違いが、その後、「知育偏重がみられるゆえに徳育を重視するべきである」論が何度となく繰り返される要因ともなっている。これも儒学的な「道徳」観を残したことに起因すると思われる。日本人による最初の教育学書とされる伊沢修二（1851-1917）の『教育学』（1883）では「知育・徳育・体育」として、moral education の訳語に「徳育」をあてた。この分け方はハーバート・スペンサー（Herbert Spencer, 1820-1903）の『知育・徳育・体育論』の影響を受けたものとされるが、「知育偏重ゆえの徳育重視」論が主張されるにおいては、形式的な分け方の扱いにとどまらず、「知育」と「徳育」は別個のものであり、重要である「徳育」を重視しなければならないという方向で理解されてゆくのである。知育と徳育の関係の理解についての象徴的な事例と思われる。

(5) 戦後における「道徳」観

西洋的な個人主義に立つ「道徳」観は戦後民主主義の学校教育の中で、本格的にとりあげられることになった。『民主主義と教育』でジョン・デューイ（John Dewey, 1859-1952）が示したような個人の主体性によって立つ道徳観、相対的な価値判断の過程を重視する道徳観が学校教育に期待されたが、その定着には課題を残した。

その後、「道徳の時間」の特設等、道徳教育の徹底を図る議論の際には、道徳的価値や内容を何かの形で明確に示す必要を説く主張が関係してきたことを否定できない。道徳教育の徹底自体は、今日まで繰り返し主張されてきたが、その文脈は、社会規範の重視への役割期待がみられる傾向がある。

ここには、学校教育での「道徳」理解が、社会での一般的な「道徳」理解と一致しているのかどうかという問題も関係してくるとみる。文化的な背景に基づく社会の潜在的な「道徳」観と学校教育の中で推進される道徳教育の内容との距離の問題である。しかしながら、その点も、はたしてどのように異なっているのか、異なっていることの意味は何か、一致させることを考えると逆にどのような問題を生むのかといった様々の議論にも関わってくるものと思われる。学校教育での道徳教育のベースにある「道徳」観の内実を考えてゆく必要が感じられるところである。日本の文化状況の中での「道徳」理解の齟齬が、さらに道徳教育の位置付けを難しくしているようにも思われる。

2　儒教道徳の特色と批判

日本の「道徳」観における儒教道徳の影響についてみてみたい。日本の文化史をかえりみれば、そこには、習合思想―シンクレティズムの系譜があることはいうまでもない。大きな思想的な流れをみても、儒教、仏教、神道、また老荘思想も関係が深いと指摘され、それらを習合させてきた。その点で、儒教道徳のみが日本の「道徳」観の基底にあるとはいえない。また、儒教道徳といっても様々で学派により解釈も異なる。それでも、特に近世の儒教を中心とした教化政策や近代に入っても戦前においての修身科教育など長きにわたって儒教道徳の果たした役割は大きかった。文化として、学校をめぐる思想史という観点からも、強い影響があったと考えられる。戦後の民主主義教育は、その批判から出発することであった。ここではその儒教道徳の特色は何であり、その問題点は何か、例をあげてみてみたい。

(1) 中国における儒教

儒教は、中国の春秋・戦国時代の諸子百家の１人である孔子（B.C. 552-479）により唱えられ、漢代以降の王朝で正統的思想と認められ、中国のみならず東アジアの精神文化に大きな影響を与えた。孔子は「仁」（人と人の間の親愛の情）、「恕」（おもいやり）等の道徳価値を説き、その価値規範を客観化したものとして「礼」を説いた。

その後、孟子（B.C. 372-289）は性善説を唱え、人間に本来備わる「惻隠・羞悪・辞譲・是非」の「四端」の心を育て「仁・義・礼・智」の「徳」を実現することを説いた。そして「父子親あり、君臣義あり、夫婦別あり、長幼序あり、朋友信あり」との人間関係の徳目を「仁・義・礼・智・信」とともに「五倫五常」として示した。

これに対し荀子（B.C. 313-238）は性悪説的主張をこころみて、人間は「聖人」の作為による「礼」を学び、自己を制御するところに道徳が実現されるとみた。

宋代に入ると理念的、形而上学的性格を強め、朱子（1130-1200）は理気二元論を唱えた。人間の不完全な「気質の性」を「本然の性」に転換させるため、万物の中にある「理」を究めることを説き、「窮理」と「持敬」の方法を示した。

明代の王陽明（1472-1529）は、朱子学を観念的であり、「知」を究めてからようやく行為に及ぶものとして批判し、心即理説を唱え、人間の「良知」を発揮し「知行合一」、すなわち、知ることと行うことの一致を説き実践的な道徳を示した。

(2) 近世日本の儒教

近世になって、日本の儒家は主に朱子学を土台としながらも解釈に変容を加えながら摂取をした。道徳的な教えすなわち教学としての理論化という側面と、また儒教に基づく教化政策の面においてそれは実施された。その主な特徴は、①人間関係の秩序や規範を中心とした人倫としての性格が強いこと、②教化政策の一環に位置付けられることで、道徳が為政者から上意下達を基本として実施されること、③礼や法など外在的で明示的な規範として道徳が扱われること、④秩序の安定のための規範の遵守が主目的であること、⑤道徳は公的な標準であり、私的に自由に変容可能なものとしてはとらえられていないこと、⑤「礼」「仁」等、道徳の内容を言葉として表した徳目を掲げて教育する徳目主義的な方法をとること、などに表れている。その儒教的な道徳観念の性格に関わるいくつかの論点をみてみたい。

「修身斉家治国平天下」という朱子学の主張を援用して、「修身」という個人の道徳の実践から始まり、「家」をととのえ、「政教一致」観に立った為政者と教化にあずかる者とを一体化してとらえた教化を行う論として幕藩体制の維持のために機能させようとした。ここから学校を道徳的教化のために機能させるべきであるとの学校論が登場し、道徳的規範たるべき人物としての師表を求める論が主張される。近世前期の代表的な学校論者である山鹿素行（1622-1685）は「学校と云ふは民人に道徳を教へて、其の風俗を正すの所」とし「村庄に学校を立て、師道にしかるべきものを択んで是れをつかさどらしめて、民の農工商の暇あるの時、及び其の子弟の業に付かざるの間、この所にあつまりて人倫の正道を正し、家業のつとむべき法をならひ、其の天徳を正す也」と述べ、道徳の教化機能を学校に期待した。

また道徳の教化に関わって「道徳を一にする」ことで「風俗の良化」が可能だと述べる。いずれも中国古典の翻案であるが、ここには、多様な「道徳」解釈は認めない、「道徳」は公的な標準であるべきだという道徳観がある。個人が踏みおこなうべき道徳でありながら、それは主に君主を対象に説かれた、公人としての道徳論であり、社会秩序の安定のために用意された思想としての特徴が強く出ている。

素行の論では「徳」の重要性を説きながらも、「徳への志のみに優れた者」を「知徳ともに優れた者」より低く評価する。これは素行の「道徳」観が内在的な道徳の意志に価値をおくよりも、人間の外に存在している社会秩序の規範すなわち外在的規範の遵守に価値があり、それを理解するためには身分相応の知的な理解力が必要であるとの思想があることに関係している。

近世の日本の儒学思想の展開過程にあっても、諸学派があり、儒家各々において「道徳」説は様々に主張された。共通点もあると同時に異なる解釈が現れたが、個人の踏み行なうべき徳目が説かれながらも、外在的規範を重視してゆくという傾向が朱子学・古学を中心に一般的である。

素行の場合も、その生涯の思想的な変遷の中で朱子学批判を行い古学を主張したが、その思想的な転回の主旨は、素行の理解した朱子学以上に脱宗教的、形而下的理解へと「道」の観点を変えようとした点にある。すなわち、現世主義、人間関係を規範の中心におく考え方、「公」を優先する思想、「礼」を主体とする外在的規範を重視する意図があった。素行の学は「日用の学」であり、伊藤仁斎（1627-1705）等の「世間の学」と同質である。近世儒学はこのような例のように、「礼」を中心とした外在的規範論への性格を強め、同時に人間中心主義的な方向での人倫として特徴を持っていた。ただし、人間中心主義的とは言っても、人倫の内容としては西欧のヒューマニズムとは質が異なっている。

(3) 近世日本における儒教批判

前記した山鹿素行が社会規範を重視するにおいて捨て去った内観的な規範論とは、朱子学の内省的側面、仏教の「道」概念、老荘思想的な概念であるが、素行は思想転回の以前にはそれらを習合的に理解して道徳の究極的な規範とみていた。

人倫を強調する儒学に対比される老荘思想にあっては、人為を超えたものとしての「道」の自然性、天地万物の究極の法則性としての「道」が説かれた。『老子道徳経』では「物有り混成し…之にあざなして道と曰ひ」というような天地万物の究極の法則性としての「道」を根本に考えて、儒学が重視した人為としての規範、人倫に対して、「大道廃れて仁義あり」、「聖を絶ち智を棄つれば民利百倍す」、「道を失いて而る後に徳、徳を失いて而る後に仁、仁を失いて而る後に義、義を失いて而る後に礼。それ礼は忠信の薄にして乱のはじめなり。前識は道の華にして愚の始めなり。」などと批判する。「学を為むるものは日に益し、道を為むるものは日に損ず。之を損じて又損じ、以て無為に至る。無為にして為さざるはなし。」と述べ、人為的な教学とは正反対の方向を示している。

素行が思想転回の中で意識的に選択した人倫的道徳規範とは逆の方向に考えられることもある。人為的に造作した人倫ではない「道徳」という方向に、「道」が内包していた多様な要素があるのではないか。文字通りの自然との対話という姿勢や、内観的なものから導かれた諸価値や味わい・風情・感性等々が考えられる。

日本の近世の儒教の展開の中にあって、道徳観をめぐる議論は盛んであって、個人が道徳をどう内面化し実践するかという方法についても、論者において様々に説かれている。そこには例えば、道徳の実現が、「形」から入るのが先か、「内容」が先かという両極の考えがあった。例えば、姿形を整えれば、おのずと精神内容も整うとする主張と、反対に、姿形は心の内容の充実度によってこそ現れてくるという主張の両者である。

人間中心主義という面で、人間の欲や感情等の情念に対して基本的に肯定的なとらえ方をするのも特色である。道徳的立場から人間の情念をどうとらえるかは、道徳思想のテーマとなってきた。人間の情念には欲望、欲求、感情、心情、感性等、幅があり、それに道徳がどう関わるのか、禁止か、制御か、調整か、昇華か、儒学の中でもそのとらえ方は千差万別である。禁欲主義的な規範を超えて、人間の情念の存在を本質的な部分において認めることにおいては共通しているが、許容出来る情念の範囲と道徳規範との関係、そして道徳を実現する方法論については見解が分かれている。

朱子学派でもとりわけ厳格な「敬」を強調した山崎闇斎（1619-1682）学派の考え方に対して、朱子学批判をなした古学派の素行では「誠」という概念等が強調されるが、ここには人間の欲求に対する肯定が前提にある。幕末に向かっての改革期の思想には、とりわけ形式的な道徳遵守について批判し、人間の内部の欲求や心情について強く評価をしてゆく傾向がある。陽明学派の中には、その傾向を認めることが出来る。道徳規範上の許容度を高め、道徳の形式性に修正を与える試みであり、本居宣長（1730-1801）、平田篤胤（1776-1843）などの国学による情念の評価も、そうした延長にみとめることが出来る。国学者の儒学者に向けられた批判の中には、その道徳をめぐる形式性を指摘するものが少なくない。人間の心情という面、さらに欲求という面において、国学者の論は評価が大きい。そしてそれらに比較すれば、一般的には儒学における人間の情念の評価には限界があったとみることが出来る。「こちこち頭の儒学者」というイメージは近世からあったのである。すなわち道徳規範に形式性、「たてまえ」なるものがあることを客観視し批判する見方があったのである。

第2節　文化的背景と道徳教育
――「同調文化」と道徳教育――

1 「同調文化」の諸側面

現代においても、日本の文化の基底に、しばしば、集団や他人に同調する傾向の強い行動様式があることについて指摘がされる。それを仮に「同調文化」と呼んで、その性格を考えてみたい。

(1)「同調文化」の歴史的背景

道徳教育においては、道徳性と適法性の問題、また他律的道徳か自律的道徳かという問題は重要なテーマとなってきた。その点で、近世以降の日本の儒学に顕著であったように、道徳性が外在的規範に強く関わる場合、道徳的な意志や内面的な道徳価値よりも、結果としての合規範が求められる傾向にある。道徳の内面的なプロセスは軽視され、目にみえて確認しあえる共同の規範が重視されるのである。

道徳を内面化するという場合も徳目主義的なとらえ方がなされがちな傾向がある。標準としての様々な徳目が掲げられ、それを自己の内面に定着させるという過程が想定される。すなわち他律的道徳から自律的道徳へと発展させる内面化のプロセスにおいて、設定の起点であるところの他律的道徳の部分には、標準としての徳目が多く並ぶのである。ここでは自律的道徳も、つまりはその延長にある同質のものと考えられている。それは人倫としての徳目が中心であり、外在的で形式化されやすい規範、項目化・カテゴリー化した規範である。このことは「同調文化」とも関係が深いと思われる。道徳の複合的・有機的な把握に弱く、多様な幅を想定していないのである。

個人が迷い悩みながら振る舞い、道徳とそれを意識してつかみえないようなさまざまの行動を含みつつ、なお判断選択していくという「過程自体」を重視した考え方が、日本において、少なくとも学校教育の場面以外で、なかなか定着しえないのは、かような徳目主義的な道徳理解があることと無関係ではないだろう。そして、形に示せる標準、したがってそれは知識としても扱える徳目だからこそ、観念でありながらも、教育可能とみる理解がありそうである。

しかも、教化という観点からの徳目主義の伝統が関わっているように思われる。徳目は、ある面で主知的であるが、それは日本の朱子学が主知的であるという評価と同一の性格を持つと思われる。ここでの「知」は、いわば概念であり、朱子学の「理」が西欧的な「理性」と距離を持つのと同様、質が異なると思われる。西洋の「知性」「理性」が「真・善・美」を一体として包含し道徳性を含んで把握されるのに対して、日本では、道徳は徳目として把握されやすく、例えば知育と分けたカテゴリーとしての徳育であるとか、道徳の範疇においても、横並びのカテゴリーとしての徳目（徳目各々においてその社会状況に照らして上下関係をつけたとしても）であるとか、そのような概念・知識として認識されるのである。道徳は知識ではないと主張されながら、根底にある徳目主義的理解という点で、カテゴリー化した概念・知識としての性格を強く持っているのである。徳目主義的理解への批判が行われ、「各々の有機的な関係を考慮し」ても、発想の出発点が有機的でない道徳理解からはじまっているともいえる。それを内面化するという過程は、「たてまえ」を「ほんね」にしなくてはならないという過程であるようにみてとれる。また教化は多くは強制力をともないやすく、他者が外側から圧力をもって働きかけたり、あるいは政治的な視点から政策的に行使するというような立場で、この「内面化」を期待することになるという構造を持ちやすい。

(2)「恥の文化」の内実

日本は他律的傾向の強い文化だといわれてきた。西欧との対比において、ルース・ベネディクト（Ruth Benedict, 1887-1948）の『菊と刀』（1946）に代表されるように、西欧の「罪の文化」に対し、日本は「恥の文化」と指摘されてきた。「恥の文化」は道徳判断の基準を共同体や他者との関係におき、

「義理」を重んじる。

ここには「他人の目」への恐怖が基底にあり、そこから過剰な同調行動が導き出されるというものである。自己の主体的な判断に優先して、まず集団･他者がどういう行動をとるのかの情報を得ることに一生懸命になる。一方、人知れず道徳をつらぬいて死すというような死生観を土台にした道徳観が日本にもあり、「自らに恥じる」側面は儒学にもあった。同調行動、また過剰社会化ということも日本特有ではもちろんないが、それが文化としての特色にまでなっているのはなぜなのだろうか、歴史的経緯が関係していそうである。

ところで日本人のそうした同調的行動は、「他人の目」への「恐怖」だけを基底にしているのであろうか。コールバーグ（Lawrence Kohlberg, 1927-1987）の道徳性の発達段階説によれば、第3段階の同調的判断にとどまることになり、道徳性未発達と評価されかねないが、山岸明子氏の調査によれば、日本人の道徳的判断は発達段階の最終段階において、あえて同調的判断を行っていることが指摘されている。事例では「第4段階的な公正や権利の概念を獲得しているが、その正しさとは別の対人的和にも志向している。その和は「親子の関係」「相手が喜ぶ気持」などの表現にみられるように、個人の権利や合法的契約、普遍的原則に基づくものではなく、第4段階を統合するものではない。対人的和というものに対し自律的、内発的に志向しているといえるが、第3段階の価値志向である。コールバーグでは、道徳的志向を四つあげ（規範・功利性・公正・自己理想）、公正への志向こそが道徳判断の核であるとしているが、この事例では公正の観念は後退し、和という価値が前面に出ている。」と指摘している。加えて山岸氏は、「西欧社会では、対立する個と個のぶつかりを調整するものとして公正、正義が重要であったのに対し、融合的で明確な個が成立しにくく、深刻な対立も西欧に比べ少ない日本では、道徳判断において公正は核になりにくいのかもしれない」、また「日本ではよく「建前と本音」「公と私」ということが言われるが、「正しさ」は「建前」として、あるいは「公の場での論理」として機能するにすぎないのではないか」と述べている。

ここでいう「対人的和」への志向とは、日本の「同調文化」の内実であろうと思われる。そしてその動機は「恐怖」ではないにせよ、情念的・心情的な契機を多く含むことも指摘しておきたい。道徳的行為はロゴスのみでなく、むしろパトスとしての情念がサポートしているとの見地に通じるところである。威信（プライド）を損傷する恐怖（他人のそれに対しても）に伴って、感情を刺激しない配慮が生れ、「おもんぱかり」「思いやり」の内容になっているのである。

日本は私的な心情的に群れつらなる個と個の関係を重視し、西欧の論理的・知性的な行動を標準とする個としての在り方と異なっている。後者は個が「公」の単位になりうるが、前者では「公」とは建て前でありがちである。たとえば学校教育の道徳教育が、戦後「個人から」の道徳をベースに置くといったとき、実態としての個人は心情的に群れつらなる個であったするならば、それが「公民・公共」的道徳規範の形成にどのような形で連続してゆくのかは依然問題を残しているのではなかろうか。情念論との関わり、とりわけ心情的なものと道徳との関係が日本の道徳理解の基底に微妙なニュアンスを与えている。

2 「同調文化」への対応

(1) 自律とミーイズム

このような特徴のある「同調文化」を視野に入れながら、その中でどのように道徳教育を考えたらよいのであろうか。道徳教育の理解と実践を困難にしている根本的な要因として、社会規範と個人の道徳律とのすれ違いがあるが、現代の日本において、エートスとアレテーの乖離はまた激しく、すなわち社会規範と現実の個人の道徳規範は離れ離れになっている状況である。

日本の「道徳」観の変遷に照らしてみれば、戦後学校教育において個人主義に基づいた知的な判断力を軸とした道徳の形成が取り上げられたが、近世・近代と日本の社会規範として機能した儒学的規範論は、「個」の成立を促さなかった。西欧的な「個」の形成は戦後学校教育に待つべきものであったが、戦後70年を過ぎて、それが十分なしえているのかどうかと問えば、こと「道徳」の問題となると、その蓄積は乏しいのではないだろうかという疑問がおこる。

日本においては、「道徳」は、外在的規範を想定しやすく、それに対照されるところの西欧で「良心」と表現されるような、問いつづける道徳的精神という基盤が弱い。「道徳」の言葉自体が前者をイメージしやすく、後者を想像させない。後者を表現するためには、「哲学的問い」などと言いかえる方がおそらく近いのだろうが、適当な言葉が定着しているとも思われない。あるいは生きてゆくための指針という意味での他の用語が必要かもしれない。「心の教育」という概念とも違うであろう。

学校教育や家庭でのしつけといった意図的な道徳教育とは別に、様々な場面で、無意図的な教育として道徳教育は行われている。職場における人間関係、家庭での親子関係、親戚、近所、友人関係等のあらゆる場面において、暗黙の価値意識の共有が行われているかのようである。それは文化の一様態である。客観的に分析したとすれば、その場面の違いによって、その規範の質は違うと考えられるが、半ば幻想としての道徳的な規範の共有項を無意識的に求めている状況がある。また例えば、現代の子ども同士の「友人関係」においてさえ、孤立を過剰に恐れる風潮があり、群れていないと安心が出来ない傾向がみられる。その点をいえば確かに、道徳的判断の主体としての「個」が自律的に形成されているとは見難いところである。孤立に対峙して自己の内面を見つめ、見定める等という機会がどのくらいあるかという点も疑問である。

一方、現代の日本は個人主義が進んだといわれる場合があるが、個人主義とミーイズムは異なる。前述した外在的規範への志向を持つ人倫とミーイズムの関係でいえば、次の点も重要ではないか。都市化が進む中で地域の共同体が解体消失してゆく中で、共同体の規範としてのエートスも解体が進み、都市特有のエートスの出現が他との共同・共生の感覚を衰退させている社会状況にある。人倫が孤立化の中で弱体化また喪失されてしまえば、もともとそれは外在的に存在してきた規範であるため、内在的に各個人の内面に規範の根拠が乏しいのであれば、各個人の内面、心の中には規範がないのだから、規範を失い、結果として容易に不道徳になりうることになる。人倫という「人間関係」を中心に考えて意識される道徳の特性である。

(2)　批判論を土台に

近年、再び「絆」の再構築や、「つながり」論が盛んになっている。改めて孤立化した社会状況を改善するため共同体の再編を進めようと考える例も多い。日本の伝統的な文化特性あるいは社会の潜在的な背景に人間同士のつながりを再評価しようとすることも同様である。そこに道徳教育への期待があるとする場合、外在的な規範の持つ限界を考えざるをえないだろう。そこから、ひるがえって、心情的な意味を強く含む「絆」論が繰り返し提起されるのも、ここで問題にしてきた文脈と照応する社会現象とみることができると考える。

同調する対象は、人間同士ばかりではない。人間の所有する衣食住やさまざまのツールに及ぶのも、それを人間の延長としてみているからであろう。

同調の対象が物質的な面へと変化する傾向もありえる。消費意欲を煽る情報も相まって、「同じ」でありたいという願望に支配されやすいのはもちろんのこと、ファッションのみならず、「生き方」もパッケージ化されて提供されるがごときである。マスメディアにのって大量のステレオタイプなモデルが流れ込んでくる。道徳上のモデルといえども、自ら悩みながらも考え続け選択をしていくという生き生きとした生身の人間自身ではなく、それに似てはいるが、ステレオタイプな価値を付与された虚構のモデルにあふれている。その意味では、例えば「感動的な素材」「個性的な選択」がすでにパッケージ化されて続々と提供されているのも同様の現象とみることができるのではないか。現代の子どもの社会化はこのような状況の中でなされている。

道徳教育をどこから進めてゆくのかは重要な課題であり、政策的な実施によりかかることは道徳教育の本来の在り方と矛盾していると思われる。外在的規範に傾斜したうえに、社会規範の教化の必要性から道徳教育を根拠づける、あるいは「風俗」の乱れ等からその必要性を説く論理はその点で問題が多い。現代でも道徳教育の必要性イコール社会規範の教化として認識する傾向が少なくない。自律的価値判断を下せる主体的な人間の形成を本格的に考えるならば、日本特有の「道徳」的価値のとらえ方を再検討するべきであろう。すなわち例えば、「徳目」としての理解が未だに強くあり道徳教育の方法に影響をしているならば、「道徳」の複合的・有機的な面に光をあてた理解とその方法を考えるべきであり、教化政策としての性格を引きずっているとするならば、その克服を考えるべきであろう。

一方、日本の道徳観に微妙に情念論が関係している点が示唆的であるように思われる。感性や情緒が道徳教育の主題になるのみならず、「ほんね」と「たてまえ」をつなぐところに重要な意味を持っていることが考えられる。生命倫理や医療倫理、また情報倫理や、環境問題に関わる倫理等、現代は未来に向けて、楽観的な進歩主義をこえて自制を要求する倫理的力量が問われ続けている。

第3節　道徳教育と文化：その課題

学校の道徳教育において文化の問題をとりあげるにおいて、いろいろな角度が考えられる。①文化論から道徳教育の在り方を考えること、②道徳教育の実践の方法として、その実践対象である児童・生徒の文化、学校・学級の文化を考量すること、特にその背景となる規範の特性を検討すること、③道徳教育の方法に文化論から導かれる方法論を適用すること、④道徳教育の内容に文化の問題をとりあげること等、いくつかのアプローチが考えられる。

1　文化と道徳教育の指導理論・方法

(1) 教育政策と「文化」

「道徳の特別の教科化」に関わる『学習指導要領』(平成27年3月)においても「文化」について取り上げている。道徳教育の推進の主たる目的に、伝統と文化の尊重、それを育んできた国・郷土への愛と、個性豊かな文化の創造が掲げられている。教育政策の意味をどうとらえるかであるが、自国・郷土の文化の尊重とともに、他国の文化尊重や多文化共生の視点も含まれていると考えたい。その点で本章でも試みている日本の思想・文化をふりかえって考えることも、決して自国文化中心主義ではなく、文化理解を深め発展させる文脈でとらえたい。

前節までに述べてきたことに照らして考えてみると、その内容にみられる人間関係を深めていくことやきまりや集団との関係を良好に築くこと自体は、実践の段階では決してたやすくはないかもしれないが基盤はあるとみられる。一方の「自立心や自律性を高める」こと、また「生命を尊重する心」の内実をつくることは課題であるとみる。個人の個としての「自律」の問題は鍵になる。「自らの弱さを克服して気高く生きようとする心」は如何に形成されるかも重要な問題であるが、個の「自律」は欠くことが出来ない。

そして、自然との関係に関わる「主として生命や自然、崇高なものとの関わりに関すること」を設定することの意義は、公教育の在り方としても議論の多いところである。人倫としての道徳と、自然との共生を設定したとき、自然との共生をどのような観点からみるかがある。例えば、ディープ・エコロジー論のように、人間の利益を超えて、すべての生命の存在を人間と同等の価値を持つとみなすところまで立ち入るかである。「人間の力を超えたもの」として続けて記されていることから宗教性を含むものであることは明らかであるが、非宗教的な儒教的人倫の性格よりも、前記したところでは仏教や神道の系譜と親和性があるとみられる。文化としての道徳を考えるとき、多文化的な視点でみれば、諸外国の宗教教育と道徳教育を分けられない事情があることなども視野に入れる必要があろう。

道徳教育に関してもその教育方法として、アクティブ・ラーニングが推奨されている。道徳的諸価値についての理解を基に、自己を見つめ物事を広い視野から多面的・多角的に考え人間としての生き方についての考えを深める学習が記されているが、多面的・多角的に考えるためにも、道徳教育の実践場面において、他者の異なる意見を十分に交換し、互いの異なりは異なりとして「承認する」必要や、意見交換からくる変容・変化を重視することが求められていると考えられる。

その問題解決的アプローチは、道徳的な課題に対して、多様な見方や考え方を見出し、自分の考えと照らし合わせ、自分の意見も表明し、再び多様な見方や考え方の存在に気付く、連続した過程自体を評価する方法論でもある。「道徳的な判断力、心情、実践意欲と態度を育てる」という継承してきた目的について方法論を洗練させることで、より気づきの場面を拡大するという意義が考えられる。

ここで文化は、国、民族単位の大きな規模の文化のみではなく、生育歴に関係する個人の文化、家庭の文化、生徒同士の文化、学校特有の学校文化等、身の回りの文化を大いに考える必要があろう。身近な各々の価値観の異なりを認識する格好の機会ともなる。

(2) 文化論と道徳教育へのアプローチ

様々な方法論の工夫が必要である一方で、文化論は必然的にその背景となる思想や価値観を問うことでもあり、そのため哲学的なアプローチをすることも依然重要であると考えられる。「史哲」的な掘り下げの方法も古くて新しい方法と改めて評価したい。

本章で「日本の文化・思想と道徳教育」を取り上げたのも、多文化的な視点や題材を取り上げることの重要性を踏まえた上で、日本なら日本の文化論を掘り下げて考えたい趣旨からである。それを相対化する場合も、より、一つの文化に接し深く知り考えることを抜きにしてはなしえないだろう。

学校教育単独での意図的な教育を進めただけでは、期待通りの成果が上がらない結果も考えられる。そもそも道徳教育において、期待されるものとは何かが問題であり、その検討は文化を問題にしないで、すなわち、文化自体の研究、文化の社会的な規範に及ぼす潜在性、あるいは文化の中での個人の位置等を問題の対象としないで、道徳教育の本質的な問題へと踏み込むことは困難であると考える。それを欠いて、理論や方法を検討することは不十分ではなかろうか。たとえ方法のみを洗練したところで文化の問題に照らして十分に検討しなければ根本的な問題解決とならず、かえってそれを進めることで社会生活との乖離が起こってしまう危惧もなしとしない。学校の道徳教育において文化というテーマは継承して扱ってきた。従来からの道徳教育の実践にあっても文化に関わる題材を多く教材化してきている。また、文化論的アプローチとことさら標榜しなくとも、実質的に文化論を取り扱う指導のための理論や方法を評価することも可能である。それを踏まえた上でより深化することをここでは考えたい。

また、地域の文化を取り上げる場合も、伝承・伝統文化の面からアプローチして教材化する事例も多いが、地域によって、生活行事として密着しているところと形骸化しているあるいは廃れているところも少なくないだろう。形骸化しているところでは知識程度かもしれないが、密着度の高いところでは地域共同体の価値観そのものとして共有されているものと思われる。一律に扱えるとは限らない。また、地域においても多文化化・多民族化を考量しなければならない。文化の継承は教育の本質的な課題であるため重要であるとともに、地域の特性、多文化的な視点も踏まえて考えていかなければならない。

2　文化論に立つ道徳教育の理論と方法の事例

ここでは最後に道徳教育と文化の問題から導かれる幾つかの論点を提供しておきたい。それは、「特別の教科　道徳」の中で活かす観点のみならず、教科、特別活動、そして総合的な学習（探究）の時間の領域との連携や、各々の領域で展開される道徳教育、学校教育全体、また学社連携を視野に入れた広い道徳教育の在り方の中で活用してゆく視点と考えている。小・

中のみならず高校段階以降も視野に入れたものでもある。

(1) 生涯学習論としての道徳教育

社会全体の潜在的な文化特性を問題とし、学校教育における道徳教育との関係を考えた時、学校教育のみで閉じた視点ではままならないであろう。現代の日本においての道徳教育の場面を考えたとき、学校はもとより、家庭、地域社会各々の教育機能への再評価が思い浮かぶと同時に、生涯学習論の中のひとつの視点として、ボーダーレスな領域を超えた道徳教育の展開も考えられる。生涯学習としての展開は、情報化社会の中での道徳価値の問題等も視野に入れながら、子どもをとりまく多様な環境の道徳性形成上の意味を再考することにつながっていくものと思われる。ただしその際、単なる浄化運動的な方向では狭いと思われ、教化政策的な方向で道徳教育を考えては不適切であろう。生涯学習の場面で、価値の一方的な伝達としての教化ではなく十分時間をかけた教育活動として、そこに学び合いという方途と内実をともなって実施してゆくことが必要と考えられる。

(2) 地域社会と学校の連携と道徳教育

地域の文化に改めて着目し、同時に学校の役割を考量するところに、両者の連携が構想されるのは自然である。「地域に開かれた学校」「学校開放」「学社連携・融合」「学校支援」等の蓄積を如何に生かし展開しうるかも課題であろう。

学校・家庭・地域社会の各場面での教育機能の再評価という面についても、いくつかの課題が存在している。学校機能のスリム化論以降、学校が代替してきた、あるいは代替することを期待され続けてきた、家庭のしつけ機能の代替や、かつての地域の共同体が持っていた地域教育力の学校の集団教育による代替を各々、家庭や地域に戻すことが言われてきた。あらためて家庭での道徳教育の役割が問われ、家族構造の変化や世代間の価値観の多様化を踏まえながらも現代のしつけ論が展開されている。しかし家庭内における直接的な発達モデルの喪失という現状にあって、道徳規範の効果的な提供は難しい面もある。「働いている姿」「社会に生きている姿」等をモデルとして提供しているのは、メディアによる虚構のモデルによる代替である場合が少なくない。核家族化・少子化のすすんだ家族構造は、地域社会に対しても相変わらず閉鎖的な傾向が強く、社会性の育成という面で機能することが難しい。

一方、地域社会の教育機能が多く喪失している現状にあって、政策的に「地域社会の教育機能の復活・活性化」を掲げ、そこに共同体的な道徳教育機能の復活を掲げること等は、ある一定の成果はみられるものの、それだけで十全が期されるものとは評価しがたい。

その点ではまた、学校文化の特性と共同体倫理の特徴との関係をよく見定めなければならないだろう。近代以降の日本の学校がその機能に共同体の機能の代替を期待される面があって、特殊化した形でその代替をしてきている。例えば、伝統的な地域の共同体の中で形成される子どもの社会性を、学校の児童・生徒の集団の中で同様の形成を期待してきた面がある。しかし、地域の教育機能を学校がそのまま代替することは不可能である。学校外文化と学校文化は総じて異なる。そもそも集団の構造自体が、前者は異年齢集団であり、後者は基本的に同年齢集団である。「地域に開かれた学校」論が単純に共同体倫理の復活につながるとする考えは問題がありそうである。その点では学校でこそ形成すべき道徳教育の可能性という古くて新しい問題をあらためて検討すべきではないだろうか。学校教育での道徳教育は、個人から出発する道徳教育の有力な機会であり、その再評価も必要と思われるが、十分な条件をそろえないでいる。だからこそ、地域社会と学校の連携をいかに展開すべきかに、さらに研究が要されるものと思われるのである。

(3) サブ・カルチャーと道徳教育

児童・生徒の文化という点に着目すれば、児童・生徒の生活的な文化について再考することも必要である。同時に学校ならではの学校文化の特性についても考えなければならない。両者との関係では、近年、教材としてとりあげられてきてはいるものの、学校では直接的には教材となりにくいサブ・カルチャーを道徳教育の題材として取り上げる意義と効果も評価したい。児童生徒の興味や嗜好、そして感性や、大きく影響を受けてきた、あるいは現在影響を受けているという素材が豊富にそこには存在している。

(4) 多文化教育と道徳教育

文化的差異をこえたところでの共通的な行動様式を探究する視点は重要であるが、道徳の相対性という本質に着目すれば、異文化教育、多文化教育的視点を通じて道徳価値の違いを学習する意味があると思われる。そして時代的価値の変遷をみて、歴史的に比較する研究の重要性があると思われるのである。

多文化教育の視点には、社会的少数者の学習権保障がある。単なるグローバル・スタンダードを志向するのではなく、グローバル化に直面して生ずる様々のデメリットを考えること、社会的な多数派からの視点にとどまらず、むしろ社会的少数者からみた課題と向き合うこともその重要な観点である。

(5) 普遍性・共有性と多様性

社会規範の再構築の必要性が強く要求されている現状がある。しかし、道徳教育の位置はいかにあるべきなのか、慎重な議論が求められるものと思う。公衆道徳の不履行や社会悪が表出し続け、マスメディアを通じて伝わる情報の表裏に消費文化至上の傾向が横たわるような現代の社会状況のなかで、道徳的価値を正面から説いても空回りするばかりである。普遍的・共有的道徳価値を掲げての道徳教育という方向はなかなかみえてこない。「たてまえ」と「ほんね」が錯綜している。

価値観の多様性を学び合うことの重要性を踏まえた上で、普遍的・共有的道徳価値を見出そうとする方向は、しかし現代においても存在するし重要である。価値観の多様化がいわれる今日にあっても、普遍性をもった共通の倫理基盤への要求は強くあって、どれだけ国や民族、人種、宗教を超えた世界規模のなるべく普遍的なそれを考えうるか、また創造しうるかへの関心はありつづけている。

民主主義の精神の内容である自由・平等・権利・義務・協力・幸福、そして個々の人格の尊重等に普遍性を見出す考え方は基本的にあるだろう。また現代にあっては、生命の尊厳への感覚、民族・人種等の異なった文化やその多様性自体を尊重し合い、対立感をなくしていく方向、前述の多文化教育等で指摘される共同・共生への感覚の形成などもテーマとなっている。

また物質偏重主義を超える精神性の獲得、自然との調和的な共存というような方向、例えば環境教育で指摘されるような自然保護や自然への関心、これらのテーマに普遍性を見出そうとする動向もある。人類の持続的な発展を模索するESDのような教育運動もある。

こうしたテーマに対して、教化政策的なレベルではなく、また注入的な方法でないことを前提に取り組むことが求められている。個人の自律的判断によりながら、社会における共通の責任と使命を果たそうとする共生の感覚が基盤に想定されているのである。方法に関しての理論化や普遍性の追究も、そのような中に模索しているものと思われる。すなわち、教育が双方向であるという点を確認しながら、子ども側の発想、意志、価値判断を重視しようとする姿勢がそこでも評価されてくるのである。

その点では、「探究学習」や「生き方教育」の文脈の中に、テーマ学習としての広い意味での道徳教育を改めて考えたい。例えば総合的な学習・探究の時間のようなクロスカリキュラムやまた領域間の連携の場面においては、児童生徒の自主的なテーマ学習・活動に伴う「考える道徳」が展開される機会となりうる。

(6) 形式陶冶としての道徳教育

教育内容それ自体を重視する実質陶冶と教材を通して諸能力を獲得することを重視する形式陶冶との関係で考えてみたい。例示した多文化教育、環境教育等であるにせよ、また「死生」観をめぐる主題等を配した教育内容であるにせよ、道徳教育に活用される教材となるテーマそれ自体は様々に考えられるところであるが、それらを背景にした道徳教育の展開を考えるときに重要な点は、現代の直接的な問題の解決ということより以上に、形式陶冶としての意義をもつところである。例えば、人権や異なるものへの共感・共生の感覚、道徳的な判断力等の形成に資するという側面である。直接的な問題解決のために道徳教育は必ずしもあるのではなく、その過程で習得するさまざまの資質の形成がポイントである。この点では教育全体の多面的な陶冶の過程を評価することが大事になる。単なる問題解決ではない道徳教育の意義がそこにある。

(7) 自然科学と道徳教育

普遍性・共有性という意味において、自然科学と道徳教育との関係も改めて考えてゆく必要があると思われる。ESD や環境教育の題材の中には、「生物多様性」「生態系」等、道徳教育の教材として使われてきた例は少なくない。生命倫理もテーマとして関わっている。自然科学系の教科において実践され、あるいは期待されている道徳教育の内容、道徳性の評価とも関係する問題でもあるとともに、道徳教育全般に関わる観点の問題として重要である。文化論的なアプローチは、人文・社会科学系に限定されやすい傾向があるが、文化や思想の問題は自然科学ぬきには考えられず、学際的な見地が重要である。「つながり」論が叫ばれている現代であり、『学習指導要領』小学校高学年の「生命の尊重」に「生命が多くの生命のつながりの中にあるかけがえのないものであることを理解し、生命を尊重すること」と示されていることにも表れている。

道徳教育をめぐる議論は、価値観の問題を扱うという点から人文・社会科学系領域に偏りがちであった。道徳教育の必要性の根拠に、また文化の根拠に、自然科学的な根拠を求めることは難しいという理解が一方ではある。価値規範の領域を安易に自然科学の領域と結び付けようとすることの問題を指摘される面も多い。間違えると疑似科学に陥る危険もある。道徳の基礎付けに自然科学がどのように位置しているか。副次的な問題であるととらえるか、自然科学の本質に道徳性をどのように読み取ることが出来るのか、なお、検討を要する点であろうかと思われる。

以上に、幾点かを指摘したが、文化論をめぐるテーマはそれ自体が道徳教育の教材になりうるものである。

＜参考文献＞

・橋本太朗編著『道徳教育の理論と実践』酒井書店、2009 年。
・長田三男・橋本太朗編著『新道徳教育の研究』酒井書店、2001 年。
・相良亨『日本の思想』ぺりかん社、1998 年。
・相良亨『日本の儒教Ⅰ』ぺりかん社、1992 年。
・内山宗昭『教育思想の研究――山鹿素行の教育論の考察を中心に――』酒井書店、2013 年。
・子安宣邦『仁斎学講義』ぺりかん社・2015 年 3 月。
・永野重史編『道徳性の発達と教育』新曜社、1985 年。
・神澤惣一郎『情念の形而上学』創文社、1978 年。
・副田義也『日本文化試論』新曜社、1993 年。
・竹村英二『江戸後期儒者のフィロロギー――原典批判の諸相とその国際比較』思文閣出版、2016 年 3 月。
・朝倉征夫編著『多文化教育の研究――ひと、ことば、つながり――』学文社、2003 年。
・行安茂・廣川正昭編『戦後道徳教育を築いた人々と 21 世紀の課題』教育出版、2012 年。
・江島顕一『日本道徳教育の歴史』ミネルヴァ書房、2016 年。
・北村友人他編『SDGs 時代の教育』学文社、2019 年。

（うちやま・むねあき）

第5章　道徳教育の史的変遷
――明治期～現在――

第1節　日本の近代化と道徳教育

1　西欧化教育改革における徳育

明治政府は近代国家の構築を至上命題として掲げさまざまな制度改革を打ち出した。こうした状況を生み出すことになった理由のひとつとして、“開国”が挙げられる。開国とは、江戸時代の重大事件のひとつであるマシュー・カルブレイス・ペリー（Matthew Calbraith Perry, 1794-1858）率いる“黒船”の来航（1853年）をきっかけとした鎖国の終焉をいうが、この出来事以降、江戸期幕藩体制は崩壊へと導かれてゆく。

結局日本は、“外圧”によって突きつけられた不平等条約による国家的危機を打開するため明治維新を断行する。

こうして、明治新政府は近代国家をつくり上げるため、富国強兵、殖産興業、条約改正などと並行して、教育制度の改革にも着手した。明治政府が掲げた学校教育の目標は、西欧化教育改革によって欧米列強と対等にわたりあえる国力の培養であった。この目標を具体化するため、国民皆学の理念のもと普通教育をすべての子どもに施し、国民全体の資質・能力の向上をはかろうと考えた。ここで留意すべき点は、明治政府が構想した西欧化教育改革は知育、徳育、体育すべてにおいての改革であったということである。

以上をふまえ“徳育”について当時の状況をみてみると、明治期以前から日本において積み上げられてきた仏教や儒教、国学などを通じての伝承あるいは徳育的教育実践が、西欧化教育改革の徳育に十分反映されないかたちで組み込まれた、という点が挙げられる。このような経緯に立ち至った背景を辿ると、まず、明治期以前から表面化した国学派と儒（漢）学派の主導権争いがある。

両派の争いがみられるなかで、1868（明治元）年9月に大学寮代を漢学所に改めるとともに皇学所が新たに開設されることとなった。こうして皇学所と漢学所の併置という方式により妥協点が見いだされたのである。これを経て、1870（明治3）年1月には「大教宣布ノ詔書」が皇国思想、天皇讃仰の念を普及高揚するための国民教化策として提示されたのである。そして1872（明治5）年3月には、教部省が創設され全国の神官、僧侶を教導職に命じ「三条教憲」に則った教化活動が展開されることとなった。

一方、国家の富強という目的を達成するにあたって、全国統一的な国民教育制度の整備が不可欠との認識をもっていた開明派官僚は、学問の知識を欧米列強の先進国の教育に求め“近代化”という旗印のもと教学の刷新をはかろうとした。そして、この考え方は1872（明治5）年8月に頒布された「学制」によって具体化された。

なお、「学制」の構想は、全国を8大学区に分け、各大学区に1大学を置き（計8校）、各大学区を32の中学区に分け各中学区に1中学を設け（計256校）、各中学区を210の小学区に分け、各小学区に1小学校を置く（計53,760）というものであった。

明治政府は、「学制」頒布により初等、中等、高等の3階梯の学校制度を一般行政区から独立した学区制により全国統一的に実施することを企図したが、後述するように“近代国家が希求する理想的な国民教育計画”の域を出るものではなかった。また、「学制」においては、その教育目的や目指す人間像の具体的状況について条文のなかに明示されていない。

この点について、「学制の序文」とされる太政官布告「学事奨励ニ関スル被仰出書」に照らし合わせてみると、その教育観は、個人の自主、自由、独立が国の自主独立の基礎であるとしており、この点は、実学を重視した福沢諭吉（『学問のすゝめ』）の思想と符合する。また徳育については、自己の知恵への積極的な働きかけと道徳心によって徐々に人望が得られていくという観点から、徳育と実学的知識のつながりを重視していたのである。

なお「学制」においては、徳育をつかさどる「修身」が教科として位置づけられた。これを教科目のなかに確認すると、たとえば初等教育の教科は、国民皆学の考え方のもと必ず学ばなければならない事柄として要請され、下等小学 14 教科（綴字、習字、単語、会話、読本、修身、書牘、文法、算術、養生法、地学大意、理学大意、体術、唱歌）と上等小学 18 教科（下等小学の教科のほかに、史学大意、幾何学罫画大意、博物学大意、化学大意）が設定された。

このうち、伝統的教学の中心であった徳育は、下等小学の第 6 番目に「修身」が位置づけられている。この状況を 1872（明治 5）年 9 月文部省から公布された小学教則（文部省布達番外）に照らし合わせると、「修身口授一週一時、民家童豪解童蒙教草等ヲ以テ教師口ツカラ縷々之ヲ説諭ス」（文部省『小学教則』明治 6 年、p3-p4）とある。

注目すべきは、この修身口授が下等小学の第 8 級から第 5 級までにのみ配当され、その時間数は下等小学の総時間数のわずか 3%弱にすぎなかったという点である。そして、教科書として例示されているものもほとんどが欧米の道徳書の翻訳書であった。伝統的な教育の中核をなしていた四書などの漢籍は、修身口授のみならずすべての教科から排除され、代わりに欧米の翻訳書が多く採用されている。この状況により「学制」が目指した教育は知育主義であり徳育は軽視されることとなった。

以上のように、明治政府が西欧化教育改革において知育主義を志向した背景には、日本が富国強兵、殖産興業政策を推進し、欧米先進国に伍する近代国家を建設するという目的があった。つまり、喫緊の国家的課題であった西欧文化の導入と普及が学校教育に託されたのである。

2　開明派と儒教派の対立

日本最初の近代的学校制度を定めた「学制」は、フランスの教育制度を範とした近代的な学校制度を定めた法令であり、徳育においては「修身」が教科として設置された。しかし、「学制」の内容は欧米先進国の制度の模倣や啓蒙主義的傾向が強かったことから、その全国一律の実施が容易に進まなかった。

つまり、個人主義的傾向に付随して惹起した“受益者負担主義”による教育費（授業料、寄付金等）の問題、実学主義による現実生活遊離の教育内容、就学の強制による労働力の減殺などの問題が就学期の子を持つ親に重くのしかかってきたのである。そして、このような状況に寺子屋の禁止、寺院の強制収用、娯楽の禁止といった政府の諸政策が追い打ちをかけた。こうして、「学制」は明治政府が掲げた“国民皆学”という当初の思惑を裏切り、政策としての成就感を得られないまま教育法令としての根本的な見直しを迫られることとなったのである。

このような状況を打開するために、明治政府は「学制」の全面的な見直しと教育法令としての問題点の修正に着手した。「学制」改革の先頭に立ち新たな方向性を主導したのは、欧米の教育事情の視察からさまざまな知見を得て帰国していた田中不二麿である。田中を中心に学監ダビッド・モルレー（Murray, David）の協力を得て起草された「教育令案」はアメリカの教育制度をモデルとした分権主義、自由主義に基づいたものであった。この点から、フランスの教育制度をモデルとして中央集権主義に基づく全国画一的、強制的なものとしてつくられた「学制」からの軌道修正が確認できるであろう。

こうして、教育令の原案は太政官のもとに提出され、内務卿伊藤博文がこれに大幅な修正を加えて、さらに元老院の審議においての若干の修正を経て1879（明治12）年9月に公布された。

「教育令」は全文47条からなる教育法令で「学制」に比べると簡略化された法令であった。このため、「教育令」条章によって近代日本のあらゆる教育機関の規定を満たすのは困難であるという指摘もみられた。なお、「教育令」の特徴としては、「学制」で用いられていた学区制を廃止し町村を小学校設置の基礎にするとともに「学制」で適用された督学局・学区取締の規定を設けず、さらに町村住民の選挙で「学務委員」を選出しこれにより学校事務を管理させることとした。これらに加えて、学齢期間中の就学義務を少なくとも16か月と定めたのである。

上記のようにアメリカの自由主義的な教育行政方式をモデルとした「教育令」は「学制」と比較して大きな差異が見られることから「自由教育令」という呼称も用いられている。

ここで「学制」において軽視されていた徳育に目を向けると、「教育令案」に関する元老院の審議過程で修身科を教科の筆頭におくことを要求する意見がみられたことが注目されよう。ただし、この意見については、「教育令」の草案、作成を主導した田中不二麿の反論によって多数の賛同を得るまでには至らなかった。しかしながら、この審議の状況が明治天皇のもとへも伝わり「教育令」の公布直前に「教学聖旨」が伊藤内務卿、寺島宗則文部卿に示されたのである。

その冒頭には「教学ノ要仁義忠孝ヲ明カニシテ智識才藝ヲ究メ以テ人道ヲ盡スハ我祖訓國典ノ大旨上下一般ノ教トスル所ナリ」(勝部真長、渋川久子「道徳教育の歴史：修身科から『道徳』へ」玉川大学出版部、昭和59年、p29)と記されており、これは「仁義忠孝」の徳性涵養が「知識才芸」の育成よりも第一義であるとする伝統的な教学観の表明といえる。さらにその内容には、初等教育について言及した「小学条目二件」が記されている。

一　仁義忠孝ノ心ハ人皆之有リ然トモ其幼少ノ始ニ其脳髄ニ感覚セシメテ培養スルニ非レハ他ノ物事已ニ耳ニ入リ先入主トナル時ハ後奈何トモ爲ス可カラス…

一　去秋各縣ノ季校ヲ巡覧シ親シク生徒ノ藝業ヲ験スルニ或ハ農商ノ子弟ニシテ其説ク所多クハ高尚ノ空論ノミ甚キニ至テハ善ク洋語ヲ言フト雖トモ之ヲ邦語ニ譯スルコト能ハス…(宮原誠一『資料日本現代教育史』三省堂、昭和49年、p26)

侍講元田永孚が天皇の意を受けて起草した「教学聖旨」は、近代日本の学校教育における徳育の道筋を提示しようとするものであった。

「教学聖旨」が提示された背景には「学制」から続くゆき過ぎともいえる主知主義の展開や、「修身科」の取り扱いにみられる徳育軽視の風潮に対する批判があった。こうして、仁義忠孝の道を明らかにし実学だけでなく徳育が教育の根幹になることを示した「教学聖旨」以降、徳育をつかさどる教科書にもその影響がみられるようになる。

たとえば、学齢期にある子どもを対象にした道徳教育の基本を示した『幼学綱要』は元田永孚によって1882（明治15）年に出されるが、その「巻之一」には論語・孝経等の儒教的倫理に基づく「20の徳目」が「此編専ラ幼童初學ノ為ニ設ク」（元田永孚『幼学綱要．巻之1』明治16年、例言p1）として示されている。そのなかの最初の徳目を以下に示す。

> 孝行第一
>
> 天地ノ間。父母無キノ人無シ。其初メ胎ヲ受ケテ生誕スルヨリ。成長ノ後ニ至リ。其恩愛教養ノ深キ。父母ニ若ク者莫シ。能ク其ノ恩ヲ思ヒ。其身ヲ慎ミ。其力ヲ竭シテ。以テ之ニ事ヘ。其愛敬ヲ盡スハ。子タルノ道ナリ。故ニ孝行ヲ以テ。人倫ノ最大義トス。
>
> （元田永孚『幼学綱要．巻之1』明治16年、本文p1）

元田は学齢期の子どもへの教育の基本は“仁義忠孝の徳目”を植え付けることであり、これ無くして一般的な知識の教授はありえないと考えた。したがって、知識を得る基盤をつくるという意味において、仁義忠孝の徳目を、たとえば「四書五経」の語句や記述を暗誦するまで反復させたりすることで子どもの頭のなかに刻みつけることが最初にすべき教育であると考えたのである。

「学制」頒布以降「修身」という教科によって行われた徳育は、「学制」から「教育令」に至るまで、欧米の模倣の傾向が強く啓蒙主義的であったといえる。こうした状況のなか、近代日本の教育制度の策定を主導してきた開明派に対して、批判的な立場にあった儒教派が、儒学者などとともに急速に進んだ西洋文明の移入による儒教的価値観の乱れに危機感を抱いたのである。これは、前述した「教育令案」の元老院の審議過程で示された“修身科を教科の筆頭におくことの要求”にもつながるといえよう。こうして、開明派と儒教派の学校教育に対する考え方が対立するなかで、近代日本の学校教育は、教育令期へと進んでいくのである。

3　徳育強化の端緒

1879（明治 12）年に公布された「教育令」の自由化政策は、新しい地方制度「三新法」に対応して教育を民衆の現実に即応すべく意図されたものであった。しかし、産業が未発達で近代学校を必要とする条件の未熟なところで学校設立の義務を緩和すれば、民衆がその生活に密着したしかも素朴ではあるが自治的な学校つまり寺子屋式の学校にひきつけられるのは当然のなりゆきであった。

公立学校の廃止、校舎の建築中止、私立学校の増加等の全国的な学校衰退の状況は、翌 1880（明治 13）年に開かれた地方官会議の問題とするところとなった。ここで寺島宗則のあとを継いだ文部卿河野敏鎌は、「教育令」による就学率の停滞や小学校の校舎建築中止などに憂慮して早くも「教育令」の改正に着手した。こうした動向のなかで示されたものは、「新定教育令ヲ更ニ改正スヘキ以前ニ於テ現在思考スヘキ件」であり、そこでは伊藤博文が「教育議」で説いた「教官訓条」が「教師ノ訓条」として具体化され、それが孝悌忠信その他封建的儒教道徳と「愛国ノ主義」を「生徒ニ銘記セシムル事」だと述べられている。

ここに至り、近代教育制度の構築に懸案ともなっていた明治天皇（「教学聖旨」）・（元田永孚「教育議付議」）と伊藤博文（「教育議」）の対立はほぼ解消している。こうして、開明派の政府指導部の、いわゆる自由民権運動の急展開に対する深刻ともいえる危機意識が「教育議」論争段階においては批判していた保守派の儒教主義的な教育施策を前向きに取り込んでいく決意をかためさせたといえる。そして、近代学校教育の停滞を挽回するためにも「教育令」の改正は必要であったといえよう。なお、「教育令」改正の基本方針は以下に示す「教育令改正案ヲ上奏スルノ議」に明示されている。

　夫レ学制ノ頒布ニ当リ執事者意ヲ成功ニ鋭クシ校舎ヲ壮大ニシ外観ヲ装飾スル事往往ニシテ免レス是ニ於テカ学問ノ益未タ顕ハレスシテ人民之ヲ厭フノ念先ツ生ス議者其弊ノ因ル所ヲ深考セス徒ラニ罪ヲ学事ノ干渉ニ帰シテ之ヲ尤ム而シテ教育令此際ニ成レルヲ以テ為メニ其精神ヲ謬マル七ノ蓋シ寡シトセス臣以テ之ヲ観ルニ前日ノ弊タル学制ノ主義ニアラスシテ施行ノ宜キヲ

失フニアリ干渉ノ過度ニアラスシテ干渉ノ途轍ヲ過ツニヨレリ…
（大槻健『学校と民衆の歴史』新日本出版社、昭和55年、p125）

上記では、「教育令」に示された教育行政において認められていた「地方の自由」を転換し学校教育における国家的統制や政府による干渉を基本理念としている。結局、近代国民教育をつくり上げるには学校教育に対する政府の介入や督励、あるいは強制というものが不可欠であることを説いている。こうして明治政府は、改正教育令によって「教育令」公布以後停滞を示していた学校教育整備の改善をはかろうとしたのである。なお、1880（明治13）年12月に公布された改正教育令には次のような特徴がみられる。

第9条　各町村ハ府知事県令ノ指示二従ヒ独立或ハ聯合シテ其学齢児童ヲ教育スルニ足ルヘキ一箇若クハ数箇ノ小学校ヲ設置スヘシ
第15条　小学科三箇年ノ課程ヲ卒ラサル間已ムヲ得サル事故アルニアラサレハ少クトモ毎年十六週日以上就学セシメサルヘカラス
（「教育令改正（明治十三年十二月二十八日太政官布告第五十九号）」）

上記に示したのは、「小学校設置の厳密化」「3年間の就学義務の明確化」であるが、これらのほかにも、小学校の学期や年限については「3カ年以上8年以下」とし年間の授業をそれまでの「4カ月以上」から「32週日以上」に改めている。

ここで徳育に目を向けると、小学校の教科の筆頭に「修身」を置いたことが特筆に値するといえる。この点について具体的にみていくと、小学校におけるそれまでの「修身」の取り扱いが、以下のように大幅に見直されたのである。

表1　「修身」の時間割当/小学校

科	「修身」の時間割当（週あたり）	「修身」の内容
初等科	6	簡易ノ格言、事実等ニ就テ徳性ヲ涵養シ兼テ作法授ク
中等科	6	稍高尚ノ格言、事実等ニ就テ徳性ヲ涵養ス
高等科	3	稍高尚ノ格言、事実等ニ就テ徳性ヲ涵養ス

（文部省『小学校教則綱領』1881（明治14）年に基づいて筆者が作成）

学制期の小学教則においては、「修身口授」が下等小学6級まで週2時間、同5級に週1時間配当されていただけであったが、小学校初等科、中等科では毎週6時間、高等科では3時間とされた。これにより、授業時数は12倍の増加となった。また、教則綱領では「歴史」は日本歴史に限定され、この学びを通じて「尊王愛国ノ志気」（矢代和也、渡辺賢二『歴史教育論 第31巻』校倉書房、平成6年、p83）を涵養することが求められている。

なお、学校教育に対する政府の介入・干渉は教科書にもおよび、1880（明治13）年に調査統計が始められてから教科書として不適格であると指定されたものは41種に達した。これらのなかには、文部省により刊行された翻訳修身書「修身論」や宮内省蔵版の「明治孝節録」、さらには福沢諭吉の著作なども含まれていた。こうした情勢にあって、同年9月に文部省から刊行された西村茂樹の『小学修身訓』は、元田永孚の意見や考え方が反映された儒教道徳を基本にした書であった。さらに「小学修身書編纂方大意」を府県に内示することによって儒教的徳育重視政策の方針が明確にされた。

注目すべきは、政府の掲げる忠孝仁義の儒教主義的教育政策が教員のあり方にもおよんだという点である。具体的には、1881（明治14）年6月「小学校教員心得（明治14年6月18日文部省達第19号）」が公布され、教員は「尊王愛国ノ志気ヲ振起」することを通して、その任務は知育より徳育が、またその内容は忠君愛国の儒教的徳目が重視されることとなった。

第2節　教育勅語体制による修身教育の確立

1　教育勅語による徳育

学制期から教育令期に展開するなかで、「教学聖旨」を起点とした動きが近代日本の学校教育に新たな方向づけを行うこととなった。具体的には、「教学聖旨」の提示から改正教育令を経て、国民教育制度が天皇制国家体制の構築に導かれ、その基本理念として儒教主義的道徳教育を中心として整備されていったのである。しかし、学校教育における儒教主義の復活だけでは、近代国民教育制度をつくり上げようとする日本の教育課題に十分に応えることができなかった。

たとえば「近年民心ノ　皇室ヲ尊ブヿノ薄キ者アルハ　人心浮薄ノ致ス所ニシテ　最モ國ノ為メニ憂フベノヿナリ」(西村茂樹『西村茂樹全集、泊翁叢書 第1-2輯』思文閣、昭和51年、p42) と説いた西村茂樹は、封建道徳を体系化した儒教には進取に乏しき弊があるとし、さらに近代国家に不可欠である「愛国の義」を強化する要素に欠けるところもあるとした。一方で福沢諭吉は、文部省の儒教主義施策に対して「恰も文明世界に古流回復の狂言を演ずる」(岡義武『明治政治史』岩波書店、平成4年、p195) と批判し「自主独立の一義」をもってそれに対置した。

1885 (明治18) 年には太政官制が廃止され内閣制がとられることとなった。これに際して、伊藤博文が組閣すると森有礼を初代文部大臣に任命した。文部大臣を森有礼としたことに対して、元田永孚は、西欧的啓蒙主義者の森が文部大臣という教育行政の長に立つことを強く批判した。

元田永孚の反対が押しきられるかたちで文部大臣森有礼が誕生したが、就任当初から森は、来るべき立憲君主制の成立に即応した国民教育体制の構築を掲げ、これを実現するためには有能で忠誠心のある国民を育成することが不可欠であると考えた。そして、森が掲げた国民教育の課題は、「国民の志気」を培養発達させることであった。森は、近代日本の国際的発展のためには国家主義的な教育の確立が必要であり、その理念として万世一系の国体に則って「国民の志気」を養うことが無二の資本だと説いた。こうして、その国民教育構想を具体化するために1886（明治19）年「学校令（諸学校令）」を制定した。

森は、臣民の気質を鍛錬する無二の資本として国体を取り上げるとともに、日常生活においては、道徳の規範としてのいわゆる儒教道徳やその他の道徳論を退け「此の世の中は自己と他人との相ひ持ちにて、自他相共に左りとて哲學家の論を採用すれば、何人の説を取るとも必ず其反對者の駁議を免る、を得ず」（海後宗臣『教育勅語成立史研究、第10巻』東京書籍、昭和56年、p40）という自他併立の道徳を唱えた。このような考え方は、改正教育令以来の文部省の徳育方針に相反するものであったため、森の主張に対しては儒教派の元田永孚から反論がなされた。そして、こうした状況に呼応するように、政府の欧化主義に対しては、各方面から批判的な声があがりさまざまな主張がなされることとなった。

このように徳育問題が混迷の様相を呈するなかで、1889（明治22）年2月の地方官会議においては、開明派による教育政策に反発して我国固有の倫理に基づく「国家主義道徳」の育成を求める声があがった。この背景には、子どもたちが学校で得た知識によって親や教師への不適切な振る舞い（反発、批判、校則破り）がみられるようになり、これを放置すると社会の秩序の乱れにつながるという懸念があった。そして、この懸念は社会秩序の乱れをきっかけとした国家の乱れ（危機）を誘発しかねないと認識されたのである。こうして、「徳育涵養ノ義ニ付建議」が内閣総理大臣、文部大臣に提出されることとなった。

この動きを経て、天皇は文部大臣に対し学校教育における徳育の基礎となる箴言を編纂すべく内示され、1890（明治23）年10月30日教育勅語（教育ニ関スル勅語）が渙発された。教育勅語の起草は帝国大学教授中村正直に委嘱されたが、作成された草案が哲学的且つ宗教的であったため批判の声が上がり、法制局長官の井上毅が作成することとなった。井上による草案は「教育議」における伊藤の見解に通じる立憲君主主義の立場からのものであったが、これに王道政治を構想する元田永孚が儒教主義の立場からの

表2　教育勅語12の徳目

徳目	備考
父母ニ孝ニ	父母に孝養を尽くす
兄弟ニ友ニ	兄弟・姉妹は仲良くする
夫婦相和シ	夫婦は仲睦まじく
朋友相信シ	友は互いに信じ合う
恭儉己レヲ持シ	自己の言動を慎む
博愛衆ニ及ホシ	広くすべて人に慈愛の手を差し伸べる
學ヲ修メ業ヲ習ヒ	勉学に励み職業を身につける
以テ智能ヲ啓發シ	知識を養い才能を伸ばす
德器ヲ成就シ	人格の向上に努める
公益ヲ廣メ世務ヲ開キ	広く世の人々や社会のためになる仕事に励む
常ニ國憲ヲ重シ國法ニ遵ヒ	法令を守り国の秩序に従う
一旦緩急アレハ義勇公ニ奉シ	国の危機に際しては国のため力を尽くす

修正を加え、結局、内外の緊迫した政治情勢のなかで天皇制を堅守するとともに強力な近代国家を形成するという大前提のもとで両者の共通理解がはかられ成案に至った。

なお、教育勅語は第1段で、天皇制のもと古来から君徳と臣民忠誠との一体関係が成立してきたとし、これを我が国固有の「国体ノ精華」ととらえ、そこにこそ「教育の淵源」を求めなければならないとした。第2段では父子、兄弟、夫婦、朋友などの封建的儒教道徳と、公益、世務、国憲、国法などの近代的社会道徳を説き、それらすべてが国体を基軸にして「皇運」の扶翼に収斂するように構造づけた。そして第3段では、臣民の道は古今東西に普遍的に妥当する道理であるとした。

教育勅語は紀元節・天長節などの祝日・大祭日等の儀式において奉読を行い、また勅語に基づいて訓示をなすことが求められた。これに就学率の上昇が加わることによりしだいに浸透し、やがて各学校の徳育において「絶対的基準性」をもつことになった。

その後、大正期においては大正新教育運動の動きとして修身教育の改造などもみられたが、教育勅語体制が揺らぐことはなかった。さらに昭和戦前期に至ると社会情勢の混乱から、学校教育が戦時体制に巻き込まれていく状況となり、教育勅語による徳育は皇国民の錬成へと収斂されていった。

2　修身科からみた徳育①——明治期以前から明治前期——

日本の教育は、江戸時代に至る以前からの学問の発展の基盤と、江戸時代における独自の教育機関の発達により西欧世界とは違う道筋でその成果が積み上げられてきた。したがって、日本の近代の教育制度やその内容も西欧のものとは異なる。あくまで、江戸時代までの教育基盤の上に教育の西欧化（近代化）をはかったととらえるのが適切であろう。すなわち、日本の近代の教育は近世までの教育状況を基盤としその伝統の上に成立したのである。

日本には江戸時代までの長い歴史を経てかたちづくられた生活と思想、文化があり、それらを土台として教育の伝統が継承されてきたといえよう。そしてその伝統は、教育の近代化をはかる上でも重要な役割をはたした。

明治期の学校教育において、徳育をつかさどるのは「修身」であったが、この修身という言葉は明治期以前から使われていた。修身は、朱子学における儒者の基本綱領として重視された三綱領、八条目のなかにみられるものである。

三綱領：「明明徳」「親民」「止於至善」

八条目：「格物」「致知」「誠意」「正心」「修身」「斉家」「治国」「平天下」

つまり、儒教において“個人の道徳の修養”を意味していた修身という言葉が近代学校教育の徳育をつかさどる教科名として適用されたのである。しかし、すでに触れたように1872（明治5）年に頒布された「学制」のなかでは「修身科」が6番目の教科として位置づけられたことから、伝統的儒教の言葉を適用し独自の徳育を行おうとしたにもかかわらず、実際は知育偏重傾向のなかで徳育が軽視されたのである。なお、実際の授業では「修身口授（ぎょうぎのさとし）」として実施された。なお、学制期においては欧米の近代道徳の翻訳書が「修身科」の教科書として用いられた。

徳不徳

人常ニ其努ヲ行フヲ徳ト云フ徳ヲ行ハントスルニハ情欲ノ私ニ陥イルヲ防ク力ヲ要ス故ニ人悪ヲ去ケテ善ニ遷リ正直ノ人タランヲ欲スルニハ剛志アル可シ

（ボンヌ『泰西勧善訓蒙、上』名古屋学校、明治４年、p4）

脩身ノ定則

脩身論ハ身ヲ脩ムル定則ノ學ナリ故ニ之ヲ學フニハ先ツ定則ノ字義ヲ知ラサルヘカラス例セハ茲ニ二ツノ事アリ甲先ンスンハ乙必ス之ニ次ク此一定離ルヘカラサル關係ヲ定則ト名ケ

（ウェーランド『修身論、前編』文部省、明治７年、p1-2）

「修身口授」として行われた修身の授業の指導法は、生活上の悪い行いを善いものに改めるよう言い聞かせる「説諭」という手法を中心としたものであったが、知識主義を標榜した「学制」のもとでは軽んじられる傾向がみられた。

このような状況のなかで元田永孚を中心とする儒教派が主張したのは、徳育の立て直しである。つまり、学制期以来日本の学校教育が欧米の知識技芸を児童生徒に教授することに力を入れ過ぎたことで、本来学校教育の根本にあるはずの「仁義忠孝」が置き去りにされているという危機感を抱いたのである。こうした考えかたに基づいて、これから日本の学校教育がとるべき方策は、東洋道徳を基本にした徳性の涵養であり、徳性の涵養をなすことではじめて知識技芸の教育が適切なものになると説いた。こうして、儒教派の教育精神を具体化するために改正教育令では「修身」を教科の筆頭に置き徳育における修身科の役割を明確にしようとした。以下に1881（明治 14）年５月に出された「小学校教則綱領」の一部を示す。

二条　小学初等科ハ修身、読書、習字、算術ノ初歩及唱歌、体操トス
但唱歌ハ教授法等ノ整フヲ待テ之ヲ設クヘシ

三条　小学中等科ハ小学初等科ノ修身、読書、習字、算術ノ初歩及唱歌、体操ノ続ニ地理、歴史、図画、博物、物理ノ初歩ヲ加ヘ殊ニ女子ノ為ニハ裁縫等ヲ設クルモノトス

四条　小学高等科ハ小学中等科ノ修身、読書、習字、算術、地理、図画、博物ノ初歩及唱歌、体操、裁縫等ノ続ニ化学、生理、幾何、経済ノ初歩ヲ加ヘ殊ニ女子ノ為ニハ経済等ニ換ヘ家事経済ノ大意ヲ加フルモノトス
第十条　修身　初等科ニ於テハ主トシテ簡易ノ格言、事実等ニ就キ中等科及高等科ニ於テハ主トシテ稍高尚ノ格言、事実等ニ就テ児童ノ徳性ヲ涵養スヘシ又兼テ作法ヲ授ケンコトヲ要ス
（大森茂作 編『現行教育事務要録』高崎修助＜出版者＞、明治 14 年、p10-12）

「小学校教則綱領」が出された時期は、修身の教育の具体的な内容や教授方法は確立されていなかったものの、初等科、中等科、高等科においてそれぞれの教科の程度が示されたのは注目すべきであろう。そして、「修身」を教えはぐくむ立場の教師にも「小学校教員心得」を通じて「人ヲ導キテ善良ナラシムルハ多識ナラシムルニ比スレハ更ニ緊要ナリトス故ニ教員タル者ハ殊ニ道徳ノ教育ニ力ヲ用ヒ」といった達示により徳性の高揚が求められた。

これに加えて、1881（明治 14）年 7 月には、「学校教員品行検定規則」が定められ、たとえば「懲役若クハ禁獄若クハ鎖錮ノ刑ヲ受ケタル者（第一条）」（文部省『文部省布達全書 明治 13 年、明治 14 年』明治 18 年、p131）「身代限ノ處分ヲ受ケ未タ弁償ノ義務ヲ終ヘザル者（第三条）」（文部省『文部省布達全書 明治 13 年、明治 14 年』明治 18 年、p132）という状況にある者は教員の職に就かせない、また現職教師の場合は免職させるものと規定した。

初代文部大臣森有礼の時代になると、「学校令（諸学校令）」（1886 年）が公布され、そのなかの「小学校令（第 1 次）」に則って「小学校ノ学科及其程度」が示された。ここでの「修身」の取り扱いは「尋常小学校ノ学科ハ修身読書作文習字算術体操トス土地ノ情況ニ因テハ図画唱歌ノ一科若クハ二科ヲ加フルコトヲ得」（松山伝五郎 編『教育法令』教育報知社、明治 19 年、p16）であり教科の位置づけ（筆頭）は変わっていない（高等小学校も同様）。一方、「修身」の“学科ノ程度”は次のようなものとなっている。

第十条　各学科ノ程度左ノ如シ
修身　小学校ニ於テハ内外古今人士ノ善良ノ言行ニ就キ児童ニ適切ニシテ理会シ易キ簡易ナル事柄ヲ談話シ日常ノ作法ヲ教ヘ教員身自ラ言行ノ模範トナリ児童ヲシテ善ク之ニ習ハシムルヲ以テ専要トス
（松山伝五郎 編『教育法令』教育報知社、明治19年、p19）

なお、森有礼は「修身」の授業においては教科書を用いず教師の言行や説諭によって子どもに範を示すことを主張したことから、この時期にあっても「修身」によって徳を涵養する方法や理念が明確なものになっていなかったといえる。

3　修身科からみた徳育②——明治期後期から昭和戦前期——

時代は学校令期へと進んだが、「修身」をめぐる徳育の状況は依然として不明瞭なままであった。このような情勢のなかで、学校教育において過度の儒教主義の導入や特定の宗教の利用について否定的な立場をとった森有礼は、「修身」についても独自の考え方をもち制度の改革を行った。

たとえば、尋常師範学校、尋常中学校の教科から「修身」を外して「倫理科」を置いたことなどが挙げられる。「倫理科」においては“自他並立”の理念のもと、普通の感覚における道理や正邪善悪を判断するに足る標準などを人間の行為、振る舞いの原理としてとらえた文部省編纂による『倫理書―中学校・師範学校教科用書―』（1888年）が拠りどころとなった。次に示すのがその内容の一部である。

道徳ノ、倫理ニ於ケル關係ハ、密ナリト雖モ、其間、自ヲ原理ト法則トノ區別アリ。倫理ハ、原理ニシテ、道徳ハ、法則ナリトスルヲ得ベシ、而シテ此書ハ、道徳教育ノ法ヲ主トスル者ニ非ズシテ、單ニ倫理ノ標準ヲ明ニスルニアリ。
（文部省『倫理書　中学校・師範学校教科用書』、明治21年、p2）

上記の内容から、尋常師範学校、尋常中学校の倫理科の授業で用いられた『倫理書』が求めていることは、倫理の標準を明らかにすることであり道徳教育の法ではない（主たる目的ではない）ということである。こうした急進的ともいえる制度改革を行った森であったが、文部大臣に就任後わずか３年で国粋主義者により暗殺され自身の教育理念の構築は集大成までは至らなかった。

森の死は日本の文教政策に暗い影を落としたが、一方では、不明瞭なままになっていた「修身」の理念に明確な方向づけが行われることとなった。すなわち、「教育勅語」の渙発である。教育勅語は、忠孝や忠君愛国といった理念により儒教主義道徳を標榜するとともに近代的な市民道徳の側面も備え、これらを道徳の源泉としての国体に収斂させようとするものである。この教育勅語が、明治期後半以降の「修身」の基本理念となっていく。なお、教育勅語渙発の翌年には、『小学校教則大綱』（1891年）が出され、徳育の基本方針が示された。

小学校教則大綱（抜粋）

明治二十三年勅令第二百十五号小学校令第十二条ニ基キ小学校教則ノ大綱ヲ定ムルコト左ノ如シ

第一条　小学校ニ於テハ小学校令第一条ノ旨趣ヲ遵守シテ児童ヲ教育スヘシ

徳性ノ涵養ハ教育上最モ意ヲ用フヘキナリ故ニ何レノ教科目ニ於テモ道徳教育国民教育ニ関連スル事項ハ殊ニ留意シテ教授センコトヲ要ス

第二条　修身ハ教育ニ関スル勅語ノ旨趣ニ基キ児童ノ良心ヲ啓培シテ其徳性ヲ涵養シ人道実践ノ方法ヲ授クルヲ以テ要旨トス

尋常小学校ニ於テハ孝悌、友愛、仁慈、信実、礼敬、義勇、恭倹等実践ノ方法ヲ授ケ殊ニ尊王愛国ノ志気ヲ養ハンコトヲ努メ又国家ニ対スル責務ノ大要ヲ指示シ兼ネテ社会ノ制裁廉耻ノ重ンスヘキコトヲ知ラシメ児童ヲ誘キテ風俗品位ノ純正ニ趨カンコトニ注意スヘシ

高等小学校ニ於テハ前項ノ旨趣ヲ拡メテ陶冶ノ巧ヲ堅固ナラシメンコトヲ努ムヘシ

女児ニ在リテハ殊ニ貞淑ノ美徳ヲ養ハンコトニ注意スヘシ

修身ヲ授クルニハ近易ノ俚諺及嘉言善行等ヲ例証シテ勧戒ヲ示シ教員身自ラ児童ノ模範トナリ児童ヲシテ浸潤薫染セシメソコトヲ要ス

（教育評論社 編『改正学令彙纂』教育評論社、明治23年、p90-91）

第1条では、「徳性ノ涵養」を小学校教育の最重要事項と位置づけ、各教科の教授に際しても徳育に関連する事柄に留意することを記している。また第2条では、「修身」が「教育ニ関スル勅語」の理念に則って児童への徳性の涵養を行うべきとしている。そして、「尊王愛国ノ志気」を養うための徳目として、孝悌、友愛、仁慈、信実、礼敬、義勇、恭倹等を掲げ、その実践の方法を授けることに言及している。

さらに、「修身」を教授する方法として「近易ノ俚諺（世間に言い伝えられてきたことわざ）及嘉言（戒めとなるよい言葉）善行等ヲ例証シテ勧戒（戒めを受けるようすすめること）ヲ示シ教員身自ラ児童ノ模範トナリ児童ヲシテ浸潤薫染（考え方などが人々の間にしみこみ、または広がり、よい感化を受けること）セシメ」ることを規定している。こうして、「修身」の授業においては教科書も用いられるようになるが、その使用の義務づけは、修身教科書の国定化まで待たなければならなかった。

国定「修身教科書」の推移

1904（明治37）年　第一期　近代市民道徳、基本的人権

1910（明治43）年　第二期　儒教的家族倫理、家族国家観

1918（大正7）年　第三期　儒教的家族倫理、家族国家観、国際協調

1934（昭和9）年　第四期　儒教的家族倫理、家族国家観、忠君愛国

1941（昭和16）年　第五期　儒教的家族倫理、家族国家観、皇国民、超国家主義

1902（明治35）年に発覚したいわゆる「教科書疑獄事件（学校の教科書採用をめぐる教科書出版会社と教科書採用者との間の贈収賄事件）」を経て、教科書の国定制が実現したことで、「修身」の授業における教科書の使用が義務づけられた。

第二期以降、国定教科書の内容やその理念については大きな変容はないものの、時代背景や社会情勢によって若干の変化がみられる。第四期以降は、戦時体制下のなかに学校教育が巻き込まれていったことで教育制度の

見直しや変更も断行された。特に、第五期に突入した1941（昭和16）年は、国民学校令の発布により小学校の名称が廃され国民学校に改称されるなど、超国家主義の色彩が濃くなっていった。そして、教育現場においても「修身」を通じての徳育の役割として「忠良ナル臣民」の育成が強調されることとなった。

第3節　戦後の教育状況にみる道徳教育の展開

1　戦後新教育のなかの徳育構想

戦時体制下において、ほぼ停止状態にあった日本の学校教育は、敗戦を転機として新たな方向に進むことになる。1945（昭和20）年8月、日本がポツダム宣言を受諾したことにより第2次世界大戦は終結した。これを受けて、文部省は戦時教育令を廃止し敗戦から1カ月後の9月15日には「新日本建設ノ教育方針」を公表したのである。そこで打ち出された方針は、

> 大詔奉体ト同時ニ従来ノ教育方針ニ検討ヲ加ヘ新事態ニ即応スル教育方針ノ確立ニツキ鋭意努力中デ近ク成案ヲ得ル見込デアルガ今後ノ教育ハ益々国体ノ護持ニ努ムルト共ニ軍国的思想及施策ヲ払拭シ平和国家ノ建設ヲ目途トシテ謙虚反省只管国民ノ教養ヲ深メ科学的思考力ヲ養ヒ平和愛好ノ念ヲ篤クシ智徳ノ一般水準ヲ昂メテ世界ノ進運ニ貢献スルモノタラシメソトシテ居ル
> （村田昇『これからの教育：教育の本質と目的』東信堂、平成5年、p127）

とするもので、上記とあわせて戦後の学校教育の進むべき道筋を示すべく教科書についても「教科書ハ新教育方針ニ即応シテ根本的改訂ヲ断行シナケレバナラナイガ差当リ訂正削除スベキ部分ヲ指示シテ教授上遺憾ナキヲ期スルコトトナツタ」（浪本勝年『戦後教育改革の精神と現実』北樹出版、平成5年、p28）として、内容の訂正や削除を行うとともに、その他の諸措置にも取り組む姿勢を示した。

ここで示された基本的な考え方は、国体護持の立場を堅持するなかで教育活動を展開すること、そして国家主義に代えて民主主義の精神を学校教

育に徹底させる、というものであり、この2つの目的を成就させるために文部省関係者が考えたことは公民教育の振興であった。

なお、「新日本建設ノ教育方針」では、“新日本建設の教育”を掲げているが、戦前の日本の教育の根幹をつかさどっていた“徳育”に関する記述は、「道義国家建設」「智徳ノ一般水準ヲ昂メテ」「国民道義ノ昂揚」「道義新日本ノ建設ニ資スル」の4カ所だけである。このような状況にあって、文部省は、「新日本建設ノ教育方針」の公表から2カ月後の11月公民教育刷新委員会を設置し新教育における道徳教育の改革について検討することとなった。

敗戦後最初の文部大臣に就任したのは前田多門である。文相の前田は、占領軍によってしだいに明らかになる占領政策をうかがいながら、戦後における日本の学校教育を立て直すため、1945年11月に公民教育刷新委員会を設置し、戦前の“修身による徳育”に代わる新しい公民教育を構想した。そして、同委員会は8回の審議を経て答申をまとめることとなった。その答申の第1号では、公民教育の目標が掲げられるとともに、徳育についても次のような見解が明らかにされた。

> 道徳ハ元来社会ニ於ケル個人ノ道徳ナルガ故ニ、「修身」ハ公民的知識ト結合シテハジメテ其ノ具体的内容ヲ得、ソノ徳目モ現実社会ニ於テ実践サルベキモノトナル、従ッテ修身ハ「公民」ト一本タルベキモノデアリ、両者ヲ統合シテ「公民」科ガ確立サルベキデアル（佐藤正夫『現道徳教育の原理と構造』亜紀書房、昭和44年、p196）

文部省は、この答申内容を具体化するために、1946年2月学校現場の教師らを加えて「公民教育要目委員会」を設置し「教材配当表」の作成に着手した。こうして、日本国憲法や教育基本法などの根本法ともいうべき基本法規が成立していなかった時期にあって、文部省は国体護持のために教育勅語を擁護するとともに修身に欠けていたものを補うためにそれを包含する公民科を構想したのである。

しかしながら、戦後はアメリカ占領軍によって日本社会全体の民主化がはかられたため、日本側の考え方が容認されない事態も露呈することとなった。これは、教育改革構想についても同様であった。そして、アメリカ占領軍は日本社会の民主化の実現に学校教育の役割が重要であると考えていたことから、アメリカ主導というかたちを基本として戦後における教育制度や教育内容、教育方法などについて根本的な見直しが断行されたのである。

2　道徳教育をめぐるアメリカ教育使節団報告書と「新教育指針」

既述したように日本の新教育の制度設計は、敗戦による占領下という特殊な状況のなかで進められていった。道徳教育については、連合軍総司令部によって1945（昭和20）年に出された、「四大教育指令」のひとつである「修身、日本歴史及ビ地理停止ニ関スル件」（第4の指令）が重要な方向づけとなった。

この指令は、「修身」の授業を停止し教科書や教師用書を回収するとともに修身の停止期間中の代行計画や教科書などの改訂計画を総司令部に提出することを命じたものであり、否定的措置あるいは禁止的措置とも言われる指令である。この指令を受けて、文部省は、昭和21（1946）年2月12日に次官通達「修身、国史及ビ地理教科用図書ノ回収ニ関スル件」を出し、回収すべき図書名と回収要領を提示した。

その後占領軍総司令部は、3月初旬に来日したアメリカ教育使節団の調査結果をまとめた「アメリカ教育使節団報告書」（4月7日）を発表し、この報告書の方針に基づいて今後の日本の教育改革が実施されるべきであるとの勧告を行った。なお、道徳教育については、第1章「日本教育の目的と内容」のなかの「道徳と倫理」のところで次のような見解を示している。

> 近年日本の學校で教へられる修身の學科は、従順な公民が目標とされた。忠義心を通して取締るこの努力は、周知の如く社會の支持者すべてによつて支えられ、非常な効果があるのが分かつたので、遂にその方法は邪悪なる目的と同一視されるまでに至つた。それ故修身科は停止された。然し民主主義的制度は、他のものと同様に、自己の精神に連れ添はせ之を永續させる一つ

の倫理を要求する。それに妥當する徳目は教えられることが出来るし、また學校に於ても他所に於ると同様に教へられるべきものである。
（国際特信社 訳『米国教育使節団報告書 マックアーサー司令部公表』国際特信社、昭和21年、p17）

この見解では、日本の修身教育の利点や成果に一定の評価を与えながらも、その教育的働きかけが民主主義とは違う考え方に適用され、その結果表出した諸状況により占領軍総司令部が停止という判断を下したということを述べている。

我々は、日本が實際に民主主義に進むならば、民主主義的倫理が教へられるものと考へるのである。その教へ方の様式は、平和を知らされ民主主義を指向することをのみを條件として、我々は日本人に委ねる。
だが、若し倫理學が單一にして分離した學科として教へわれるものとすれば、我々は次の事項を勸めたい。（一）眞正の平等に合致する日本の習慣を、學科の内容として保存するやう凡ゆる努力がなされること。（二）日常のやり取りに發揮される良き競技精神は、その適用を可能ならしめる組織機構をも含めて、比較的に學ばれ、教へられること。（三）日本の存在する仕事の種類は何でもあれ、また熟練の實踐が達成した精神的満足は何でもあれ、これは學科課程の中で稱揚さるべきである。
（国際特信社 訳『米国教育使節団報告書 マックアーサー司令部公表』国際特信社、昭和21年、p20）

上記は道徳教育に関するものであるが、アメリカ教育使節団の報告書の内容は、日本の教育の目的や内容だけではなく、教育行政や教師教育などにもおよぶものとなっている。そして、そこに示された基本理念は、アメリカが唱える民主主義をベースにした平和国家建設の思想である。この点から、本節の冒頭で述べた「四大教育指令」に比べると前向きで積極的な措置といえるであろう。

なお、戦前の日本の教員養成においては、聖職としての高い意識は有しているものの、画一的な教授方法に固着し融通のきかない、いわゆる“師範タイプ”の教員が大量に生み出されたが、同報告書では「授業と教師の教育」において教師の現職教育のあり方などに言及しており、そこでは教師の自由な教育活動が推奨されている。

アメリカ教育使節団の報告書は戦後日本の学校教育の形成に具体的な方向づけとなったが、その一方で同報告書発表の翌月には、文部省から「新教育指針」が発表された。「新教育指針」は総司令部の指導により数度の修正を経て、教師のための手引書として発表されたものであり、その内容は次のような構成になっている。

前編（新日本建設の根本問題）	後編（新日本教育の重点）
1 日本の現状と国民の反省	1 個性尊重の教育
2 軍国主義および極端な国家主義の除去	2 公民教育の振興
3 人間性、人格、個性の尊重	3 女子教育の向上
4 科学的水準および哲学的・宗教的教養の向上	4 科学的教養の普及
5 民主主義の徹底	5 体力の増進
6 平和的文化国家の建設と教育者の使命	6 芸能文化の振興
	7 勤労教育の革新

（文部省『新教育指針』昭和 21-22 年に基づいて筆者が作成）

日本の戦後新教育の指針として発表された「新教育指針」は、翌 1947（昭和 22）年からはじまる新学制による教育の準備として進められたため、学習指導要領ができるまでの期間（昭和 21 年 5 月～昭和 22 年 2 月）教師のための手引きとなった。

ここで道徳教育の状況に目を向けると、同指針後編の第 2 章「公民教育の振興」で、次のように述べている。

> ……このやうな教育を受け持つ科目に古くから「修身」があつた。それは本来、主として個人の内面的な道徳的信条に關するものであつて、正善を求める心をのばし、良心の要求にしたがふ態度を養ふことを目あてとしてゐた。しかし實際の社會の仕組みや移り行きの中で、行動をさせるといふ點からみると、「修身」だけではなほ物足りないところがあつた。（文部省『新教育指針』、昭和 21-22 年、p67）

総司令部の勧告によって修身・歴史・地理の授業は停止に追い込まれていたが、勧告の内容に「暫定的教材ノ準備ヲ目的トスベシ」と付記されていたことから、勧告が教科の廃止を意味していたものではなかった。こうした状況を背景に、この動きと並行して、文部省は教科書づくりをすすめ、1946年6月には暫定教科書により地理の授業が再開され、同年9月には『くにのあゆみ』(小学校)、『日本の歴史』(中学校)などの発行が許可され国史の授業も再開されることとなった。

さらに、「修身」に代わって徳育を施す新教科の教科書についても、文部省は『国民学校公民教師用書』と『中等学校・青年学校公民教師用書』を1946年10月に刊行した。これら教師用書の内容については、文部省と総司令部とのあいだに見解の相違がみられたが、結局文部省側の主張(「修身」については暫定教科書を作成せず教師用書の作成に代える)が承認され刊行にこぎつけた。しかし、翌47年の社会科発足によってこれら教師用書は活用されることはなかったのである。こうして、道徳教育は新学制の発足に伴って新設された社会科のなかで行うこととあわせて、学校の教育活動全体を通じて施す全面主義が採り入れられることとなった。

＜公民教育刷新委員会設置～公民教師用書刊行までの動き＞

1945年

11月　公民教育刷新委員会を設置

12月　GHQ「修身・日本史および地理の授業停止と教科書回収」を勧告

1946年

2月　「修身、国史及ビ地理教科用図書ノ回収ニ関スル件」を通達

3月　アメリカ教育使節団来日/「報告書」発表

5月　文部省が教師のための手引書「新教育指針」を発表

6月　GHQが学校地理科目再開に関する覚書提示(暫定教科書による地理の再開)

10月　GHQ「国民学校の日本歴史の授業再開を許可する覚書」を提示
文部省『国民学校公民教師用書』『中等学校・青年学校公民教師用書』刊行

3　社会情勢の変化による道徳教育への問題提起

アメリカ占領軍の対日政策は、アメリカ合衆国の国家目的に基づく要素も少なからず有していた。このことから、その国家目的が変更されれば、当然のごとく対日占領政策にも影響がおよぶこととなった。日本において、教育基本法が公布されたのは1947（昭和22）年3月31日であるが、アメリカではそれより以前の3月12日にアメリカ合衆国大統領トルーマンにより「トルーマン・ドクトリン」が明らかにされた。トルーマン・ドクトリンは「共産主義封じ込め政策」ともいうべきもので、この動きを発端として、アメリカではいわゆる反共産主義に基づく冷戦政策がしだいに具体化の様相を呈していった。

この時期、日本では戦後新教育構想に基づく、学制改革や教育行政の民主化、子どもの生活経験を重視する教育形態がかたちづくられようとしている状況にあった。しかし、その新教育の進む方向はアメリカ占領軍の思惑を受けて、当初掲げられていたものから転換せざるを得なくなったのである。1947年以降、日本を冷戦におけるアメリカ側の拠点とする見方は検討されていたが、翌48年の1月にアメリカの陸軍長官ロイヤルが対日占領政策の目的のひとつとして

> 日本自身を自立させるだけでなく今後極東において起こるかもしれないいかなる全体主義戦争の脅威に対しても、その防壁としての役割を果たしうるのに足るだけの強力で安定した自足的民主主義を日本に確立すること
> （青木孝寿、家永三郎『日本史資料 第2巻』東京法令出版、昭和48年、p164）

と表明したことにより、その意図がより明確になった。こうして、1949年になると行政整理や企業整備の強行、さらに赤色教職員追放へと展開し翌50年にかけておよそ2000人の教職員が職場を追われた。

日本共産党やその支持者らに対するレッド・パージが断行されるなかで1951年に発足した第3次吉田茂内閣は、首相の私的諮問機関である「政令諮問委員会」の答申をふまえて法体制を一新することとなる。具体的な動きとしては、1952年7月の「破壊活動防止法」および「保安庁法」の公布

を経て、その後警察予備隊の増強から保安隊の創設を行った。そして、1954年にはアメリカより「相互防衛援助協定」による軍事援助を受けて「自衛隊」（陸上・海上・航空）を発足させ、事実上の再軍備に踏み切ったのである。ここで学校教育の動向をみてみると、アメリカの対日政策転換により51年以降は次のような展開をみせる。

1951年　文相の天野貞祐が「国民道徳実践要領」の提唱により、天皇を中心とする愛国心の高揚を説く

1953年　池田ーロバートソン会談を経て学校教育の内容に対する国家統制を強化し教育行政の中央集権化を志向

1954年　教育の中立性の確保を意図する視点から教育二法（「教育公務員特例法の一部を改正する法律」「義務教育諸学校における教育の政治的中立の確保に関する臨時措置法」）を公布

1956年　「教育委員会法」を廃して「地方教育行政の組織および運営に関する法律」を公布（教育委員の公選制を任命制に変更、文部大臣の教育行政上の権限を強化）

こうしてアメリカの対日政策の転換によって日本の政治、社会の保守化が急速に進んでいった。このような動きは、戦後の民主化政策や国民主権の具体化に逆行するものであったため「逆コース」と呼ばれ国民のあいだから非難する声があがった。

4 「道徳の時間」特設と学校の役割

戦後の新教育構想による学校の道徳教育は、社会科や各教科あるいは教科外の教育活動も含めた学校の教育活動全体を通じて行われていたが、その教育的効果は十分なものとは言えない状況が指摘されていた。学校の徳育をめぐるこのような情勢のなかで、文部省は道徳教育振興策の一環として、1951（昭和26）年に「道徳教育のための手引書要綱」を公表し、全面主義による道徳教育の体制に則って徳育を組織的に進めていくという基本的方針を再確認した。

しかし、翌52年12月、岡野文相は、社会科において系統的知識の教授

が不十分であり、また徳育も十分に行われていないとして、教育課程審議会に対して道徳教育、地理、歴史についての諮問を行い、社会科の改善と道徳教育の不十分さを訴えた。この見解は、社会科に含まれていた地理と歴史を教科として独立させようとするものであり、この延長線上に道徳教育が教科となる可能性が浮上したのである。

こうして、教育課程審議会は53年8月7日「社会科の改善に関する答申」を行い、おおむね新教育の基本方針を支持することを明らかにした。これにより社会科解体への意図は否定されたが、新しい社会科については「道徳教育に確実に寄与するようにその指導計画および指導法に改善を加えることは重要なことである」と述べ、これまで不十分であった道徳教育的要素を社会科の内容として取り入れるように見直しをはかった。そして、中学校の社会科についても「中学校における地理や歴史の系統的知識を重視すること」として、社会科における総合的なカリキュラムの解体を企図した。

同月22日、文部省は「社会科改善についての方策」を発表した。その内容に示された見解は、これまでの社会科や道徳教育の立場を尊重しながらも、「公共に尽す」「国を愛する」といった表現が登場し、「基本的人権の尊重」「批判的精神の確立」といった表現が姿を消している。社会科の変容の背景には、前節で述べたように、教育の中立性確保に関する教育二法（1954）や、教育委員任命制成立、教科書の検定強化（1956）といった教育行政の中央集権化傾向の進展があった。そして、この影響は道徳教育にもおよぶこととなる。具体的な動きは、学習指導要領の告示化（1958）にあわせるかたちで方策が練られた。

松永文相は、全面主義道徳教育と道徳的指導に特化した授業枠を設けて指導する必要があるのではないかという認識のもと、1957（昭和32）年9月「小・中学校の教育課程改善について」を教育課程審議会に諮問して、新しい国際情勢のなかでの日本人の育成を主眼として道徳教育の充実・徹底を目指す教育課程の改善を掲げた。そして、文相からの諮問を受けた教育課程審議会は、同年11月小学校と中学校に「道徳の時間」を特設するこ

表3　小学校の各学年における授業時数（1958年9月施行）

区分	第1学年	第2学年	第3学年	第4学年	第5学年	第6学年
国語	238（7）	315（9）	280（8）	280（8）	245（7）	245（7）
社会	68（2）	70（2）	105（3）	140（4）	140（4）	140（4）
算数	102（3）	140（4）	175（5）	210（6）	210（6）	210（6）
理科	68（2）	70（2）	105（3）	105（3）	140（4）	140（4）
音楽	102（3）	70（2）	70（2）	70（2）	70（2）	70（2）
図画工作	102（3）	70（2）	70（2）	70（2）	70（2）	70（2）
家庭					70（2）	70（2）
体育	102（3）	105（3）	105（3）	105（3）	105（3）	105（3）
道徳	34（1）	35（1）	35（1）	35（1）	35（1）	35（1）

※上記の数字は、たとえば「道徳」第1学年⇒年間34単位時間（週1回の授業）というふうにみる

（文部省『学制百年史』により筆者が作成）

とを決定し翌58年3月「小学校・中学校教育課程の改善について」と題する最終答申を行ったのである。文部省は、この答申に基づいて「小学校、中学校における『道徳』の実施要領について」を通達し、4月1日からこれを実施することにした。

学習指導要領の告示は10月1日になされたが、それに先立って新年度のはじまりと同時に「道徳の時間」を特設させることにしたのである。なお、学習指導要領はこの1958年版学習指導要領から文部大臣「告示」となり、法的拘束力を有するものとなった。こうして「道徳の時間」は、学校の教育活動全体を通じて行う道徳教育を補充・深化・統合するための時間となり、小・中学校における道徳教育の充実が期待されたのである。

5　道徳教育の進展と教科化への道筋

「道徳の時間」は1958年版学習指導要領の告示（10月1日）に先行するかたちで4月1日から実施されたが、同時にこの教育状況を補完する動き

も進められていった。同年9月には、学校教育法施行規則が一部改正され「道徳の時間」は、教育課程の一領域となった。そして、小学校と中学校の「学習指導要領道徳編」の公示もなされ、「道徳の時間」の目標、内容、指導計画の作成および指導上の留意事項などが明らかにされたのである。こうして、道徳教育は「学校の教育活動全体を通じて行う」という従来の基本方針とともに、学校における徳育の充実化をはかるためその目標や内容を明確にし「道徳の時間」とあわせて児童・生徒への道徳教育を計画的かつ継続的に行うこととした。

なお、「道徳の時間」については

①他の教育活動における道徳教育と密接な関連を保ちながら、これを補充、深化、統合する

②読み物や教師の説話、視聴覚教材等の教材を用いてさまざまな方法により指導する

③教科書は用いない

④学級担任が指導を担当する

といったことを指導の特色として掲げ、児童・生徒が自己の道徳性において内面的自覚を深められるようにしたのである。

文部省は「道徳の時間」の設置後、道徳教育趣旨徹底講習会や指導者養成講習会の開催、指導書等の刊行、道徳教育推進校の指定、道徳教育テレビ放送の企画等により「道徳の時間」の指導をより良くするための方策を講じることとなった。そして1968（昭和43）年の学習指導要領の改訂では「教育課程における道徳の位置付けの維持」や「学校における道徳教育の役割や『道徳の時間』の性格を一層明確にする」ことなどを基本的な方針として改善をはかった。その後も学習指導要領の改訂にあわせるかたちで道徳教育の充実強化を企図した。

＜学習指導要領にみる道徳教育充実化のポイント＞

1977（昭和52）年版　「道徳的実践の指導の徹底」「道徳的実践力の育成」

1989（平成元）年版　「豊かな体験を通して内面に根ざした道徳性や望ましい人間関係の育成をはかる」「生命に対する畏敬

の念と主体性のある日本人の育成」

1998（平成10）年版　「体験活動などを通じての道徳的実践の充実」「道徳的価値の自覚を深める」

2008（平成20）年版　「道徳教育推進教師を中心とした徳育の体制づくり」

2017（平成29）年版　「道徳的価値を自分の事として理解する」「多面的・多角的に深く考えたり、議論したりする道徳教育」

道徳教育が「道徳の時間を要として学校の教育活動全体を通じて行う」ものであることは、従前から変わっていなかったが、政府が掲げた教育再生というテーマのなかに道徳教育のあり方が課題の一つとして取り上げられたことで、状況に変化がみられることとなった。

たとえば、下村博文文科大臣が2014（平成26）年2月中央教育審議会に諮問した「道徳に係る教育課程の改善等について」は、道徳の教科化への具体的な方向づけになったといえよう。以下にその内容の一部を示す。

> ……我が国の道徳教育を全体として捉えると、歴史的な経緯に影響され、いまだに道徳教育そのものを忌避しがちな風潮があることや、教育関係者にその理念が十分に理解されておらず、効果的な指導方法も共有されていないことなど、多くの課題が指摘されており、期待される姿には遠い状況と言わざるを得ません。
>
> …道徳教育の抜本的な改善を実現するためには、教育課程における道徳教育の位置付けについてより適切なものに見直すことが必要と考えます。このため、道徳教育の要である道徳の時間について、「特別の教科 道徳」（仮称）として制度上位置付け、充実を図ることについて、専門的・具体的な御検討をお願いします。

こうして、道徳の教科化への審議が進められた結果、2015年3月に至り文部科学省は、学校教育法施行規則の一部を改正する省令および道徳に関連する小・中学校、特別支援学校小・中学部の学習指導要領を一部改正する告示を行ったのである。この措置により、道徳教育に関する内容は「特別

の教科 道徳」として学習指導要領に明記されることとなった。なお、「特別の教科 道徳」は小学校が2018年度、中学校は19年度から全面実施されている。

＜参考文献＞

- 文部省『学制百年史』1972年。
- 新堀通也編『道徳教育』（講座現代教育学9）福村出版、1978年。
- 勝部真長・渋川久子「道徳教育の歴史：修身科から『道徳』へ」玉川大学出版部、1984年。
- 神保信一・宇井治郎『新道徳教育の研究』自由書房、1991年。
- 貝塚茂樹『戦後教育改革と道徳教育問題』日本図書センター、2001年。
- 片桐芳雄・木村元『教育から見る日本の社会と歴史』八千代出版、2008年。

（はまの・けんいち）

第6章　学校における道徳教育

第1節　道徳科を要とした道徳教育

1　これまでの経緯と今後の課題

(1) 教科化に係る提言、報告、答申等

よりよい道徳性の育成を目指す道徳教育について、江川登は、「その要となる道徳の教科化は、過去にも数回議論に上ったところではあるが、実現には至らなかった。しかし、今回は『いじめ』等の社会的な問題や変化の激しい社会を取り巻く環境のなかで、子供たちが、答えが一つでない問題に向き合い、『考え、議論する道徳』に取り組む中で、自立した人間としてよりよく生きようとする意志や能力を育むことを目的として、約60年に及ぶ道徳教育の大きな転換となった」と述べている[(1)]。

教科化に係る提言、報告、答申等について、以下に述べる。

- 2013（平成25）年2月26日、教育再生実行会議「いじめ問題等への対応について（第1次提言）」、教科化の発議
- 2013（平成25）年6月28日、いじめ防止対策推進法制定
- 2014（平成26）年10月21日、中央教育審議会答申（「特別の教科　道徳（以下、道徳科とする）」として位置づける、検定教科書の導入）
- 2015（平成27）年3月27日、学校教育法施行規則及び小学校学習指導要領一部改正告示（「道徳」を「特別の教科である道徳」とする）
- 2015（平成27）年度～2017（平成29）年度　移行期間
- 2016（平成28）年11月18日、文部科学大臣メッセージ「いじめに正面から向き合う『考え、議論する道徳』への転換に向けて」
- 小学校は2018（平成30）年度、中学校は2019（平成31）年度に道徳科全面実施。高等学校は2022（令和4）年度より年次進行で実施。

(2) 今後の課題

教科化によって、道徳の授業はどう変わるのか。課題は「道徳科で『主体的・対話的で深い学び』の実現を図る」、「教科書を使う」、「評価」の3点である。さらに、学習指導要領解説　総則編において、「学びに向かう力、人間性等の涵養」について、「児童（生徒）一人一人がよりよい社会や幸福な人生を切り拓いていくためには、主体的に学習に取り組む態度も含めた学びに向かう力や、自己の感情や行動を統制する力、よりよい生活や人間関係を自主的に形成する態度等が必要となる。これらは、自分の思考や行動を客観的に把握し認識する。いわゆる『メタ認知』に関わる力を含むものである」と示されている。この資質・能力を育むためには、人格形成に関わる道徳科こそ、魅力的で楽しい授業を実現しなければならない。

永田繁雄は、「混迷の今こそ向き合うべき道徳教育の五つの課題」として、「ウイズコロナの状況下で私たちがすべきことは何か。（略）今、考えたいことは、主として次の5点である」と述べている[(2)]。

課題1…現在の課題を捉え、学校として更なる重点化と特色化を図る
課題2…教科書を軸に多彩な教材を生かして、課題に向き合う学習にする
課題3…「自分事」の学びを「納得解」につなぐ追求型授業にする
課題4…学びの場を柔軟に描き出し、ハイブリットな学習を実現する
課題5…学校全体で指導体制や評価の在り方を入念に共通理解する
（出典：永田繁雄「道徳教育の一体的な力で次世代に生きる子どもを育てる」　月刊日本教育令和2年11月1日号№502　公益社団法人日本教育会　p.12より、引用）

道徳科の重要課題、「見方・考え方」を働かせる鍵は、教科用図書の活用にある。児童生徒に「この教材で何を考えさせるのか」を明確にするため、教師は「教科書を読み込む」必要がある。鈴木健二は、「道徳が教科化され、いまの教師が身に付けなければならない力が2つあります。それは、『教科書活用力』と『教材開発力』です。この2つの力が相乗効果を発揮して、魅力的な道徳授業づくりができるようになるのです」と述べている[(3)]。

2 「読み取り道徳」から「考え、議論する道徳」への質的転換

(1) 道徳科における「主体的・対話的で深い学び」の実現

吉田成章は、「今回の教育改革が、旧来の『学力』向上政策と決定的に違うのは、『学力』（≒知識）を向上させることではなく、『資質・能力』を育成させることに重点が置かれている点である」と述べている[(4)]。

また、奈須正裕は「すべての子供を優れた問題解決者にまで育て上げる（下線は、筆者による）。これが資質・能力を基盤とした教育が目指すところです。（略）これらの問いに対する理論的・実践的な挑戦が、今まさに世界各国で精力的に進められているのです」と述べている[(5)]。

兵庫県教育委員会・道徳教育実践推進協議会による指導資料の中で、「主体的・対話的で深い学び」の実現を図る道徳科授業について、下記のとおり、述べている[(6)]。

> 道徳科においては、発達の段階に応じ、答えが一つではない道徳的な課題を一人一人の児童生徒が自分自身の問題と捉え、向き合う『考える道徳』、『議論する道徳』へと転換を図る必要があります。（略）
>
> 具体的には、授業の中で自分の考えを発表し合い仲間の考えを聴いたりする『他者との会話』や、心の中で仲間の考えと自分の考えを比べたり内省したりして自分自身と真剣に向き合うこと（「自己内対話」）を通して、自分の考えを発展させ、自己の生き方や人間としての生き方について、さらに考えを深める『対話』のある授業が実践できるよう研修等が進められています。
>
> この『対話』のある授業は、新学習指導要領で求められる『主体的・対話的で深い学び』の実現につながるものです。

教育基本法第２条第１号は、教育の目的として「豊かな情操と道徳心を培う」ことを規定している。道徳教育の要である道徳科は、社会生活における様々な課題、人権教育、市民性教育、公民科の「公共」や「倫理」などと同じ基底にあり、児童生徒の「生きる力」を根本で支えるものである。

(2) 幼保小中高等学校における「道徳教育のイメージ」

表 1-1

<table>
<tr><td colspan="3">道徳科における見方・考え方（ここがポイント！）
様々な事象を、道徳的諸価値の理解を基に自己との関わりで（広い視野から）多角的・多面的に捉え、自己の（人間としての）生き方について考えること</td></tr>
<tr><td rowspan="4">道徳教育目標・学校教育全体等</td><td>高等学校</td><td>◎道徳教育は、教育基本法及び学校教育法に定められた教育の根本精神に基づき、（中学校までの道徳的価値の理解を基に）人間としての在り方生き方を考え、主体的な判断の下に行動し、自立した人間として他者と共によりよく生きるための基盤となる道徳性を養うことを目標とする。
◎学校教育全体の中核的な指導場面を特別活動及び公民科（「公共」「倫理」）と捉えるとともに各教科等で全ての教員が実施する。※「公共」は共通必修科目、「倫理」は選択科目</td></tr>
<tr><td>中学校</td><td>◎道徳教育は、教育基本法及び学校教育法に定められた教育の根本精神に基づき、人間としての生き方を考え、主体的な判断の下に行動し、自立した人間として他者とともによりよく生きるための基盤となる道徳性を養うことを目標とする。</td></tr>
<tr><td>小学校</td><td>◎道徳教育は、教育基本法及び学校教育法に定められた教育の根本精神に基づき、自己の生き方を考え、主体的な判断の下に行動し、自立した一人の人間として他者と共によりよく生きるための基盤となる道徳性を養うことを目標とする。</td></tr>
<tr><td>幼稚園等</td><td>幼児期の教育は、生涯にわたる人間形成の基礎を培う重要なものであり、幼稚園教育は、学校教育法に規定する目的及び目標を達成するため、幼児期の特性を踏まえ、環境を通して行うものであることを基本とする。</td></tr>
</table>

文部科学省「道徳教育のイメージ」より、引用
https://www.mext.go.jp/a_menu/.../08/.../1408677_3.pdf

(3)「主体的・対話的で深い学び」の実現を図る道徳科授業

何のために、主体的・対話的で深い学びの実現を図るのか。「何ができるようになるか」という児童生徒に必要な資質・能力を育成するためである。そのためには、「何を学ぶか」という学習内容と、「どのように学ぶか」という学びの過程を組み立てていく授業改善が必要である。

何ができるようになるか（変容「伸び」すること）	資質・能力の三つの柱（「知識及び技能の習得」「思考力、判断力、表現力等の育成」「学びに向かう力、人間性等の涵養」）
何を学ぶか (学習内容)	子どもたちに求められる資質・能力を踏まえた学習内容のこと
どのように学ぶか (どんな学びの過程)	主体的・対話的で深い学びの実現を図るための、学びの過程を組み立てて改善すること

道徳科における主体的•対話的で深い学びの実現に向けた授業改善とは、一斉指導やグループ学習等の手法や技術等の改善、型の実践の必要性を教えることではない。これまでの中心であった「何を学ぶか」という指導内容にとどまらず、「考え、議論する道徳」(どのように学ぶか)「主体的な判断に基づいた道徳的実践ができる」(何ができるようになるか) を見据えた道徳科の授業改善が求められる（下線は、筆者による)。(ここがポイント！)

資質・能力三つの柱	道徳科で育成する資質・能力
・知識及び技能	道徳的諸価値についての理解
・思考力、判断力、表現力等	物事を多面的・多角的に考え、自己（人間として）の生き方についての考えを深める
・学びに向かう力、人間性等	よりよく生きるための基盤となる道徳性、自己を見つめ、自己の生き方についての考えを深める

道徳科で育成する資質・能力は、道徳教育全体計画、道徳科年間指導計画、道徳科学習指導案に位置づけるとともに「指導と評価の一体化」を図り、「見方・考え方」を働かせ、より道徳性を養わなければならない。

3　高等学校における道徳教育

(1)　高等学校における道徳教育の重要性

文部科学省は、「高等学校における道徳教育は、人間としての在り方生き方に関する教育の中で、小・中学校における道徳科の学習等を通じた道徳的諸価値の理解を基にしながら、自分自身に固有の選択基準・判断基準を形成していく（下線は、筆者による）」と述べている(7)。秋山博正は、高等学校の道徳教育の要点について、以下のとおり、述べている。

> 第１に、道徳教育の目標は道徳性の育成にある。
> 第２に、高等学校における道徳教育は「人間としての在り方生き方に関する教育」によりその充実を図る。
> 第３に、道徳教育は学校の教育活動全体を通じて行う。
> 第４に、道徳教育は教科等のそれぞれの指導場面の特質に応じて、適切な指導を行う　の４点である。
> （出典：中等教育資料令和元年５月号　秋山博正「高等学校における道徳教育の推進」 p. 16）

ア　「校訓・学校教育目標」を生かした道徳教育の推進（ここがポイント！）

高等学校の道徳教育は、既に実践している各教科・科目、総合探究、特別活動や部活動などの特質に、多くの道徳的価値が含まれている。つまり、現在行われている全ての教育活動に道徳的視点を加えることで、育成すべき資質・能力を明確にし、道徳教育全体計画・年間指導計画を作成する。道徳教育推進教師を置く（任命する）。また、広く公開し学校評価を行う。

イ　現代的課題と「主体的・対話的で深い学び」の実現（ここがポイント！）

いじめ・情報モラル・自殺予防、選挙権年齢の引き下げ、障害者理解（心のバリアフリー）、LGBT などの社会生活の課題解決への取り組みを、公民科の「公共」や「倫理」及び特別活動を中核的な指導場面として、「人間としての在り方生き方の考えを深める学習」へと向き合うことが、道徳的価値を育てる「主体的・対話的で深い学び」の実現につなげる。

(2) 各教科・科目等における人間としての在り方生き方に関する教育

高等学校における人間としての在り方生き方に関する教育は、学校の教育活動全体を通じて各教科・科目、総合的な探究の時間及び特別活動のそれぞれの特質に応じて実施するものである（解説 p. 182）。

表 1-2

	人間としての在り方生き方に関する教育の内容
公民科	・「公共」では、内容の「A「公共」の扉」の「(2) 公共的な空間における人間としての在り方生き方」 ・「倫理」では、内容の「A 現代に生きる自己の課題と人間としての在り方生き方」の「(1) 人間としての在り方生き方の自覚」
特別活動	・ホームルーム活動の内容 (1) ホームルームや学校における生活づくりへの参画 (2) 日常の生活や学習への適応と自己の成長及び健康安全 (3) 一人一人のキャリア形成と自己実現」 ・生徒会活動では、全校生徒が、自発的、自治的な活動を通して、人間関係形成や参画態度に係る道徳性を身に付ける。 ・学校行事では、よりよい人間関係の形成、自律的態度、心身の健康、協力、責任、公徳心などに関わる道徳性の育成を図る。
総合探究	・主体的に判断して学習活動を進めたり、(略) 他者と協調して生活しようとする資質・能力の育成は道徳教育につながる。
各教科・科目	国語科、地理歴史科、数学科、理科、保健体育科、芸術科、外国語科、家庭科、情報科、理数科などの見方・考え方を働かせ、多面的・多角的な思考を身に付け、道徳性の育成に資する。
いじめ防止等	いじめ問題は教科化の背景にある。高等学校では、生徒自身が主体的にいじめの問題の解決に向けて行動できるような集団を育てるべきである。この問題については、p. 168〜170、p. 189 に再掲する。

（出典）高等学校学習指導要領（平成 30 年度）解説総則編平成 30 年 7 月より、引用

(3) 東京都立高等学校における設定教科「人間と社会」

東京都は、2016（平成28）年4月より、これからの社会で必要な力を養う重要な教科として、人間としての在り方・生き方に関する新教科「人間と社会」を開発し、体験活動や演習を取り入れ、道徳教育とキャリア教育の一体化を図った教育活動を全ての都立高校に必履修教科とした。

ア　「人間と社会」の目標

道徳性を養い、判断基準（価値観）を高めることで、社会的現実に照らし、よりよい生き方を主体的に選択し行動する力を育成する。

イ　新教科「人間と社会」の学習活動

○授業時間数　週当たり1単位時間　年間35単位時間（1単位）以上
○授業の構成　「演習」による学習　16単位時間　使用教科書の4テーマ以上
　　　　　　　アクティブ・ラーニング形式を活用
○評価　数値評価ではなく文章記述による評価

ウ　使用教科書の各章の構成

学習の流れ	①導入・単元の基本的内容に関する学習	②形成された判断基準を高める学習	③人生の諸場面を想定し、選択・行動する力を育成する学習・まとめ
学習活動と内容	・生徒への問いかけ テーマ全体に関する生徒の興味・関心を高める。 ・問いかけに対する事例や回答 基礎的内容を精選、テーマに関する内容理解を促進する。 ・生徒への問いかけ 意見交換を行い、テーマに対する自分の考えや思いをまとめる。	・コラム テーマに関する様々な価値に気付くよう意見交換を行う。 ・議論 テーマに関する自分の考えや思いを価値に照らし手考察し、意見交換を通して価値観を高める。	・ケーススタディ それぞれが高めた価値観に基づき、さらに、、択・行動する力を高める。 ・考察 冒頭の質問を、再度考察することで、高めた価値観の定着を図る。 ・本章で考えること これからの自分の生き方を考えることを通して、、択・行動する力を育成する。 ・学習の視点 各単元の学習内容を統合する。

（出典）学校設定教科「人間と社会」の設置と使用教科書についてより、引用
www.metro.tokyo.lg.jp/tosei/.../press/.../20q2c600.pdf

エ　東京都立若葉総合高校平成30年度「人間と社会」年間授業計画

表 1-3

※配当時間の丸数字は、体験活動の時間である。

月	指導項目	指導内容	評価計画	配当時間
1年次 4月	第1章　人間関係を築く 〈演習・事前指導〉	○1年次に実施する「人間と社会」に関する全体ガイダンスクラス別に行う。 ○プロジェクトアドベンチャーの手法を用いたアクティビティに学ぶ。	〈演習〉については、出席状況、課題・レポートの提出及びその内容で評価する（課題意識・主体的な取り組み）。 （主体的な取り組み・意識行動変容・貢献）	3
	第2章　選択し行動する 〈演習〉	○不安や失敗の経験から、よりよい選択と行動とは何かを考える。 社会的職業的自立を育むための体験活動		1 ⑥
5月	第1章　人間関係を築く 〈演習・事後指導〉	○プロジェクトアドベンチャーの手法を用いたアクティビティ及び振り返りを通して、人間関係の構築方法を選択し行動することの大切さを理解する。		
（略）	（略）	（略）	（略）	（略）
2年次 4月	第2章　学ぶことの意義 〈演習・事前指導〉	○「高校生活で大切な事」「高校生活で学ぶべきこと」について考える。	〈演習〉については、出席状況、課題・レポート及びその内容で評価する。（課題意識・主体的な取り組み） （主体的な取り組み・意識行動変容・貢献）	4
6,7月 7,8月	第11章　支え合う社会 〈演習〉	①学術・文化・芸術又はスポーツの振興を図る活動 〈体験活動〉 ●稲城市内の小中学校に呼びかけ、合同練習会を開催し、小中学生の指導に当たる。		③
（略）		（略）	（略）	（略）
配当時間合計				35

（出典）東京都立若葉総合高校平成30年度人間と社会年間授業計画より、引用
www.metro.ed.jp/wakabasogo-h/site/.../000206909.pdf

(4) 組織的なつながりをもつ道徳教育（総合単元的道徳学習）

小中高校での総合単元的な道徳学習は、重点目標の特定の道徳的価値に関わりのある学習や豊かな体験を中核に据え、数ヶ月単位で計画された指導計画である。ここでは、宝仙学園中学・高等学校（東京都中野区にある中高一貫校）が、道徳的価値として「十善戒」「感応の心」をキーワードに、「生徒主体」の活動を展開し自立した学習者を育成することを目指した実践例を紹介する。渋谷牧人教諭は、「幼小中高大学の実行委員会が企画運営を行う「宝仙祭」において、第 4 学年の各学級は、招聘したゲストティーチャー（プロの劇団員）と一緒に取り組んだ。演劇発表当日までに起きた様々な課題を主体的に解決していく様子が見られた」と述べている[8]。

【単元・題材構想図　中学高校 1〜5 年生までの実践例　時期 7 月〜10 月】

目指す生徒像　「生徒主体」のよさを生かした「自立した学習者」の創造

表 1-4　【各教科・学校行事での取り組み】

「生徒主体」の活動を通して、「在り方生き方」を育む

各教科・科目等　　公民科　　特別活動・総合探究　　生徒会活動・学校行事

≪国語科≫　≪高校 5 年アメリカ研修旅行≫　≪宝仙祭≫
中学読書プレゼン　スタンフォード大学体験　本部設置（企画・運営）
B(9)相互理解、寛容　A(4)希望と勇気　C(12)社会参画、公共の精神

中学≪理数インター科≫　中学≪理数インター科≫
小中交流授業　宝仙祭での自然災害等への対策
A(5)真理の探究・創造　C(15)よりよい学校生活、集団生活の充実

≪中学英語科≫　≪ホームルーム≫
1 年英語スピーチ　4 年演劇発表
A(3)向上心、個性の伸長　A(1)自主、自律、自由と責任

≪高校英語科≫　≪学級活動≫　≪ホームルーム≫
5 年英語プレゼン　クラス T シャツづくり　模擬店
A(3)向上心、個性の伸長　B(8)友情、信頼　B(6)思いやり、感謝

≪道徳学習≫単元名「C(15)よりよい学校生活、集団生活の充実」
題名「プロの劇団員から学ぼう！」宝仙祭のステージ部門の参加クラスがプロの劇団員の指導を受け、成長できたことをともに考える。

（出典）石黒真愁子著『道徳にチャレンジ』日本文教出版　2019 年 10 月 10 日　p. 111

第2節　道徳科の学習指導と評価

1　考え、議論する「道徳科」への授業改善

(1)「求められる資質・能力三つの柱」と道徳科授業（ここがポイント！）

新しい道徳科授業へ向けた方向性とは、学校での学びが社会生活に根ざした学びであり、児童生徒の道徳性の学校段階等間の接続が重要である。

表2-1

《道徳科の特質》

> 道徳科は、児童一人一人が、ねらいに含まれる一定の道徳的価値についての理解を基に、自己を見つめ、物事を多面的・多角的に考え、自己の生き方についての考えを深める学習を通して内面的資質としての道徳性を主体的に養っていく時間である。
> （小学校学習指導要領解説　特別の教科　道徳編 P75）

《道徳科の見方・考え方》

> 「様々な事象を、道徳的諸価値の理解を基に自己との関わりで（広い視野から）多角的・多面的に捉え、自己の（人間としての）生き方について考えること」

《目指す学習》

> 「子供たち自身が人間としてよりよい生き方を求め、生きていく上で必要な事柄（道徳的価値）について自分の問題として考え、学んだ内容を現在及びこれからの生活において生かしていく」ために、子供たちが主体となって学び合える学習。
> （埼玉県小学校教育課程指導・評価資料 P235）

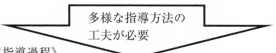

多様な指導方法の
工夫が必要

《多様な学習指導過程》

> ・読み物教材の登場人物への自我関与が中心の学習指導
> ・問題解決的な学習指導
> ・道徳行為に関する体験的な学習指導
> 　また、特別活動等における多様な実践活動や体験活動も道徳科の授業に生かすようにすること。（小学校学習指導要領　特別の教科道徳 P171）

（出典）『埼玉県小学校教育課程指導・評価資料（道徳）』より、引用。平成29年3月

(2) 道徳科の授業改善

児童生徒が主体的に相手の意見を取り入れ自分の考えを高め合い、多面的・多角的な「見方・考え方」を深め、道徳的価値を自分のこととして当事者意識を育むためには、生徒が主体となって学び合える授業づくり、特に、児童生徒と教師の信頼づくり、学習環境、校内研修が必要である。

ア　特別に配慮を要する児童生徒

発言や記述が苦手な児童生徒や発達障害等のある児童生徒、海外から帰国した児童生徒、外国籍や外国にルーツのある児童生徒など、一人一人の置かれている状況に配慮した指導と評価を行うことが、多様性という観点からも教師に求められる。

イ　主体的・対話的で深い学び〜「考え、議論する道徳」を目指して〜

道徳科において、「どのように学ぶか」に対応するのが、「主体的・対話的で深い学び」の実現を図る学習過程の工夫改善につながる。

	学習内容の工夫	学習活動の工夫
主体的な学び	・問題意識を持つ ・自分自身との関わりで考える ・自らを振り返る	・生徒一人一人の実態把握 ・意図的指名 ・個人で考える場の工夫
対話な学び	・協働、対話 ・多面的・多角的に考える ・学級経営の充実	・教員や地域の人との対話 ・価値理解、人間理解、他者理解 ・多様な意見を認め合う
深い学び	・問題状況を把握 ・道徳的な問題を自分事として捉え、議論し、探究する過程を重視 ・多様な指導方法を工夫	・読み物教材の登場人物への自我関与が中心の学習 ・問題解決的な学習 ・道徳的行為に関する体験的な学習

(出典)『埼玉県中学校教育課程指導・評価資料（道徳)』より、引用。平成29年3月

(3) 道徳科における質の高い多様な指導方法

以下に示す指導法はあくまでも例示である。さまざまな指導方法を組み合わせることにより児童生徒の道徳性を育むことができる。

ア　読み物教材の登場人物への自我関与が中心の学習

表 2-2

<table>
<tr><td colspan="2">ねらい</td><td>教材の登場人物の判断や心情を自分との関わりで多面的・多角的に考えることなどを通して、道徳的価値の理解を深める</td></tr>
<tr><td rowspan="3">授業展開例</td><td>導入</td><td>教師の話や発問を通して本時に扱う道徳的価値へ方向づける。</td></tr>
<tr><td>展開</td><td>教材を読んで、登場人物の判断や心情を類推することを通して、道徳的価値を自分との関わりで考える。
(教員の主な発問例)
・どうして主人公は、○○という行為を取ることができたのだろう（またはできなかったのだろう）。
・主人公は、どういう思いをもって△△という判断をしたのだろう。</td></tr>
<tr><td>振り返り</td><td>授業を振り返り、道徳的価値を自分との関係で捉えたり、それらを交流して自分の考えを深めたりする。</td></tr>
<tr><td colspan="2">終末</td><td>教員による説話。本時を振り返り今度どのように生かすか考える。道徳的価値に関する根本的な問いに対し、自分なりの考えをまとめる。ワークシートに記入し振り返る。</td></tr>
<tr><td colspan="2">指導方法の効果</td><td>子どもたちが読み物教材の登場人物に託して自らの考えや気持ちを素直に語る中で、道徳的価値の理解を図る指導方法として有効的。</td></tr>
<tr><td colspan="2">指導上の留意点</td><td>教師に明確な主題設定がなく、指導観に基づく発問でなければ、「登場人物の心情理解のみの指導」になりかねない。</td></tr>
</table>

(出典)「特別の教科　道徳」の指導方法・評価等について（報告）より、引用

イ　問題解決的な学習（ここがポイント！）

表 2-3

<table>
<tr><td colspan="2">ねらい</td><td>問題解決的な学習を通して、道徳的な問題を多面的・多角的に考え、児童生徒一人一人が生きる上で出会う様々な問題や課題を主体的に解決するために必要な資質・能力を養う。</td></tr>
<tr><td rowspan="3">授業展開例</td><td>導入</td><td>教材や日常生活から道徳的な問題を見つける。</td></tr>
<tr><td>展開</td><td>グループでの話し合いなどを通して、道徳的問題や道徳的価値について、多面的・多角的に考え、議論を深める。
(教員の主な発問例)
・ここでは何が問題になっていますか。
・どうすれば◇◇（道徳的価値）が実現できるのでしょう。
・同じ場面に出会ったら自分ならどう行動するでしょう。</td></tr>
<tr><td>探究のまとめ</td><td>問題を解決する上で大切にした道徳的価値について、なぜそれを大切にしたのかなどについて話し合いなどを通じて考えを深める。問題場面に対する自分なりの解決策を選択する中で、実現したい道徳的価値の意義への理解を深める。
考えた解決策を身近な問題に適用し、自分の考えを再考する。
問題の探究を振り返って、新たな問いや自分の課題を導き出す。</td></tr>
<tr><td colspan="2">終末</td><td>教員による説話。本時を振り返り今度どのように生かすか考える。道徳的価値に関する根本的な問いに対し、自分なりの考えをまとめる。ワークシートに記入し振り返る。</td></tr>
<tr><td colspan="2">指導方法の効果</td><td>出会った道徳的な問題に対処しようとする資質・能力を養う指導方法として有効。</td></tr>
<tr><td colspan="2">指導上の留意点</td><td>明確なテーマ設定。
多面的、多角的な思考を促す「問い」の設定。
上記「問い」の設定を可能とする教材の選択。
議論し、探究するプロセスの重視。</td></tr>
</table>

（出典）「特別の教科　道徳」の指導方法・評価等について（報告）より、引用

ウ　道徳的行為に関する体験的な学習（ここがポイント！）

表 2-4

ねらい		役割演技などの疑似体験的な表現活動を通して、道徳的価値の理解を深め、様々な課題や問題を主体的に解決するために必要な資質・能力を養う。
授業展開例	導入	日常生活で、大切さが分かっていてもなかなか実践できない道徳的行為を想起し、問題意識をもつ。
	展開	道徳的価値を実現する行為に関する問題場面の提示：価値が実現できない状況が含まれた教材で、何が問題になっているのかを考える。 (問題場面の役割演技など) ペアやグループを作り、実際の問題場面を役割演技で再現し、登場人物の葛藤などを理解する。
	道徳的価値の意味考察	役割演技や道徳的行為を体験し、それらの様子を見ることをもとに、多面的・多角的な視点から問題場面や取り得る行動を考え、道徳的価値の意味や実現に大切なことを考える。 同様の新たな場面を提示して、取りうる行動を再現し、道徳的価値や大切なことを体感し、問題解決を見通す。
終末		教員による説話。本時を振り返り今度どのように生かすか考える。道徳的価値に関する根本的な問いに対し、自分なりの考えをまとめる。ワークシートに記入し振り返る。
指導方法の効果		心情と行為とをすり合わせることにより、無意識の行為を意識化することができ、様々な課題等を主体的に解決するために必要な資質・能力を養う指導方法として有効。
指導上の留意点		明確なテーマ設定。心情と行為との齟齬や葛藤を無意識させ、多面的・多角的な思考を促す問題場面の設定。 上記問題場面の設定を可能とする教材の選択。

（出典）「特別の教科　道徳」の指導方法・評価等について（報告）より、引用

2　道徳科の評価

(1) 道徳科の評価方法（ポイント！）

校長および道徳教育推進教師を中心に、組織的・計画的に校務分掌の道徳部会や学年会議、校内研修会等を通して、道徳科の評価方法を共有する。さらに、日常的に授業を交流し合い、全教師の共通理解を図る。また、児童生徒の自己評価力・他者評価力を高める質の高い指導力を育む。

ア　ポートフォリオ評価

1年間の成長の軌跡が見える道徳ノートや感想文、ワークシートなどをファイリングしたもの（ポートフォリオ）から、学習状況や道徳性から見た成長の様子を見取る。問題解決的な学習に有効である。

イ　パフォーマンス評価

一定の課題を設定し、学習の効果、その課題解決に対してどのような状況に至ったかを評価する。また、解決にどの程度達成できているか（達成度評価）を判断する「ルーブリック評価」を行うことによって、発表や発言などによる深い学びを評価できる。

ウ　エピソード評価

児童生徒の行動や発言の様子を日常的に見取った特記事項を教師のノートにエピソードとして記録し蓄積した結果を分析して評価する。児童生徒一人一人の長所が見えてくる。

エ　チームによる評価

道徳科の評価は担任が行うが、信頼性を高めるには複数の教員で見取っていく。児童生徒の学習状況や道徳性に係る成長の様子を多面的・多角的に把握することができ、評価の改善の観点からも有効である。

オ　授業記録

授業中の評価方法として、授業のアンケートや振り返り、聞き取りやインタビュー、発言、挙手、道徳ノートや道徳ファイル、ワークシートの記入状況、役割演技等の動作化を伴う表現活動への参加意欲、ペアグループ・クラス全体での話合いの態度や意欲なども加える。

(2) 通知表の所見（ここがポイント！）

通知表は、各学校が独自に行っており、国として様式の例示は示していない。現在は、指導要録の様式に対応した内容を学期ごとに通知するのが一般的である。学級担任には、児童生徒及び保護者に分かりやすい表現で伝え、信頼関係を深め、学校生活を豊かにしていく機会である。

ア　道徳性そのものを評価した記述

（改善しなければならない文例）

> 思いやりについての学習では、手を差し伸べる思いやりと見守る思いやりを比べながら考えていました。この学習を通して、人を思いやるやさしい心情が育ったと思います。

【ポイント】◎内面的資質である道徳的心情（判断力や態度も同じ）が育ったかどうかは容易に判断できない。

⇩

（改善した文例）

> 思いやりについての学習では、手を差し伸べる思いやりと見守る思いやりの二つを比べながら話合い、相手の立場を考え見守る思いやりがあることに気付きました。

イ　他の児童生徒と比較した評価を思わせる記述

（改善しなければならない文例）

> 他の子に比べて発言は少ないですが、他の子よりじっくり考えています。ノートを見ると友だちの考えのよいところを取り入れ、考えを深めていることが分かります。

【ポイント】◎子どものマイナス面を強調し、他の子と比べたりしない。
◎一人一人の子どものよさを認め励ます個人内評価を行う。

⇩

（改善した文例）

> 道徳科の学習では、登場人物の立場になり、自分の考えを発表するようになってきました。また、ノートには、今の自分の課題や自分にとって大切なことをまとめていました。

（出典）大分県公立学校教頭会「特別の教科　道徳の指導と評価について」より、引用

ウ　専門的な教育用語を使った記述

(改善しなければならない文例)

どの授業においても、教材の登場人物に自我関与し、多面的・多角的に考えることにより、道徳的価値の自覚を一層深めることが出来ました。

【ポイント】◎子どもや保護者など、誰が読んでも理解できるような、平易な言葉を使用するよう心掛ける。

⇩

(改善した文例)

どの授業においても、教材の登場人物と自分を重ねながら学習に取り組み、自分の課題や自分にとって何が大切かを考えていました。

エ　道徳科に特質に応じた学習状況ではなく、どの教科にも当てはまるような記述

(改善しなければならない文例)

挙手の回数や発言も多く、学習への積極さを感じます。また、発言だけではなく、ノートの記述も丁寧で、とても見やすく整理されています。

【ポイント】◎指導者自身が道徳科の学習の特質（2つの着眼点で子どもの学習状況を把握する）を理解出来ていないと思われる。

⇩

(改善した文例)

道徳科の学習では、授業の終わりに今の自分を振り返ったり、これからの自分を思い描いたりしながら、自分の考えをもつようになってきました。

オ　所見に、具体的な事例として盛り込みたい要素（例）

本当の友だちとはどんな存在なのか 考える学習では　⇒　［A学習場面］（どんな学習活動の場面なのか） 運動会で友だちと助け合った経験を 思い出しながら話合い　⇒［B学習状況］（どのような学びをしたのか） 一緒にいて楽しいという考えから、認め励まし合う関係であると考えを広げることが出来ました。⇒［C学びの高まり］（どんな良さがあったのか）

（出典）大分県公立学校教頭会「特別の教科　道徳の指導と評価について」より、引用

第3節　道徳科学習指導案の作成

「考え、議論する道徳科」へと質的転換を図るための学習指導案作成においては、「どのように学ぶか」に対応するために、「主体的・対話的で深い学び」の実現を図るための道徳科学習指導案を作成しなければならない。

1　学習指導案作成の手順や留意点（ここがポイント！）

学習指導案は、主題のねらいを達成するために、児童生徒がどのように学んでいくのかを十分に考慮し、何を、どのような順序、方法で指導し、評価し、さらに指導に生かすのかなど、学習指導の構想を一定の形式に表現したものである。形式は、特に決まった基準はない。

表3-1

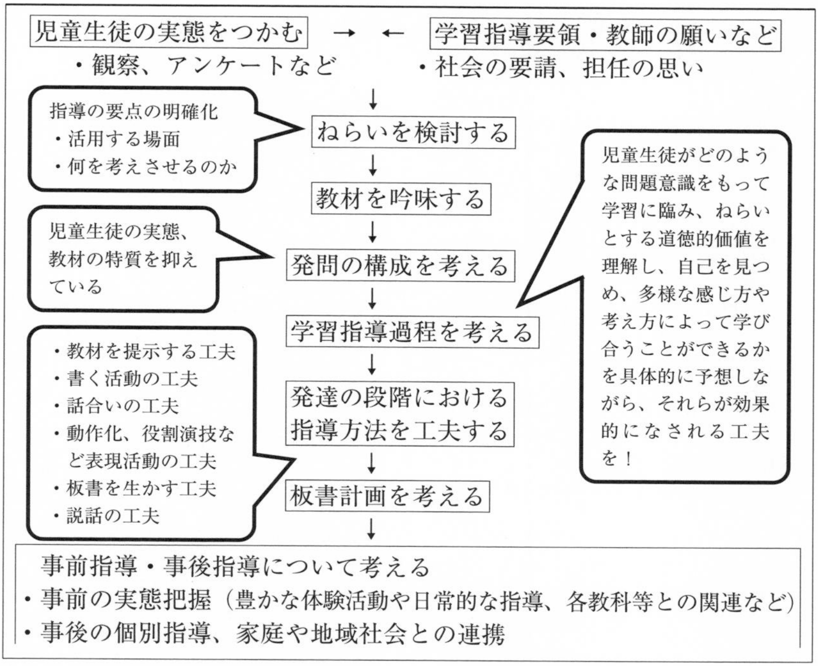

出典：広島県教育委員会「道徳教育研修ハンドブック」平成29年3月より、引用

(1) 道徳科学習指導案の作成事例

○年○組道徳科学習指導案

令和○年○月○日（○）第○校時
○○市立○○小学校
○年○組男○女○、計○名
授業者　教諭　○○　○○

1　主題名「勤労の喜び」（C　13勤労）

内容の明確化、簡潔な表現にする。年間指導計画における主題名を記述する。

2　ねらい　・年間指導計画を踏まえて記述する。
教材名　・「○○○○」（出典）を明らかにする。

3　主題設定の理由

(1) ねらいや指導内容について（主題観、道徳的価値観）
・学習指導要領を踏まえて、ねらいや指導内容について教師の捉え方を記述する。
・学習指導要領解説（特別の教科　道徳編）の第2節内容項目の指導の観点、内容項目の概要及び指導の要点を参考にする。

(2) これまでの学習状況及び児童生徒の実態について（児童生徒観）
・ねらいとする道徳的価値に関連する児童生徒のこれまでの学習状況や実態、教師の願いを記述する。
・記述に当たっては、児童生徒の肯定的な面やさらに伸ばしていこうとする観点から捉える。

(3) 教材の特質や活用方法について（教材観）
・使用する教材の特質を記述する。　・教材を生かす具体的な活用方法を記述する。

4　学習指導過程
・導入、展開、終末の段階に区分する。
・児童生徒の学習活動、主な発問と予想される児童生徒の反応、指導上の留意点、指導の方法、評価の視点などを指導の流れに即して記述する。

◎導入
・ねらいとする道徳的価値への方向付けや主題に関わる問題意識や教材の内容に興味･関心をもたせる。

◎展開
・児童生徒が多様な考え方や感じ方に接することができるように、他者と対話し協働することによって、学び合う。
・価値理解、人間理解、他者理解を深め、更に自分で考えを深め判断し表現する力を育む。
・自分自身の生き方をじっくりと見つめ、夢と希望をもったり生き方の課題を考えたりする。

◎終末
・道徳的価値に対する思いや考えをまとめ、実現することのよさや難しさなどを確認する。
・学習を通して考えたことや新たに分かったことを確かめる。
・学んだことを更に深く心にとどめたり、これからへの思いや課題について考えたりする。

5　他の教育活動との関連
特に関連のある教育活動や体験、日常生活との関連、事前や事後指導の工夫などを記述する。

6　評価の観点
・一方的な見方から、物事を多面的・多角的な見方へと発展しているか（様子）。
・道徳的な価値の理解を、自分自身との関わりの中で深めているか（様子）。

7　板書計画

8　資料

（出典）埼玉県小学校教育課程編成要領第一部（概要編）平成30年年3月より、引用

(2) 具体的な「学習指導過程」の作成事例（ポイント！）

表 3-2

段階	学習活動	主な発問と予想される児童生徒の心の動き（◎中心発問）	指導上の留意点（☆評価の観点）
導入	1課題意識を持つ。 ［ねらいとする価値に気付く。／発問　1問］	○これまでに～したことはありませんか。 ○今日は、～について考えていきましょう。 ［※見通しをもって主体的に考え、学ぶことができるように工夫する。］	○～を提示し、本時の主題への学びに向かう力を高め、課題意識を持たせる ［▶アンケート結果の提示 ▶絵や写真、実物の提示等］
展開前段	2教材□□を読んで、話し合う。 (1) ～の時の△△の気持ちを考える。 (2) ～の時の、▲▲の気持ちを考える。 (3) △△が～した時の理由を考える。 (4) △△のしたことについて考える。 ［教材や生活体験などを生かしながら、ねらいとする道徳的価値を多面的・多角的にとらえ、追及・把握する］	［基本2～3問、中心1問］ ○　△△（主人公）は、どんな気持ちで～したのでしょう。 ・… ○　▲▲（他の登場人物）は、△△のことをどう思ったでしょう。 ・… ◎　△△は、どんな考えで～したのでしょう。 ［中心発問が分かるようにする。］ ○　△△のしたことをどう思いますか。どうすべきだったのでしょう。 ［予想される児童生徒の発言を類型化して板書する。］ ［※児童生徒の実態と教材の特質を押さえた発問構成を工夫する。 ※他者の考えと比べ自分の考えを深めるような展開となるようにする。 ※一人一人が意欲的で主体的に取り組むことができるよう表現活動や話し合い活動を仕組む。］	○場面絵やキーワードを提示することで、教材の内容を把握しやすくする。 ［▶スライド、紙人形等の活用 ▶繰り返し提示、部分提示 ▶場面絵の提示　　等］ ○ワークシートを活用することで、自分の考えをまとめさせる。 ○グループ活動を取り入れ、多様な考え方に触れることで、自分の考えを検討し、本時のねらいへ迫らせる。 ［▶書く活動 ▶役割演技、動作化 ・ネームプレートの活用 ・グループでの話し合い］ ［左の各段階の学習活動に対応して、ねらいに迫るための具体的な手立てを記述する。 ※～するために…する。 ※…することにより、～させる。 ※○○な児童生徒には、…する。 ※○○については、…を伝えて揺さぶる。］

展開後段	3今までの自分を振り返る。 ［自分の生活を振り返り、現在の自分の価値観に気付く］	○今まで～したことはありませんか。どんな気持ちでしたか。 ［※体験を通して感じたことや考えたこと、また日常の具体的な事柄を話題にするなど、教材に描かれた道徳的価値を自分の問題として受け止めて、深く自己を見つめることが可能になるよう発問を工夫する。］	写真を提示し、▲▲体験活動をした時の気持ちを想起することで、自分の生活を振り返らせる。 ［▶共通体験の想起 ▶写真や VTR の提示 ▶私たちの道徳 ▶書く活動　　等］
終末	4本時のまとめをする。 5私たちの道徳ｐ○を開く。 ［学習の整理・まとめをする。］	○今日の学習や自分自身を振り返って、考えたことを書きましょう。 ［児童生徒のまとめ例…どんなことを感じて欲しいのか、児童生徒の言葉として記述する］ ○今日の勉強で思ったことを浮かべながら、私たちの道徳○ページをを開きましょう。 ［指導のねらいとの関わりにおいて、児童生徒の動きの変化などを様々な方法で捉え、指導方法の改善に生かす。］	○自分のこれまでの生活と重ねて考えさせることで、考えの深まりを自覚させ、自分の生き方につなげさせる。 ☆～することの大切さに気付くことができる。（発言、ワークシート） ○私たちの道徳を読むことで、本時のねらいとする道徳的価値への実践意欲を高める。 ［・教員の説話・GT の活用 ・ことわざ、格言 ・写真や VTR の提示等］

（出典）「改訂版　道徳教育研修ハンドブック」広島県教育委員会　平成29年3月より、引用

(3) 児童生徒の思考を促し、本音を引き出す「発問」（ポイント！）

思考を促す発問について、石黒真愁子は、「教師は話合いのコーディネーターとして、話合いの重層化を図る発問により、児童生徒が多面的・多角的に物事を見つめながら自己内対話を深め、本音で語り合うことができるよう促すことが大切です」と述べている(9)。

ア　「基本発問」では、価値の把握を効果的にするため、中心発問の前後におく発問である。教材の流れや生活経験に照らして発問する。

イ　「中心発問」では、考えを深めたり、広めたりする。例えば、「なぜ、そう思ったの？」（根拠を問う）など、問い返しにより、深い学びを促す。

ウ　「補助発問」では、思考を掘り下げる発問である。

（出典）石黒真愁子著『道徳にチャレンジ』日本文教出版　2019年10月10日　p. 68

(4) 学習指導案例①【読み物教材の登場人物への自我関与が中心の学習】

表 3-3　第6学年○組　道徳科学習指導案

令和○年○月○日（○）第○校時
○○市立○○小学校
授業者　教諭　○○○○○

1　主題名　謙虚な心、広い心で　内容項目〔B　相互理解・寛容〕
2　ねらい　主人公に自分を重ねて考え、話し合うことを通して、謙虚な心を持つことの大切さを理解し、広い心で相手の立場や考えを受け止めようとする態度を育てる。
　教材名「友とのトラブル」（出典：「彩の国の道徳」（高学年）『夢に向かって県教委 H22.2』）
3　主題設定の理由
(1) ねらいや指導内容について
　小学校5学年及び6学年の指導の観点は、「自分の考えや意見を相手に伝えるとともに、謙虚な心を持ち、○○」である。—略—
(2) これまでの学習状況及び児童の実態について
　本学級の児童は、1学期の全校遠足の話し合いの際、思いが強いあまりに自分の考えと違う相手の意見を受け入れないことや一方的に相手を責めてしまうことがあった。しかし、2学期の運動会やおまつりなど、—略—生かしながらクラスをまとめていくことで達成感を味わえた。
(3) 教材の特質や活用方法について
　本教材は、「加奈」が携帯電話に振り回され、自分の都合だけで行動してしまう話である。本学級の児童の実態を受け、主に次の場面を中心に話し合うこととする。—略—
①唯の話を聞こうともせず、加奈が怒っている場面
　ここでは、—略—　加奈の気持ちに共感させる。
②亜由美が加奈を訪ねて来た場面
　ここでは、—略—　気付いていたのか考えさせる。
③「わたし、唯の家まで行ってくる」と言って、家の前まできた場面
　ここでは、—略—　接することの大切さについて考えさせる。
　以上の理由から、本主題を設定した。

4　学習指導過程

段階	学習活動・主な発問	予想される児童の発言	指導上の留意点 ☆評価の視点
導入	1相手の都合で破られた時の気持ちを発表する。 ・遊ぶ約束を相手の都合で破られたら、許せる？許せない？ 許せる？許せない？	(許せる) ・突然、用事ができることもあるから仕方がない。 (許せない) ・約束したのに許せない。	・身近に起こりそうな出来事について尋ね、ねらいとする道徳的価値について問題意識がもてるようにする。 ・自分の考えを自由に発表できる雰囲気をつくる。

展開	2教材「友とのトラブル」の読み聞かせを聞き、加奈の心の変化を中心に話し合う。 (1) 唯のことが許せないでいる加奈はどんな気持ちでしょう。 (2) 亜由美の話を聞いて、加奈はどんなことを考えたでしょう。 (3) 唯の家の前に立ち、呼吸を整えている加奈はどんな気持ちでしょう。	・1時間も遅れてくるなんて許せない。 ・遅れてくるなら、連絡してくれればいいじゃない。 ・遅れてきた唯が悪いんだから謝らい。 ・唯の話を聴こうともしないで一方的に起こってしまった。 ・謝りに行こう。 ・唯にきちんと謝ろう。 ・唯の気持ちも考えずに怒ってしまった。 ・唯の話を聴いて謝ろう。	・加奈の気持ちになって問題意識をもちながら範読が聴けるような言葉がけをする。 ・携帯電話を手にし、相手の都合も考えずに感情的に怒っている加奈の気持ちに共感させる。 ・グループで話し合い、多様な考えを引き出す。唯の気持ちを考えずに行動してしまったことに気づいていく加奈の姿から、広い心で相手を受け入れることの大切さを考えさせる。 ☆揺れ動く加奈の心の内を話し合う中で、加奈に対して自分の考えを表出している。 ・父の言葉の重み―略―
	3今までの自分を振り返り、よりよい生き方を考える。 ・友達と分かり合うためにはどんなことが大切なのでしょう。	・自分のことだけではなく、相手のことも考えて行動することが大切だ。 ・みんなが自分と同じ気持ちではない。色々な人の考えを聴くことが大切だ。	・書く活動を取り入れ、自分自身をじっくりと見つめさせることによって、ねらいとする道徳的価値についての自覚を深めさせる。 ☆これまでの自分を振り返りながら相手の立場や考えを大切にする意義について考えている。
終末	4校長先生の話を聞く。		・広い心をもち謙虚に行動していこうという意欲がもてるように余韻をもって終わりにする。

5　他の教育活動との関連　―略―

6　評価の視点

【物事を多面的・多角的に考えている様子】

・主人公に自分を投影しながら考え、話し合っている。

【道徳的価値についての理解を自分との関わりで深めている様子】

・謙虚な心をもち相手の立場や（略）自分との関わりで考えている。

7　板書計画　―略―

8　資料

（出典）埼玉県小学校教育課程編成要領第一部（概要編）、p. 173～174、平成30年3月

(5) 学習指導案例②【問題解決的な学習】

表 3-4　第 1 学年○組　道徳科学習指導案

令和○年○月○日（○）第○校時
○○市立○○中学校
授業者　教諭　○○○○○

1　主題名　思いやりの心　　内容項目〔B　思いやり、感謝〕
2　ねらい　「優しさ、思いやり」とは何かを考え、話し合うことを通して、相手の立場や気持ちに配慮した思いやりについて理解し、自他共にかけがえのない人間であることを自覚して生きようとする態度を養う。
　教材名「母の誘い」（出典：「彩の国の道徳」中学校『自分を見つめて』」（埼玉県教育委員会）
3　主題設定の理由
(1) ねらいと指導内容について
「温かい人間愛の精神を深め、他の人々に対し思いやりの心を持つ。」ことをねらいとしている。思いやりの心は、自分が他に能動的に接するときに必要な心のあり方であり、他の人の立場を尊重しながら、親切にし、いたわり、励ますという生き方に現れる。思いやりの心の根底には、人間尊重の精神に基づく人間に対する深い理解と共感がなければならず、このように考えれば、思いやりの心は、単なる憐れみと混同されるべきものではないことがわかる。（略）指導に当たっては、単に思いやりの大切さを気づかせるだけではなく、根本においても自分も他者も、共にかけがえのない存在であるということをしっかり自覚できるようにすることが大切である。
(2) これまでの学習状況及び生徒の実態について　—略—
(3) 教材の特質や活用方法について
　本教材は、母の生き方から「優しさ」の心をもって人に接することのできる人間になりたいと考え、人のために尽くし、働くことが大好きな中学生彩香を主人公とした話である。（略）
「思いやり」とは自分ならこうしてほしいだろうなと思った自分の「思い」を相手に届けることで、決して一方的なものでも独りよがりのものでもなく、相手の立場に立って「したい」という「思いやり」だと気づく。それまでの彩香の心の内を考えさせ、話し合いを深めていきたい。
　以上の理由から、本主題を設定した。

4　学習指導過程

段階	学習活動・主な発問	予想される生徒の発言	指導上の留意点 ☆評価の視点
導入	1 教材「母の誘い」の読み聞かせを聞き、道徳的な問題を見つける。 「優しさ、思いやり」とは何だろう。		・道徳的な問題を明らかにすることで、どの生徒も同じように問題意識をもつことができるようにする。
	2 道徳的な問題について話し合う。 (1) 主人公が考えている「優しさ、思いやり」とは、どのようなもの	・困っている人に手を差し伸べること。 ・誰かに何かしてあげる	・「私がこんなに拓哉君のためにやってあげているのに…」の言葉に着目させる。

展	だったのだろうか。 （補助発問） 主人公にとって、優しさや思いやりをもって相手に接することのよさは何だろう。	こと。 ・人のために尽くしたり、働いたりすること。 ・相手に喜んでもらえること。	・心が満ち足りなかった原因を話し合わせる。
開	(2) 院内学級や特別養護老人ホームで、主人公の優しさが通用しなかったのはなぜだろうか。	・相手にとっては、必要でなかったり、迷惑だったりすることだったから。 ・相手の状況を考えずに行動したから。	・支援する相手の立場にちゃんと受け止めて活動していなかったことからくる違和感等を話し合わせる。 ☆主人公の言動について、登場人物それぞれの立場から考え話し合っている。
	(3) 自分の考えが通用しなかったと感じている主人公は、母の話を聴いて何どんなことに気付いたのだろうか。 (4)「本当の優しさ、思いやり」とは何か話し合う。 「本当の優しさ、思いやり」とは何だろう。	・「してあげている」、という気持ちと「したい」という気持ちでは、違うということ。	・「してあげている」、「したい」の違いを押さえながら話し合わせる。 ・話合いの論点をまとめながら生徒の自己解決を支援する。 ・「優しさ、思いやり」とは何かをグループやクラス全体で話し合う。 ☆「優しさ、思いやり」は、自己中心的なものでなく、相手の状況や立場を慮った上での感情であることを自分なりの言葉で表出している。
終末	3まとめ 本時を振り返り、本時で学習したことを今後どのように生かしていくか考え、道徳ノートに書く。		・グループでの話合い等を通して考えた、「優しさ、思いやり」について、道徳ノートに書かせる。

5　他の教育活動との関連　―略―

6　評価の視点　―略―

【物事を多面的・多角的に考えている様子】

【道徳的価値についての理解を自分との関わりで深めている様子】

7　板書計画　―略―

8　資料

（出典）埼玉県中学校教育課程編成要領第一部（概要編）、p. 166〜167、平成30年3月

(6) 学習指導案例③【情報モラルを扱った体験的な学習】

表 3-5　第２学年○組　道徳科学習指導案

令和○年○月○日（○）第○校時
○○市立○○中学校
授業者　教諭　○○○○○

1　主題名　立場の違いを受け入れる　　内容項目〔B　相互理解、寛容〕

2　ねらい　寛容や謙虚について、多様な考え方を基に多面的・多角的に捉え直すことを通して、立場の違う考えを尊重し受け入れることの大切さを理解し、謙虚な態度を育てる。

教材名「言葉の向こうに」（出典：「私たちの道徳」（文部科学省）

3　主題設定の理由

(1) ねらいや指導内容について

人間が他者との関係の中で生きていくためには、自分の意見を適切に伝えることはもちろん、他者の個性を尊重し、それを謙虚に寛容の心で受け止めることが必要である。最近はスマートフォンの普及により、それに派生する問題も数多く起こっている。—略—

(2) これまでの学習状況及び生徒の実態

本学級の生徒は、各教科や特別活動において、話し合いを多く取り入れているので、自分の意見を素直に発表したり、異なる意見を受け入れたりすることができている。しかし、インターネットの世界では、やはり寛容さが弱まったことによる、SNS におけるトラブルの指導が何度かあった。—略—

(3) 教材の特質や活用方法について

この教材は、インターネットの世界で、普段の生活では得られない友人を得ているが、ちょっとした意見の食い違いから、寛容さを欠いた発言を書き込み、トラブルになるという話である。主人公が中学生であることや、日常的によくある問題をテーマにしているので、主人公に共感しやすい教材である。—略—

以上のことにより、本主題を設定した。

4　学習指導過程

段階	学習活動・主な発問	予想される生徒の発言	指導上の留意点 ☆評価の視点
導入	1インターネットや SNS などでトラブルになったことはないか話し合う。	・書き込みをしてトラブルになったことがある。 ・相手からの返信が怖いと感じたことがある。 ・スマートフォンをもっていないので詳しくは知らない。	・スマートフォンなどを持っていない生徒もいるので、簡単に説明する。実際にあった例などを用いて、生徒に課題意識をもたせる。
展	2課題を設定する。 インターネットの世界でトラブルを起こさないためには、どんな心が必要か。 ・教材の読み聞かせを行う。 3課題について話し合う。 (1) A 選手に批判的なユーザーとの論争の中で、加奈	・顔が見えないので言葉も悪くなる。 ・反論したい。 ・頭にくる。わざわざファ	【課題設定】1時間を貫く課題を設定し、課題を追求することで、ねらいに迫るようにする。 ・主人公の動きに注目させて読み聞かせをする。 ・匿名であることが原因であると気づかせる。 ・A選手に批判的なユーザーに対して怒りを抑えられ

開	子はどのような気持ちだったのだろうか。 （補助発問） 顔を合わせた討論だったら、ここまで言うだろうか。 (2) 注意された気持ちは？ (3) 言葉の向こうにある？ (4) 使う上で大切な事？ 4どうしたらよいか	ンサイトに悪口を書き込まなくてもいいのに。 ・相手がいることを忘れないことが大切。 ・自分ならどうするのか、役割演技をどのように行うか話し合いながら、発表する。	ず、ヒートアップする加奈子の気持ちに共感させる。 ・グループで話し合う。 ☆役割演技をどのように行うか。 ☆寛容の心を行為に表すとどうなるかという視点で行うようにする。
終末	5これからの生き方について、道徳ノートに書こう。	テーマとの関わりで自己を見つめ直す。	☆今までとこれからの生き方を考えている。

5　他の教育活動との関連

事前指導	・特別活動における、携帯電話やSNSに関する指導
道徳科	・教材名「言葉の向こうに」
事後指導	・「SNS教室」
過程との連携	・保護者会等で、SNSの使い方について啓発を行う。

6　評価の視点

【物事を多面的・多角的に考えている様子】
・課題の解決に向け、様々な視点から寛容や謙虚について考え話し合っている。

【道徳的価値についての理解を自分との関わりで深めている様子】
・寛容や謙虚であることの大切さを理解し、これからの自分の生き方を見つめている。

7　板書計画　―略―

立場の違いを受け入れる
月　日（　）
1トラブルになったことはないか。
2トラブルを起こさないためには、どんな心が必要か。
3課題について話し合う　加奈子はどんな気持ちだったのだろうか。
4ファンサイトに悪口を書き込まなくてもいいのに。
5顔を合わせた討論だったら、ここまで言うだろうか。
6まとめ

8　資料

（出典）埼玉県小学校教育課程編成要領第一部（概要編）、p. 168～170、平成30年3月

2　学習指導案作成における評価の観点（ここがポイント！）

ア　教科化された道徳科の評価の考え方

道徳科に係る指導要録（指導の過程や結果の公的原簿）、通知表（学習や生活の記録等を児童生徒や保護者に通知する）の評価は、道徳性の成長の様子の記録として同一であるが、通知票は個人面談や三者懇談を通して児童生徒との温かなふれあいに広がるきっかけ、保護者との信頼構築、児童生徒の次の成長につながるものにしなければならない。なお、指導要録の「総合所見」欄または「行動の記録」欄には、学校生活の中で見られた児童生徒の道徳的実践（行動等）を記述する。

イ　道徳科の評価の視点（2つの着眼点。ここがポイント！）

道徳科の評価は、道徳教育推進教師のリーダーシップの下、児童生徒の学習状況や道徳性に係る成長の様子を、観点別評価ではなく個人内評価として丁寧に見取り、年間や学期といった一定の大くくりなまとまりの中で、児童生徒の学習状況や道徳性に係る成長の様子を把握し、記述で表現する。

①一面的な見方から多面的・多角的な見方へと発展しているかどうか。

・道徳的価値に関わる問題に対する判断の根拠やその時の心情を様々な視点から捉え考えようとしている。
・自分と違う立場や感じ方、考え方を理解しようとしている。
・複数の道徳的価値の対立が生じる場面において取り得る行動を多面的・多角的に考えようとしている。

②道徳的価値の理解を自分自身との関わりの中で深めているかどうか。

・読み物教材の登場人物を自分自身に置き換えて、自分なりに具体的にイメージして理解しようとしている。
・現在の自分自身を振り返り、自らの行動や考えを見直している。
・道徳的価値を実現することの難しさを自分事として、考えようとしている。

（出典）学習指導要領解説第5章第2節2(2)より、引用

第4節　道徳科を要とした道徳教育（実践事例）

1　宮城県大崎市立長岡小学校の実践事例に学ぶ

小・中学校全体で行う道徳教育について、校長の方針の下、道徳教育推進教師を中心に、全体計画を作成することとされている。全体計画は学校における道徳教育の基本的方針を示すとともに、学校の教育活動全体を通して、道徳教育の目標を達成するための方策等を総合的に示す教育計画である。本学学生の教育実習校であったご縁から、宮城県大崎市立長岡小学校（以下、長岡小学校という。）の実践事例を学ぶこととする。先ず、すべての学校教育活動に位置づけられる道徳教育の視点から、長岡小学校メッセージ「自己有用感と自己肯定感の育成」について、以下に紹介する。

> 自己有用感と自己肯定感の育成について、「是非、育ててもらいたいと思うことの一つが自己肯定感です。この自己肯定感とは、自分の良さを認める感情です。自分を大事に思う心がなければ、他の人への思いやりも生まれません。この自己肯定感の育成は、まず「自分は役に立っている」という感情が不可欠です。学校での行事や係活動や当番、委員会等、そして家庭でのお手伝いにより、自分への有用感が高まります。
> 幼保小中の連携もこの力の育成に取り組むことを一つの柱にしていきます。（令和2年度大崎市立長岡小学校ホームページより、引用）

長岡小学校は、学校教育目標を「人間尊重の精神を基盤にして、豊かな心をもち、物事を主体的に判断し、明るく健康で、自分らしさを発揮できる児童の育成」とし、その具現化を図る基本的姿勢を「**命を大切にする子どもを基本に**」と明確に示している。この学校経営方針、姿勢が教育への信頼につながり、道徳性の育成につながっているものと推察する。

(1)　道徳教育に関わる「行動目標」

長岡小学校は、学校教育目標の具現化を図るための、学校経営方針である【豊かな心の育成】では、「学級づくり」を中心とした「みんなのために、気づき、考え、実行する心を育てる」とし、児童像を「思いやりがあり、助け合う子ども」と掲げている。このように、豊かな心の育成を重視した教育活動を、指導と評価の一体化の視点から捉え直し、具体的な行動目標として、9項目掲げている。このことは、児童・地域・保護者に分かりやすく、学校・家庭・地域一体で生活の中に取り入れられる優れた方策である。

（9つの具体的な行動目標）

①みんなのために進んで仕事をする子ども ②友だちとかかわり合い、協力する子ども ③あいさつや返事ができる子ども ④自分で課題を見つけ解決しようと、よく考える子ども ⑤自分の意見や考え発表する子ども ⑥人の話をしっかり聞き、しっかり話す子ども ⑦互いに認め合い、チャレンジする子ども ⑧目標に向かって最後までがんばる子ども ⑨約束を守って、元気に遊ぶ子ども

（2）道徳教育の指導内容

9項目の行動目標を実現するために、徳育部は、「思いやりがあり、助け合う子ども」（豊かな心）を育むための指導内容として、5つの重点策を提示している。この具体策は、カリキュラム・マネジメント開発につながる。

（5つの重点策）

①進んで行うあいさつと返事によるかかわる力の育成 ②進んで行う「縦割り活動」の推進と一層の充実 ③特別支援学級児童の指導法の工夫と通常学級との積極的な交流学習 ④道徳教育の充実と道徳性の向上・道徳性の発達を基にした「人間尊重の精神」の育成→いじめの未然防止と早期対応、解決の組織的取組み ⑤幼小中連携（地域連携～志教育や地域防災等）

この幼保小中連携や学校・家庭・地域の共通目標、チーム体制の協働を推進することは、教育力・地域力の質の向上につながるよい活動である。

（3）志教育と道徳教育

「みやぎの志教育」は、児童生徒の道徳性の学校段階等間の接続の視点からも重要な取り組みである。小・中・高等学校の全時期を通じて、人や社会とかかわる中で社会性や勤労観を養い、集団や社会の中で果たすべき自己の役割を考えさせながら、将来の社会人としてのよりよい生き方を主体的に求めさせていく教育で、道徳教育の充実が図られている。2010（平成22）年度から宮城県内の小・中・高校で実施されている。

表4-1　道徳教育の全体計画（概略）

宮城県大崎市立長岡小学校

日本国憲法、教育基本法
学校教育法・学習指導要領・
教育振興基本計画

学校教育目標
―命を大切にする子どもを基本に―
・やさしく・かしこく・たくましく

児童の実態・児童像
本校の教職員の願い
地域・保護者の願い

各教科等と関連を持たせた指導
○国語
・読解力と表現力を培い、（略）他人を思いやる心情を育てる。
○社会
・民主的な社会の一員として、（略）公共心、公徳心を育てる。
○算数
・算数的活動を通して、（略）創り出そうとする態度を養う。
○理科
・自然に（略）、真理を追究していこうとする態度を育てる。
○生活
・身近な社会や自然との（略）、自立への基礎を養う。
○音楽
・音楽を表現、（略）、心情を養う。
○図工
・表現（略）豊かな情操を養う。
○家庭
・家庭生活（略）、心情を育てる。
○体育
・適切な運動、健康・安全に（略）努力する態度を育てる。
○特別活動
・望ましい（略）態度を育てる。
○外国語
・（略）いこうとする態度を養う。
○総合的な学習の時間
・国際理解や環境など、（略）いこうとする態度を養う。
○学校評価との関連（PDCA）
○道徳教育推進委員会の関連
○いじめ対策委員会との関連
○不登校対策委員会との関連
○生徒指導委員会との関連

道徳教育の目標
自己の生き方を考え、主体的な判断の下に行動し、（略）基盤となる道徳性を養う。

道徳科教育目標
・よりよく生きるための基盤となる道徳性（略）道徳的な判断力、心情、実践意欲と態度を育てる。

各学年の重点指導内容
○低学年
A-(5)希望と勇気　B-(6)思いやり
C-(15)学校生活　D-(18)自然愛護
○中学年
A-(5)　B-(6)
C-(15)　C-(11)
○高学年
A-(5)　B-(6)
C-(15)　D-(19)

「特別な教科　道徳」の指導方針
・道徳科の特質を理解する。
・教師と児童、児童相互の信頼（略）

「道徳的判断力」
「道徳的心情」
「道徳的実践意欲と態度」

家庭・地域社会、他学校や関連機関
・家庭と協力して基本的生活習慣を身に付けさせる。
・地域学習を通して、地域社会（略）

◎校長の道徳教育の方針
是非、育ててもらいたいことは「自分の良さを認める感情」である自己肯定感と「自分は役に立っているという感情」である自己有用感です。

◎特色ある教育活動や豊かな体験活動における指導計画
・開かれた学校を目指し、地域の人の協力体制をつくる。
・地域の動植物の（略）
・地域の人々や伝統（略）

◎志教育の目標
・（かかわる）：家庭、学校、地域が連携し、（略）
・（もとめる）：学習で得た地域を実生活に（略）
・（はたす）：集団の中での自分の役割を認識（略）

◎学級・学校の人間関係や環境の整備
正しい言語表現、信頼する人間関係を育てる。
・教育相談の充実
・アンケート調査の活用
・カウンセリング機能の充実
・学校全体で取り組む豊かな体験活動（あいさつ運動、一人一鉢運動、施設訪問など）
・具体的道徳的実践計画

（出典）令和2年度宮城県大崎市立長岡小学校「道徳教育の全体計画」より、引用

表 4-2　宮城県大崎市立長岡小学校教育目標

『人間尊重の精神を基盤にして、豊かな心をもち、物事を主体的に判断し、明るく健康で、自分らしさを発揮できる児童の育成』

<table>
<tr><td colspan="4">命を大切にする子どもを基本に</td></tr>
<tr><td>視点</td><td>心豊かな人間の育成</td><td>進んで学ぶ人間の育成</td><td>たくましい人間の育成</td></tr>
<tr><td>児童像</td><td>思いやりがあり、助け合う子ども</td><td>よく考え、自ら学ぶ子ども</td><td>明るく、たくましい子ども</td></tr>
<tr><td>教師の指標</td><td colspan="3">◎1　各教科・領域の主要な内容の理解、習得
◎2　育成を目指す3つの柱
「何を理解しているか、何ができるようになるか」→【知識・技能】
「理解していること、できることをどう使うか」→【思考力・判断力・表現力等】
「どのように社会・世界とかかわり、よりよい人生を送るか」→【学びに向かう力・人間性等】
◎3　各教科、領域の「見方・考え方」を軸にした授業改善の取組</td></tr>
<tr><td rowspan="2">具体的な行動目標</td><td>道徳性と感性の指導</td><td>学び方の指導</td><td>目標設定と遂行支援</td></tr>
<tr><td>●みんなのために進んで仕事をする子ども
●友だちとかかわり合い、協力する子ども
●あいさつや返事ができる子ども</td><td>●自分で課題を見つけ解決しようと、よく考える子ども
●自分の意見や考え発表する子ども
●人の話をしっかり聞き、しっかり話す子ども</td><td>●互いに認め合い、チャレンジする子ども
●目標に向かって最後までがんばる子ども
●約束を守って、元気に遊ぶ子ども</td></tr>
</table>

特色ある教育活動～「信頼される学校づくりを目指して」

(1)「なぜ、なぜ・・・そのためには」と解決方法を子どもとともに追究する「確かな学力」を求める授業づくり

(2)「みんなのために、気づき、考え、実行」し、互いに尊重し合う心の育成を図る学級づくり

(3) 子どものために共に歩む学校づくりを目指す、家庭・地域との連携

（出典）宮城県大崎市立長岡小学校「学校経営全体計画」より、引用
令和2年11月30日現在
http://www2.educ.osaki.miyagi.jp/nagaoka-s/index.html

2　東京都千代田区立麹町中学校の実践事例に学ぶ

(1) 学校改革と「SOSの出し方に関する教育」の取り組み

教育とは、子どもたちを真ん中におき、よりよい方向に主体的に変容しようとする力を育むことにある。このことについて、千代田区立麹町中学校（以下、麹町中学校とする。）の研究発表会資料（令和2年12月6日）の学校評価において、以下のとおり、報告されている(10)。

具体的な内容・事例	補足・その他
学校運営協議会で生徒たちから次のような提案がなされた。 ・先生からの一方通行の授業は全く面白くない。生徒の自律をそいでいる。生徒が授業をすることもできると思う。先生にはそれが間違っていないかを見守ってほしい。	・同様の反省は教員側からも出ている。一斉教授型の授業は生徒の「自律」と学び合いの中で生まれる「尊重」を削いでいる。アクティブ・ラーニング系の授業への転換が必要である。

麹町中学校の学校運営協議会では「委員と生徒たちが共に学校改善のための会議を行った」とある。つまり、「生徒が意見表明できるような環境づくり」が既に整備されていることを示している。このことは「大津市いじめの防止に関する行動計画（平成26年3月）」において、「いじめは、子どもたち同士の関係性の中で起こる人権侵害です。何が起こっており、何が問題で、その解決にはどうしていかなければならないのか、子どもが自分で考え、それを意見表明できるような環境づくりが望まれます」と述べている(11)。同様に、文部科学省による「SOSの出し方に関する教育（平成30年1月23日）」においても、「子どもの権利条約第12条意見表明権の保障」を道徳教育と人権教育を一体化していくことで、道徳教育が充実していくことを示唆している。麹町中学校の実践事例では、学習指導と生徒指導を一体化した学校評価の場に、生徒参加による「生徒の意見表明の場」が設けられることにより、生徒の主体性、当事者意識が高まり「資質・能力三つの柱」の育成がなされていた。令和2年年9月2日（水）、麹町中学校において、「絵本の読み聞かせ」による道徳科授業（SOSの出し方に関する教育）を参観したので、次ページに道徳科学習指導案を示す。

(2)「絵本の読み聞かせ」を活用した道徳科授業（SOSの出し方に関する教育）

表 4-3　第3学年　道徳科学習指導案（道徳特別講座：全校配信）

（読み物教材の登場人物への自我関与中心の学習）
千代田区立麹町中学校　第1～3学年
令和2年年9月2日（水）
校　長　　長田　和義
授業者　　〇〇　〇〇
講師　夢ら丘　実果（絵本作家・画家）
講師　吉澤　誠（絵本作家・児童教育評論家）
講師　坂本　匡弘（郷士坂本家十代）

1　主題名　一人一人の生命が尊いものであり、生きている意義について考える。
内容項目〔D　生命の尊さ〕

2　本時のねらい
・ねらい　生命の尊さについて理解し、かけがえのない生命を尊重することを学ぶ。
・教材名　絵本『カーくんと森のなかまたち』（ナレーション入りDVD活用も可）
（出典：夢ら丘実果：絵／吉澤　誠：文、ワイズ・アウル社、2007年）

3　主題設定の理由
(1) ねらいと指導内容について
本主題を設定した理由は、子どもたちが自ら命を絶つという痛ましい事案やコロナ感染の影響を受け、不安や不調を訴える状況が見られるからである。カーくんがうつ状態になり、友だちや先生に聞いてもらい、森の再生など役割を知らされ愛された大切な存在であることを知る。かけがえのない生命を大切にすることやSOSの出し方について考えを深めることができる。(略)
(2) これまでの学習状況や生徒の実態について
麹町中学校は、生徒の自律と尊重を大事にしている。中学生期は、心やからだの成長や発達、進路・キャリアに対して、悩む時期でもある。「うつ状態」や「うつ病」について考える。(略)
(3) 教材の特質や活用方法について
この教材を通して、カーくんは本当に価値のないだめな鳥だったのか。カーくんのように元気がなくなったらどうするか。本時の話合いでは、2つの場面を中心にねらいに迫っていく。(略)
以上のことにより、本主題を設定した。

4　学習指導過程

段階	学習活動・主な発問	予想される生徒の反応	・指導上の留意点 ☆評価の観点
導入	1授業の流れ説明 校長（生命の大切さ） 文科省（メッセージ） 坂本匡弘（人のため） 2本時のねらい 学級担任（コロナ禍の中、悩みや不安について考えよう） 3うつ病とは 人には必ずよいところがある。長所を見つけ、伝えよう。	・全校配信による道徳特別講座のねらいが分かった。文科大臣のメッセージが分かった。坂本龍馬は人のために役立とうとした人間だ。 ・現在、心の病気（うつ病）が原因で、自ら命を絶つ人たちが大勢いる。どうしたらよいか。 ・誰もが心のかぜをひく。うつ状態やうつ病はどうしてなるのだろうか。	・教材の内容に興味や関心を持たせる（道徳的価値の想起）。 ☆命の大切さを自分事として主体的に受け止めているか。 ・「人のために何かをしてあげられる人になって欲しい」ということを話し合う。 ・コロナ感染の影響を受け、心の不調を抱える人をいると伝える。

展開	4絵本の朗読を行う。 発問を行う。 (1) 元気がなくなったこと、ありますか。 (2) どうしてカーくんは、うつ状態になったのか。 (3) 心が温かくなる。よいところや言葉とは、何でしょうか。 (4) 嫌な言葉、ありますか。話し合う。 (5) コロナ禍の影響を踏まえて、担任による全体のまとめ 4ワークシート記入 本時の学習課題について、考える。	絵本をプロジェクターで投影し朗読する。 (1) カーくんは、他者と比較し、劣等感を持っていた。どうしたらよいのか。 (2) 他の人の良い所だけ見てしまって、自分はとりえがないと考えた。周りの人がよいところを見つけたい。(見通す、振り返るなど主体的な学び) (3) ホー先生のように聴く人になりたい。素晴らしいところを見つけ、話すことで心が温かくなるんだ。 (4) キモイ、ウザイ、死ねという嫌な言葉は心を傷つけ、命まで奪ってしまう。毅然としたい。(対話的な学び) (5) コロナに関係した傷つける言葉による心への攻撃などに対して、一人で悩まず、周りの先生、親、友だちに話を聞いてもらうことがよい方法だ。 4全体のまとめを理解し、内面化を図ろう。書く活動で考えを深めよう。 ・SOSの出し方について、自分や他の人の支えになれるよう考えていく。	☆絵本の朗読を聞いて、授業の流れや本時のねらい、評価に見通しを持てているか。(主体的な学び) ・カーくんの劣等感について、道徳的問題の探究分析を行うことができたか振り返る。 ☆カーくんには、他者にない魅力があることやかけがえのない生命を大切にするという道徳的問題の解決策（道徳的問題の探究分析）を発表させ気付かせ評価する。(対話的な学び) ☆「うつ状態」「うつ病」について何をすればよいか内面化を図る。(深い学び)
終末	5教師の説話を聞く。内面化と道徳的実践力の育成を図る。	・かけがえのない生命を大切にする態度を育て、道徳的価値やSOSの出し方について考え見つめ直す。 (深い学び)	・生徒の心にやわらかく届くように余韻を残す。

5　授業を終えて　読み聞かせ講師　夢ら丘実果先生より

生徒たちは活発に意見発表してくれました。授業後、男子たちが話しかけてきて、「自分も、転校してきて、クラスに馴染めず、すごく悩んでいたので、今日の話を聞けて良かった」「自分には良いところなんてないと思っていたんだけど、授業を受けた後に友だちに聞いてみたら良いところが見つかって嬉しかった」と、次々に声をかけてくれました。授業を行う度に、子どもたちが前向きになって元気になっていく様子を見られることは嬉しいことです。13年間授業をしていますが、いじめや不登校をゼロにできたとご報告をいただいた時は本当に嬉しく思いました。

子どもたちは、これからも、学業のことや友達関係、家族のこと等でいろいろと悩むことがあると思います。心が病気にならないためには、カウンセラーやいのちの電話、文科省の24時間子供SOSダイヤル等に話すことや好きなことをしてみること、人と比べずに自分の良いところを考えて、自分を大切にすること等が有効であることを知ってもらえたと思います。

第5節　道徳教育に関する資料

1　道徳科の内容項目

「第2　内容」に示されている内容項目は、その全てが道徳科を要として学校教育活動全体を通じて行われる道徳教育の学習の基本となる。

表 5-1

A　主として自分自身に関すること

内容項目	小学校第1，2学年（19）	小学校第3，4学年（20）
善悪の判断、自律、自由と責任	(1) よいことと悪いこととの区別をし、よいと思うことを進んで行うこと。	(1) 正しいと判断したことは、自信をもって行うこと。
正直、誠実	(2) うそをついたりごまかしをしたりしないで、素直に伸び伸びと生活すること。	(2) 過ちは素直に認め、正直に明るい心で生活すること。
節度、節制	(3) 健康や安全に気を付け、物や金銭を大切にし、身の回りを整え、わがままをしないで、規則正しい生活をすること。	(3) 自分でできることは自分でやり、安全に気を付け、よく考えて行動し、節度のある生活をすること。
個性の伸長	(4) 自分の特徴に気付くこと	(4) 自分の特徴に気付き、長所を伸ばすこと。
希望と勇気、努力と強い意志	(5) 自分のやるべき勉強や仕事をしっかり行うこと。	(5) 自分でやろうと決めた目標に向かって、強い意志を持ち、粘り強くやり抜くこと。
真理の探究		

B　主として人との関わりに関すること

内容項目	小学校第1，2学年	小学校第3，4学年
親切、思いやり	(6) 身近にいる人に温かい心で接し、親切にすること。	(6) 相手のことを思いやり、進んで親切にすること。
感謝	(7) 家族など日ごろ世話になっている人々に感謝すること。	(7) 家族など生活を支えてくれている人々や現在の生活を築いてくれた高齢者に、尊敬と感謝の気持ちをもって接すること。
礼儀	(8) 気持ちのよい挨拶、言葉遣い、動作などに心掛けて、明るく接すること。	(8) 礼儀の大切さを知り、誰に対しても真心をもって接すること。
友情、信頼	(9) 友達と仲よくし助け合うこと。	(9) 友達と互いに理解し、信頼し、助け合うこと。
相互理解、寛容		(10) 自分の考えや意見を相手に伝えるとともに、相手のことを理解し、自分と異なる意見も大切にすること。

表5-1　つづき

A　主として自分自身に関すること

小学校第5，6学年（22）	中学校（22）	内容項目
(1) 自由を大切にし、自律的に判断し、責任のある行動をすること。 (2) 誠実に、明るい心で生活すること。	(1) 自律の精神を重んじ、自主的に考え、判断し、誠実に実行してその結果に責任をもつこと。	自主、自律、自由と責任
(3) 安全に気をつけることや、生活習慣の大切さについて理解し、自分の生活を見直し、節度を守り節制に心掛けること。	(2) 望ましい生活習慣を身に付け、心身の健康の増進を図り、節度を守り節制に心掛け、安全で調和のある生活をすること。	節度、節制
(4) 自分の特徴を知って、短所を改め長所を伸ばすこと。	(3) 自己を見つめ、自己の向上を図るとともに、個性を伸ばして充実した生き方を追及すること。	向上心、個性の伸長
(5) より高い目標を立て、希望と勇気をもち、困難があってもくじけずに努力して物事をやり抜くこと。	(4) より高い目標を設定し、その達成を目指し、希望と夢をもち、困難や失敗を乗り越えて着実にやり遂げること。	希望と勇気、克己と強い意志
(6) 真理を大切にし、物事を探究しようとする心を持つこと。	(5) 真実を大切にし、真理を探究して新しいものを生み出そうと努めること。	真理の探究、創造

B　主として人とのかかわりに関すること

小学校第5，6学年	中学校	内容項目
(7) 誰に対しても思いやりの心を持ち、相手の立場に立って親切にすること。 (8) 日々の生活が家族や過去からの多くの人々の支え合いや助け合いで成り立っていることに感謝し、それに応えること。	(6) 思いやりの心をもって人と接するとともに、家族などの支えや多くの人々の善意により日々の生活や現在の自分があることに感謝し、進んでそれに応え、人間愛の精神を深めること。	思いやり、感謝
(9) 時と場をわきまえて、礼儀正しく真心をもって接すること。	(7) 礼儀の意義を理解し、時と場に応じた適切な言動をとること。	礼儀
(10) 友だちと互いに信頼し、学び合って友情を深め、異性についても理解しながら、人間関係を築いていくこと。	(8) 友達の尊さを理解して心から信頼できる友達をもち、互いに励まし合い、高め合うとともに、異性についての理解を深め、悩みや葛藤も経験しながら人間関係を深めていくこと。	友情、信頼
(11) 自分の考えや意見を相手に伝えるとともに、謙虚な心を持ち、広い心で自分と異なる意見や立場を尊重すること。	(9) 自分の考えや意見を相手に伝えるとともに、それぞれの個性や立場を尊重し、いろいろなものの見方や考え方があることを理解し、寛容の心をもって謙虚に他に学び、自らを高めていくこと。	相互理解、寛容

表 5-2

C　主として集団や社会との関わりに関すること

内容項目	小学校第 1，2 学年	小学校第 3，4 学年
規則の尊重	(10) 約束や決まりを守り、みんなが使う物を大切にすること。	(11) 約束や社会のきまりの意義を理解し、それらを守ること。
公正、公平、社会正義	(11) 自分の好き嫌いにとらわれないで接すること。	(12) 誰に対しても分け隔てをせず、公正、公平な態度で接すること。
勤労、公共の精神	(12) 働くことのよさを知り、みんなのために働くこと。	(13) 働くことの大切さを知り、進んでみんなのために働くこと。
家族愛、家庭生活の充実	(13) 父母、祖父母を敬愛し、進んで家の手伝いなどをして、家族の役に立つこと。	(14) 父母、祖父母を敬愛し、家族みんなで協力し合って楽しい家庭をつくること。
よりよい学校生活、集団生活の充実	(14) 先生を敬愛し、学校の人々に親しんで、学級や学校の生活を楽しくすること。	(15) 先生や学校の人々を敬愛し、みんなで協力し合って楽しい学級や学校をつくること。
伝統と文化の尊重、国や郷土を愛する態度	(15) 我が国や郷土の文化と生活に親しみ、愛着をもつこと。	(16) 我が国や郷土の伝統と文化を大切にし、国や郷土を愛する心をもつこと。
国際理解、国際親善	(16) 他国の人々や文化に親しむこと。	(17) 他国の人々や文化に親しみ、関心をもつこと。

D　主として生命や自然、崇高なものとの関わりに関すること

内容項目	小学校第 1，2 学年	小学校第 3，4 学年
生命の尊さ	(17) 生きることのすばらしさを知り、生命を大切にすること。	(18) 生命の尊さを知り、生命あるものを大切にすること。
自然愛護	(18) 身近な自然に親しみ、動植物に優しい心で接すること。	(19) 自然のすばらしさや不思議さを感じ取り、自然や動植物を大切にすること。
感動、畏敬の念	(19) 美しいものに触れ、すがすがしい心をもつこと。	(20) 美しいものや気高いものに感動する心をもつこと。
よりよく生きる喜び		

表5-2　つづき

C　主として集団や社会との関わりに関すること

小学校第5，6学年	中学校	内容項目
(12) 法やきまりの意義を理解した上で進んでそれらを守り、自他の権利を大切にし、義務を果たすこと。	(10) 法やきまりの意義を理解し、それらを進んで守るとともに、そのよりよい在り方について考え、自他の権利を大切にし、義務を果たして、規律ある安定した社会の実現に努めること。	遵法精神、公徳心
(13) 誰に対しても差別をすることや偏見を持つことなく、公正、公平な態度で接し、正義の実現に努めること。	(11) 正義と公平さを重んじ、誰に対しても公平に接し、差別や偏見のない社会の実現に努めること。	公正、公平、社会正義
(14) 働くことや社会に奉仕することの充実感を味わうとともに、その意義を理解し、公共のために役に立つことをすること。	(12) 社会参画の意識と社会連帯の自覚を高め、公共の精神をもってよりよい社会の実現に努めること。	社会参画、公共の精神
	(13) 勤労の尊さや意義を理解し、将来の生き方について考えを深め、勤労を通じて社会に貢献すること。	勤労
(15) 父母、祖父母を敬愛し、家族の幸せを求めて、進んで役に立つことをすること。	(14) 父母、祖父母を敬愛し、家族の一員としての自覚をもって充実した家庭生活を築くこと。	家族愛、家族生活の充実
(16) 先生や学校の人々を敬愛し、みんなで協力し合ってよりよい学級や学校をつくるとともに、様々な集団の中での自分の役割を自覚して集団生活の充実に努めること。	(15) 教師や学校の人々を敬愛し、学級や学校の一員としての自覚をもち、協力し合ってよりよい校風をつくるとともに、様々な集団の意義や集団の中での自分の役割と責任を自覚して集団生活の充実に努めること。	よりよい学校生活、集団生活の充実
(17) 我が国や郷土の伝統と文化を大切にし、先人の努力を知り、国や郷土を愛する心をもつこと。	(16) 郷土の伝統と文化を大切にし、社会に尽くした先人や高齢者に尊敬の念を深め、地域社会の一員としての自覚をもって郷土を愛し、進んで郷土の発展に努めること。	郷土の伝統と文化の尊重、郷土を愛する態度
	(17) 優れた伝統の継承と新しい文化の創造に貢献するとともに、日本人としての自覚をもって国を愛し、国家及び社会の形成者として、その発展に努めること。	我が国の伝統と文化の尊重、国を愛する態度
(18) 他国の人々や文化について理解し、日本人としての自覚をもって国際親善に努めること。	(18) 世界の中の日本人としての自覚をもち、他国を尊重し、国際的視野に立って、世界の平和と人類の発展に寄与すること。	国際理解、国際貢献

D　主として生命や自然、崇高なものとの関わりに関すること

小学校第5，6学年	中学校	内容項目
(19) 生命が多くの生命のつながりの中にあるかけがえのないものであることを理解し、生命を尊重すること。	(19) 生命の尊さについて、その連続性や有限性なども含めて理解し、かけがえのない生命を尊重すること。	生命の尊さ
(20) 自然の偉大さを知り、自然環境を大切にすること。	(20) 自然の崇高さを知り、自然環境を大切にすることの意義を理解し、進んで自然の愛護に努めること。	自然愛護
(21) 美しいものや気高いものに感動する心や人間の力を超えたものに対する畏敬の念をもつこと。	(21) 美しいものや気高いものに感動する心をもち、人間の力を超えたものに対する畏敬の念を深めること。	感動、畏敬の念
(22) よりよく生きようとする人間の強さや気高さを理解し、人間として生きる喜びを感じること。	(22) 人間には自らの弱さや醜さを克服する強さや気高く生きようとする心があることを理解し、人間として生きることに喜びを見いだすこと。	よりよく生きる喜び

2　道徳教育全体計画・年間指導計画の作成事例

(1) 小学校道徳教育の全体計画（例）

表 5-3

△△市立○○小学校

日本国憲法
教育基本法・学校教育法
学習指導要領

学校教育目標
・かしこい子　・やさしい子
・たくましい子

児童の実態
地域・保護者の願い
教師の願い・目指す児童像

○学校評価との関連
○道徳教育推進委員会の関連
○いじめ対策委員会との関連
○不登校対策委員会との関連
○生徒指導委員会との関連
○各教科等との関連
○国語
・伝え合う力を育て、道徳的判断力を育む。
○社会
・公民的資質を養い、我が国を愛し、世界と交流する心情を養う。
○算数
・数理的に考え、生活し、道徳的判断力を養う。
○理科
・科学手的な見方や考え方を養い、真理を育む。
○生活
・生活科に係る学びと自立を養う。
○音楽
・音楽の感性、情操、心情を育む。
○図工
・つくりだす喜びを味わう。
○家庭
・楽しい家庭、家族を愛する心を育む。
○体育
・運動を通して健康・安全な生活を営む態度を養う。
○外国語
・世界の人々との文化交流、我が国の文化を親善に努め、日本人としての自覚を育む。

道徳教育の重点目標
・自然や生命を尊重する心を育む
・深く考え、判断し、心情を育む
・約束を守り、前向きに働く

道徳科教育目標
・よりよく生きる道徳性を養う
・生命を大切にする
・おもいやりの心を育む

各学年の道徳科重点目標
○低学年
・生命を大切にする（D 生命の尊さ）
・約束や決まりを守る（C 規則の尊重）
○中学年
・正しい判断ができる（A 善悪の判断）
・進んで働く（C 勤労、公共の精神）
○高学年
・生命を大切にする（D 生命の尊さ）
・よく学び、やり遂げる（A 希望勇気）

○特別活動
・学級活動、児童会活動、クラブ活動、学校行事で主体的に個性を伸ばしよりよい人間関係を築こうと道徳性を育む
○総合的な学習の時間
・主体的・体験的な学習を通して、道徳性を育む

○家庭・地域連携
・学校・家庭・地域の相互理解と協力
○学校環境の整備充実
・きれいで明るい環境　・校内美化
・あいさつ、清掃指導の充実
・安全点検、補修などの安全点検

校長の道徳教育の方針
・よりよく生きるための道徳性を養うため、道徳教育の要である道徳科の充実を図り、家庭・地域と連携し、道徳教育推進教師を中心に全ての教育活動に位置づける。
各学年の重点目標
○低学年
・あいさつなど基本的生活習慣やきまりを守る
○中学年
・善悪を判断し、協力し助け合う、きまりを守る
○高学年
・相手の立場を理解し、我が国の文化を愛し、他国を尊重する
○豊かな体験活動といじめの防止や安全の確保
○家庭や地域社会との連携を図り協力し合う。
○生徒指導
・生徒一人一人を理解し、好ましい人間関係を育む
○人権教育
・人権尊重の精神に基づき、意見表明する力を育む
○心とからだの健康教育
・豊かな心とたくましく生きる力を育む
○安全・防災教育
・安全・防災意識を高める
○福祉教育の充実
○特別支援教育との連携

（出典）埼玉県小・中学校教育課程編成要領（道徳）より、引用

(2) 中学校道徳教育全体計画（例）

表 5-4

△△市立○○中学校

日本国憲法
教育基本法・学校教育法
学習指導要領

学校教育目標
高い志とグローバルリーダーを育てる

生徒の実態
地域・保護者の願い
教師の願い・目指す生徒像

○校長の道徳教育の方針
・よりよく生きるための道徳性を養うため、道徳教育の要である道徳科の充実を図り、家庭・地域と連携し、道徳教育推進教師を中心に全ての教育活動に位置づける。
○道徳教育推進委員会との関連
○不登校対策委員会との連携
○学校評価との関連
○いじめ対策委員会との連携
○生徒指導委員会との連携
○各教科等との関連
○国語
・伝え合う力を育てる。
○社会
・公民的資質を養う。
○数学
・数理的に考え、生活する。
○理科
・科学手的に考える力を育む。
○音楽
・音楽の感性、情操、心情を育む。
○美術
・つくりだす喜びや鑑賞を通して、心を育む。
○保健体育
・運動を通しての健康づくりを行う。
○技術家庭
・つくりだす喜びや楽しい家庭、家族を愛する心を育む。
○外国語
・世界の人々との交流、親善に努める力を育む。

道徳教育目標
・自然や生命を尊重する心を育む
・深く考え、判断し、心情を育む
・約束を守り、前向きに働く

道徳科教育目標
・よりよく生きる道徳性を養う
・生命を大切にする
・おもいやりの心を育む

各学年の道徳科重点目標
○第１学年
・Ｄ生命の尊さ　・Ａ節度、節制
・Ｃよりよい学校生活、集団生活の充実
○第２学年
・Ｃよりよい学校生活、集団生活の充実
・Ｂ相互理解、寛容　・Ｄ生命の尊さ
○第３学年
・Ａ自主、自律　自由と責任
・Ｄよりよく生きる喜び

○特別活動
・学級活動、生徒会活動、部活動、学校行事で主体的に個性を伸ばし、よりよい人間関係を築くことを通して道徳性を育む
○総合的な学習の時間
・主体的・体験的で探究的な学習を通して、道徳性を育む

○家庭・地域連携
・学校・家庭・地域の相互理解と協力
○学校環境の整備充実
・きれいで明るい環境　・校内美化
・あいさつ、清掃指導の充実
・安全点検、補修などの安全点検

各学年重点目標
○第１学年
・受け身的な学習・生活習慣を見直し、主体的な学習者としての資質能力を育てる。心と体の著しい発達・成長を通して自己を知り、思春期・反抗期での失敗を乗り越え、感謝と笑顔を育てる。市民性を育む。
○第２学年
・学校の中堅としての自覚を持ち、主体的に学校生活や学習、行事､部活動の改善に取り組み、よりよい学校づくりに貢献する生徒を育む。
○第３学年
・主体的に学校づくりに貢献した諸活動を総括し、最上級生としての誇り・プライドを後輩に引き継ぐ。高校生としての準備を行い、進路・キャリアに係る資質能力を育む。
○豊かな体験活動といじめの防止や安全の確保
○生徒指導
・生徒一人一人の主体的な人間関係づくりを支援する
○人権教育
・人権尊重の精神に基づき、主体的に意見表明する力を育む
○心とからだの健康教育
・自ら主体的に取り組もうとする心身を鍛える
○安全教育
・安全・防災意識を高める
○福祉体験の充実
○進路キャリア教育の推進

（出典）埼玉県小・中学校教育課程編成要領（道徳）より、引用

(3) 全体計画の別葉例

全体計画の別葉例は、各教科等における道徳教育に関わる指導の内容及び時期のことを作成していく。重点内容項目との関連や各教科等の指導計画を作成する際の道徳教育の観点を記述する。又、各教科等の方針に基づいて進める道徳性の育成に関わる児童の内容及び時期を整理して示す。以下、「ア、イ」を踏まえ、どちらかを各学校は作成していく。

ア　指導時期から見た別葉例

表 5-5

道徳教育全体計画別葉　道徳科と各教科、領域の指導内容と時期との関連（1 年）

△△市立○○小学校

低学年の重点目標	・生命を大切にする（D 生命の尊さ）
	・友だちと仲良く助け合う（B 友情、信頼）
	・よいことと悪いことを区別してよいことを行う（A 善悪の判断、自律、自由と責任）
	・約束やきまりを守る（C 規則の尊重）

内容・月		4 月	5 月	6 月
1 年生にかかわる学校行事		入学式（C よりよい学校生活、集団生活の充実） 身体測定（A 節度、節制）（D 生命の尊さ）	（略）	（略）
特別教科	道徳	「たな田が変身」（C 伝統と文化の尊重）	（略）	（略）
教科	国語	「なかよし」（B 友情、信頼）	（略）	（略）
	算数	「10 までのかず」（A 節度、節制）	（略）	（略）
	生活	「ともだちいっぱい」（B 友情、信頼）	（略）	（略）
	音楽	「ひらいたひらいた」（D 自然愛護）	（略）	（略）
	図工	「すきなものいっぱい」（B 友情、信頼）	（略）	（略）
	体育	「体ほぐし」（B 友情、信頼）	（略）	（略）
地域・家庭との連携		入学式　避難訓練	（略）	（略）

（出典）埼玉県小・中学校教育課程編成要領（道徳）より、引用

イ　内容項目から見た別葉例

内容項目ごとにまとめた一覧表とすることで、当校の重点目標に関わる内容項目の把握が明確となる。さらに、各教科において、学習する機会の少ない内容項目を道徳科に補充したり、各教科等における道徳教育を道徳科により効果的に深化したりするなど全教育活動における道徳教育と道徳科の関連を深めることができる。

また、各教科において、教師が道徳の内容項目を意識して指導することは大切であり、指導の意図を明確にしておくことが重要である。

表 5-5　つづき

道徳教育全体計画別葉　道徳科と各教科等の内容項目と時期との関連（6年）

△△市立○○小学校

高学年の重点目標	・美しいものに感動する心を持ち自他の生命を尊重する　（D 生命の尊さ）（D 感動、畏敬の念）
	・思いやりの心を持ち、相手の立場に立って行動する　（B 親切、思いやり）
	・誠実で責任ある行動をとる　（A 正直、誠実）
	・社会の一員として公共のために役立とうとする　（C 勤労、公共の精神）

内容 各教科		道徳科	特別活動			教科		
			学級活動（1）	学級活動（2）	クラブ	国語	社会	算数
A 主として自分自身に関すること	善悪の判断、自律、自由と責任	自主学習ノート（5月） うばわれた自由（1月）	学級の組織をつくろう					
	正直、誠実	由美の交換ノート（4月） 手品師（11月）						
	節度、節制	心のブレーキ「くつそろえ」(5月)		家庭学習の工夫(6月)				

（出典）埼玉県小・中学校教育課程編成要領（道徳）より引用

ウ　全体計画の別葉例（学級における指導計画）

学級における指導計画は、学級における道徳教育を充実させるためのものである。全体計画を児童生徒や学級の実態に応じて具現化し、学級において教師や児童生徒の個性を生かした道徳教育を展開するための指針である。作成にあたっては、学校や学年の道徳教育の方針を受け、学級担任が創意工夫する。

表 5-5　つづき

平成○○年度　第２学年１組　学級における指導計画（案）

道徳教育の重点目標
心豊かで、生き生きと活動できる生徒

第２学年重点目標
自立の精神を重んじ、自ら考えて誠実に実行し、その結果について責任を持とうとする態度を育てる。

○学級活動
4 月：私の目標
〔節度、節制〕
5 月：体育祭で一致団結、勝利を目指して
〔A 希望と勇気、克己と強い意志〕
9 月：いじめ・暴力
〔D 生命の尊さ〕
10 月：心の健康
〔C 公正、公平、社会正義〕
12 月：2 学期の評価
〔C 公正、公平、社会正義〕
2 月：3 年生に向かって

（略）

2 年 1 組道徳科重点目標
○自分で決めた目標に向かって、強い意志を持ち、やり抜く生徒
〔A 希望と勇気、克己と強い意志〕
○相手のことを思いやり、親切にできる生徒〔B 思いやり、感謝〕
5 月〔A 自主、自律、自由と責任〕
教材「捨てる、捨てない、拾う」
7 月〔A 希望と勇気、克己と強い意志〕
10 月〔A 自主、自律、自由と責任〕

（略）

○日常の指導・部活動
・「私たちの道徳」の活用
・「目標に向かってやり抜く強い意志」
・自分で考え実行し責任を持つ
○学校・学年行事等
5 月：体育祭
〔C よりよい学校生活〕
9 月：合唱祭
〔B 友情、信頼〕
11 月：職場体験学習
〔C 勤労〕
2 月：総合探究発表会
〔B 相互理解、寛容〕

（略）

（出典）埼玉県小・中学校教育課程編成要領（道徳）より、引用

(4) 配当時数一覧表

年間の授業時数をもとに各内容項目に何時間配当するかを決める。その際、全体計画に示された重点目標を踏まえて時数を配当することで、年間または6年間、3年間を見通した重点的な指導が可能となる。下記の例では指導する時期も含めた配当時数を一覧として示している。

表5-6

ア　全学年を一覧にして示す例（△△市立○○中学校）

	内容項目		第1学年		第2学年		第3学年	
A 主として自分自身に関すること	(1)	自主、自律、自由と責任	2	6月・10月	1	5月	1	4月
	(2)	節度、節制	1	4月	1		2	5月・11月
	(3)	向上心、個性の伸長	1	7月	2	4月・11月	1	6月
	(4)	希望と勇気、努力と強い意志	2	5月・1月	2	10月・2月	2	7月・9月
	(5)	真理の探究、生徒の創造	1	12月	1		1	
B 主として人とのかかわりに関すること	(6)	思いやり、感謝	3	5月・11月・2月	3	6月・11月・2月	3	4月・9月・1月
	(7)	礼儀	1	6月	1	4月	1	2月
	(8)	友情、信頼	2	9月・12月	1	5月・12月	2	5月・10月
	(9)	相互理解、寛容	1	10月	2	9月・3月	1	11月

（出典）埼玉県小・中学校教育課程編成要領（道徳）より引用

イ　列に月を配して示す例（△△市立○○中学校　第2学年）

	内容項目		4月	5月	6月	7月	（略）	12月	合計
A 主として自分自身に関すること	(1)	自主、自律、自由と責任		1				（略）	1
	(2)	節度、節制			1			（略）	2
	(3)	向上心、個性の伸長	1					（略）	1
	(4)	希望と勇気、努力と強い意志		1				（略）	1
	(5)	真理の探究、生徒の創造				1		（略）	1
B 主として人とのかかわりに関すること	(6)	思いやり、感謝			1			（略）	1
	(7)	礼儀				1		（略）	2
	(8)	友情、信頼		1				（略）	2
	(9)	相互理解、寛容	1					（略）	2
（略）									
合　計			3	3	4	3		（略）	40

（出典）埼玉県小・中学校教育課程編成要領（道徳）より、引用

(5) 主題配当表

配当時数を定めた後、ねらいと教材からなる主題を構成し、年間にわたって配列する。その際、一覧に表すことで意図をもった主題配列が行いやすくなる。しかし、主題一覧表配列だけでは年間指導計画とは言えず、各時間の指導の概要が分かるものを加えることが求められる。

表 5-7

ア　全学年を一覧にして示す例（△△市立○○中学校　第1〜3学年））

第1学年				第2学年			
月	週	主題	ねらい	月	週	主題	ねらい
4	1			4	1		
	2	責任ある行動 〔A 自主、自律、自由と責任〕	自己の行為が及ぼす結果について考え、責任ある行動をしようとする心情を育てる 裏庭のできごと（副読本）		2	時と場をわきまえた言動 〔B 礼儀〕	（略）
	3	（略）			3	（略）	
5	4	（略）		5	4	（略）	
	5	（略）			5	（略）	
	6	（略）			6	（略）	

（出典）埼玉県小・中学校教育課程編成要領（道徳）より、引用

・本例は、小学校6年間、中学校3年間を見通すことを重視した一覧表である。小学校6年間、中学校3年間にわたる道徳科の指導の系統が明確になる。職員室や印刷室等、目に留まる場所に掲示すると効果的である。」
・ねらいと教材で構成される主題を配列する際に、特に年間で取り上げる回数が少ない内容に関して、6学年、3学年を見通した計画的、発展的な指導を意図的に位置づけることが容易になる。

イ　展開の大要を加えた主題配列表の例（△△市立○○中学校　第2学年）

月	週	主題	ねらい（学習指導要領の内容）	教材（出典）	展開の大要
4	1	自分を伸ばして	これまでの自分を見つめ、よりよい自分になろうとする意欲を高める〔A 向上心、個性の伸長〕	自分の中にある「良い所」、「改めたい所」（私たちの道徳）	・去年までの道徳学習を振り返る。 ・私たちの道徳 P. 38、P. 39 を読む。 ・私のカラーについてグループで話し合う。 ・「自分を深く見つめて」を読む。
	2	（略）	（略）	（略）	（略）

（出典）埼玉県小・中学校教育課程編成要領（道徳）より、引用

・生徒が主体的に道徳性を育むための指導の工夫として、学年始めの自分の在り様やこれからの自分の課題や目標を捉えるための学習を行うことも有効である。

(6) 年間指導計画例

月別の様式を作成した例である。道徳教育推進教師や学年の担当者などが月末に翌月の指導計画を配布し、学年会議などで授業の準備や発問などを検討し効果的に活用する。学年で話題にすることにより、着実な授業実践を積み重ねるとともに評価欄を生かし指導計画の改善を図ることができる。

表 5-8　年間指導計画（5 月）

（△△市立○○中学校　第 1 学年）

第 1 学年基本方針	重点内容項目　A 向上心、個性の伸長　D 生命の尊さ 自他の生命を尊重する生徒の育成を目指し、ねらいに即した学習指導過程と指導方法の工夫をする。（議論の重視、保護者や地域の方々の参加・協力、複数時間の関連を図った指導）			
月	主題名	自分を探そう	内容項目	A 個性の伸長
5 月	ねらい	自己を見つめ、自己の向上を図るとともに、個性を伸ばして充実した生き方を追求すること。		
	教材名	きらめけぼくだけの音色	出典	彩の国の道徳 「自分を見つめて」 埼玉県教育委員会　発行
	主題設定の理由	全盲で誕生した主人公が母からの愛情の下、有名なピアニストにまで成長する姿から個性を伸ばすことは生涯をかけての課題であることを考える。生活を振り返り、自ら節度を守り節制に心がけることについて、主人公を通して考える。		
	学習指導過程	1　辻井伸行さんが国際ピアノコンクールで優勝した新聞記事を紹介する。 2　資料「きらめけぼくだけの音色」を読んで話し合う。 (1) 我が子が全盲で誕生した時の母は、どんな気持ちだったか。 (2) 母は福沢美和さんとの出会いでどんなことを学んだのか。 (3) クリスマスの奇跡が起こった時の母は、どんな気持ちだったか。 3　本時の感想文と「私たちの道徳」P39 を開き、私のカラーを記入させる。 4　かけがえのない自分を肯定的にとらえること（自己受容）や自分の優れている面の発見（自己理解）に努め、自己との対話を深めながらその良さを伸ばしていけるように本時を締めくくる。		
	他の教育活動との関係	＝音楽科・美術科＝自分の思いを伸び伸びと表現することの大切さにつなげる。		
	備　　考	導入で新聞記事を利用（朝日新聞 H21/6/11 付朝刊）		
	授業の改善点等	導入で新聞記事を利用したことで教材への興味付けができた。		
5 月	主題名	かけがえのない命	内容項目	D 生命の尊さ
	ねらい	生命の尊さについて、その連続性や有限性なども含めて理解し、かけがえのない生命を尊重すること。		
	教材名	へその緒	出典	読み物資料とその利用「主として自分自身のこと」 文部科学省　発行
	主題設定の理由	いじめにあう主人公が母から見せられたへその緒から生きることの大切さに気付く。主人公の心情から生命の尊さを考える。		
（略）				

（出典）埼玉県小・中学校教育課程編成要領（道徳）より引用

(7) 小学校　第4学年道徳教育年間指導計画1（例）

表5-9

△△市立○○小学校

月	時数	主な行事	道徳科（内容項目）	みんなの道徳4年（学研）
4	1	入学式 始業式 歓迎会	A節度・節制	18　友達のしょうこ
	2		C国際理解、国際親善	17　国のちがいをこえて
	3		A希望・勇気、努力と強い意志	12　レスリングの女王　吉田沙保里
5	4	遠足 保護者会 家庭訪問 移動教室	A希望・勇気、努力と強い意志	12　レスリングの女王　吉田沙保里
	5		D生命の尊さ	3　おばちゃん、がんばれ
	6		C規則の尊重	6　道子の赤い自転車
	7		D自然愛護	21　うみがめの命
6	8	児童会総会 社会科見学 プール開き 演劇教室	D生命の尊さ	22　笑顔のクリニクラウン
	9		B友情・信頼	11　泣いた赤おに
	10		A正直・誠実	1　百点を十回取れば
	11		Cよりよい学校生活、集団生活の充実	33　かべに付けた手のあと
7	12	都学力調査 終業式		特別活動　学級や学校の生活づくり
	13		C規則の尊重	32　雨のバス停留所で
9	14	始業式 保護者会	B友情・信頼	20　いのりの手
	15		D生命の尊さ	23　わたしのいのち
	16		D生命の尊さ	23　わたしのいのち
10	17	都民の日 避難訓練 運動会	C勤労・公共の精神	29　神戸のふっこうは、ぼくらの手で
	18		B親切・思いやり	9　心の信号機
	19		C家族愛・家庭生活の充実	14　お母さんのせい求書
	20		C伝統と文化の尊重、国や郷土を愛する態度	19　不思議なふろしき
11	21	土曜公開 音楽会 展覧会	A善悪の判断、自律、自由と責任	7　クラスたいこう全員リレー
	22		B相互理解・寛容	30　へらぶなつり
	23		D感動・畏敬の念	5　花さき山
	24		D感動・畏敬の念	5　花さき山
12	25	終業式	B相互理解・寛容	30　へらぶなつり
	26		C公平・公正、社会正義	4　ヘレン・ケラー物語
1	27	始業式 書初め展	A個性の伸長	24　花をさかせた水がめの話
	28		C伝統と文化の尊重、国や郷土を愛する態度	19　不思議なふろしき
2	29	保護者会 交通安全 クラブ発表会	A希望・勇気、努力と強い意志	16　へこたれない　きせきのりんご
	30		B親切・思いやり	13　温かい言葉
	31		D自然愛護	21　うみがめの命
	32		B親切・思いやり	10　心と心のあく手
3	33	送る会 卒業式 修了式	B礼儀	8　思いがけないあいさつ
	34		B感謝	34　谷川岳に生きたドクター
	35		B友情、信頼	26　なみだとえがおの「なでしこジャパン」

（出典）埼玉県小・中学校教育課程編成要領（道徳）より、引用

(8) 小学校　第4学年道徳教育年間指導計画2（例）

表5-9　つづき

△△市立○○小学校

<table>
<tr><th>月</th><th>時数</th><th>特別活動</th><th>総合的学習</th><th colspan="2">各教科</th></tr>
<tr><td rowspan="3">4</td><td>1</td><td>学級開き（A節度・節制）</td><td rowspan="3">・××市のテーマを決める。仮説を立てる。（B礼儀）</td><td rowspan="3">国語</td><td rowspan="3">言葉で伝え合う力は基盤となり、思考力・想像力及び言語感覚を養うことであり道徳的判断力や心情を養う。</td></tr>
<tr><td>2</td><td>めあてづくり（A希望・勇気、努力と強い意志）</td></tr>
<tr><td>3</td><td>家庭学習の工夫（A個性の伸長）</td></tr>
<tr><td rowspan="4">5</td><td>4</td><td>新体力テスト（D感動・畏敬の念）</td><td rowspan="4">・ワークシートに記入する。・テーマ別のグループ学習。（A正直・誠実）</td><td rowspan="5">社会</td><td rowspan="5">先人の働きなどに誇りや愛情を育てることは、伝統と文化を尊重し、我が国と郷土を愛することにつながる。</td></tr>
<tr><td>5</td><td>家庭訪問（C家族愛・家庭生活の充実）</td></tr>
<tr><td>6</td><td>今年の目標発表（A希望・勇気、努力と強い意志）</td></tr>
<tr><td>7</td><td>歯磨きの励行（D生命の尊さ）</td></tr>
<tr><td rowspan="4">6</td><td>8</td><td>児童会の活動（Cよりよい学校生活、集団生活の充実）</td><td rowspan="4">調べ学習や調査をまとめ、考察し、分析・発表する。C（公平・公正、社会正義）</td></tr>
<tr><td>9</td><td>授業参観（C家族愛・家庭生活の充実）</td><td rowspan="4">算数</td><td rowspan="4">見通しをもち筋道を立てて考え、表現することは、道徳的判断力の育成に資する。数理的に考えることは、工夫して生活や学習をしようとする態度を育てる。</td></tr>
<tr><td>10</td><td>プール開き（B親切・思いやり）</td></tr>
<tr><td>11</td><td>よい友だち関係（B友情・信頼）</td></tr>
<tr><td rowspan="2">7</td><td>12</td><td>1学期の反省（A個性の伸長）</td><td rowspan="2">調査をまとめ、発表する。（B親切・思いやり）</td></tr>
<tr><td>13</td><td>夏休みの計画（A個性の伸長）</td><td rowspan="4">理科</td><td rowspan="4">栽培や飼育の体験を通して、生命を尊重し自然を大切にする態度を育成する。観察や実験を行うことは、道徳的判断力や真理を大切にする態度を育成する。</td></tr>
<tr><td rowspan="3">9</td><td>14</td><td>2学期の目標（A個性の伸長）</td><td rowspan="3">テーマごとの課題を選び、実地調査を行う。（D生命の尊さ）</td></tr>
<tr><td>15</td><td>夏の体験発表会（B友情・信頼）</td></tr>
<tr><td>16</td><td>読書の秋（D感動・畏敬の念）</td></tr>
<tr><td rowspan="4">10</td><td>17</td><td>組織づくり（A節度・節制）</td><td rowspan="4">実地調査を行い、情報収集し、分析する。（Cよりよい学校生活、集団生活の充実）</td><td rowspan="4">生活</td><td rowspan="4">生活に係る体験活動を通して、生命や自分のよさなどを大切にし、生活習慣を身につけ、自立への基礎を養う。</td></tr>
<tr><td>18</td><td>スポーツの秋（D感動・畏敬の念）</td></tr>
<tr><td>19</td><td>読書集会（D感動・畏敬の念）</td></tr>
<tr><td>20</td><td>楽しい給食交流（B感謝）</td></tr>
<tr><td rowspan="4">11</td><td>21</td><td>将来の私（A個性の伸長）</td><td rowspan="4">グループでまとめ、発表の準備を行い、深く探究する。（A節度・節制）</td><td rowspan="3">音楽</td><td rowspan="3">音楽に係る心情、感性、豊かな情操は、道徳性の基盤を養う。</td></tr>
<tr><td>22</td><td>授業参観（C家族愛・家庭生活の充実）</td></tr>
<tr><td>23</td><td>心の健康（D生命の尊さ）</td></tr>
<tr><td>24</td><td>手洗い・うがい（A節度・節制）</td><td rowspan="3">図工</td><td rowspan="3">つくりだす喜びを味わうことは、美しいものや崇高なものを尊重する心につながる。</td></tr>
<tr><td rowspan="2">12</td><td>25</td><td>2学期反省（A個性の伸長）</td><td rowspan="2">新たなチーム再編成を行う。（B感謝）</td></tr>
<tr><td>26</td><td>冬休みの生活（C規則の尊重）</td></tr>
<tr><td rowspan="2">1</td><td>27</td><td>3学期の目標（A個性の伸長）</td><td rowspan="2">テーマにそって調査する。（B友情・信頼）</td><td rowspan="3">家庭</td><td rowspan="3">生活をよくしようとする態度や家庭を大切にすることは、道徳性の基盤を養う。</td></tr>
<tr><td>28</td><td>新年の抱負（A個性の伸長）</td></tr>
<tr><td rowspan="4">2</td><td>29</td><td>授業参観（C家族愛・家庭生活の充実）</td><td rowspan="4">調査・探究し、プレゼン方法を工夫し、学びを深化させる。（C規則の尊重）</td></tr>
<tr><td>30</td><td>読書集会（D感動・畏敬の念）</td><td rowspan="3">体育</td><td rowspan="3">運動することを通して、粘り強くやり遂げ、ルールを守る、協力するという態度を養う。</td></tr>
<tr><td>31</td><td>交通安全教室（C規則の尊重）</td></tr>
<tr><td>32</td><td>三者面談（B相互理解・寛容）</td></tr>
<tr><td rowspan="3">3</td><td>33</td><td>1年間の反省（A個性の伸長）</td><td rowspan="3">総括し、今後のテーマをつかむ。（D感動・畏敬の念）</td><td rowspan="3">外国語</td><td rowspan="3">外国語を通じて、日本人の自覚と世界の人々との親善を深めることにつながる。</td></tr>
<tr><td>34</td><td>5年生への希望（A希望・勇気、努力）</td></tr>
<tr><td>35</td><td>お別れ会（B感謝）</td></tr>
</table>

（出典）埼玉県小・中学校教育課程編成要領（道徳）より、引用

(9) 中学校　第2学年道徳教育年間指導計画1（例）

表5-10

△△市立○○中学校

月	時数	主な行事	道徳科（内容項目）	中学生の道徳　明日への扉2年（学研）
4	1	入学式 始業式 歓迎会	A節度、節制	1　鳥のように飛びたい　高梨沙羅
	2		A希望と勇気、克己と強い意志	15　尾高惇忠が目指した富岡製糸場
	3		C遵法精神、公徳心	3　ごみ収集場所をどこに
5	4	部活入部 中間考査 林間学校 芸術鑑賞会	B思いやり、感謝	2　旗
	5		D生命の尊さ	12　そこにいるだけでいい
	6		A自主、自律、自由と責任	13　父との約束
	7		B礼儀	31　お通夜のこと
6	8	公開授業 生徒会総会 修学旅行	B思いやり、感謝	35　声援を力に　第72代横綱稀勢の里
	9		A自主、自律、自由と責任	28　黒蜘蛛の元次
	10		B友情、信頼	7　サキとタク
	11		C家族愛、家庭生活の充実	6　美しい母の顔
7	12	終業式	B相互理解、寛容	9　蹴り続けたボール
	13		D自然愛護	5　コスモスR計画
9	14	始業式 体育祭	D生命の尊さ	18　ブラックジャックふたりの悪い医者
	15		D生命の尊さ	32　絶やしてはならない　緒方洪庵
	16		D自然愛護	22　リンゴが教えてくれたこと
10	17	中間考査 文化祭 スポレク祭	Dよりよく生きる喜び	24　足袋の季節
	18		C勤労	14　あるレジ打ちの女性
	19		A向上心、個性の伸長	10　ジャッジとチャレンジ
	20		Cよりよい学校生活、集団生活の充実	26　校門を掘る子
11	21	公開授業 合唱祭	A節度、節制	34　備えあれば
	22		B友情、信頼	17　星置きの滝
	23		D感動、畏敬の念	27　厳かなるもの
	24		Cよりよい学校生活、集団生活の充実	11　三度目の号泣
12	25	期末考査 終業式	B相互理解、寛容	20　言葉の向こうに
	26		A真理の探究、創造	19　ヒト・ips細胞を求めて　山中伸弥
1	27	始業式	Dよりよく生きる喜び	29　償い
	28		C公正、公平、社会正義	4　ソムチャイ君の笑顔
2	29	職業体験学習 公開授業	C順法精神、公徳心	16　キャッチボール
	30		C社会参画、公共の精神	8　ヨコスカネイビーパーカー
	31		C郷土の伝統と文化の尊重、郷土を愛する態度	33　五色桜
	32		C我が国の伝統と文化の尊重、国を愛する態度	30　金閣　再建　黄金天井に挑む
3	33	学年末考査 卒業式 修了式	A真理の探究、創造	25　ものづくり
	34		C国際理解、国際貢献	21　危険地帯から実りの土地へ
	35		C社会参画、公共の精神	23　未来からきたおじいさん

（出典）埼玉県小・中学校教育課程編成要領（道徳）より、引用

(10) 中学校　第2学年道徳教育年間指導計画2(例)

表5-10　つづき

△△市立○○中学校

月	時数	特別活動	総合的学習
4	1	学級開き(A節度、節制)	・1年間の目標 ・林間学校の課題(A節度、節制)
	2	2年生になって(A向上心、個性の伸長)	
	3	目標づくり(A自主、自律、自由と責任)	
5	4	よい人間関係(B相互理解、寛容)	・いじめ予防教育と心の健康 ・探究した成果の発表を行う。(D生命の尊さ)
	5	いじめ防止(D生命の尊さ)	
	6	家庭学習(A向上心、個性の伸長)	
	7	心とからだ(A節度、節制)	
6	8	働く人々(C勤労)	・環境福祉学習 ・持続可能な発展教育(ESD)(C国際理解、国際貢献)
	9	学校生活(A自主、自律、自由と責任)	
	10	学習の充実(A向上心、個性の伸長)	
	11	生徒会活動(Cよりよい学校生活、集団生活の充実)	
7	12	健康と体力(A節度、節制)	・健康学習(C家族愛家庭生活の充実)
	13	夏休みの生活(A節度、節制)	
9	14	2学期の目標(B相互理解、寛容)	・いじめ予防教育 ・進路・キャリア教育(C勤労)
	15	学級生活(B友情、信頼)	
	16	リーダーシップ(C社会参画、公共の精神)	
10	17	職業の内容(C勤労)	・上級学校訪問計画を立て、情報収集し、新聞の起案。(A向上心、個性の伸長)
	18	異性の理解(A節度、節制)	
	19	生き方を考える(D生命の尊さ)	
	20	学級組織の見直し(C遵法精神、公徳心)	
11	21	合唱練習(B友情、信頼)	・上級学校訪問実施し、成果をまとめ、発表会の実施。(A向上心、個性の伸長)
	22	思春期とは(D生命の尊さ)	
	23	自己を知る(A向上心、個性の伸長)	
	24	学習の充実(A向上心、個性の伸長)	
12	25	家庭学習(A向上心、個性の伸長)	・職業体験学習(C社会参画、公共の精神)
	26	冬休みの生活(C家族愛、家庭生活の充実)	
1	27	3学期の目標(A節度、節制)	・職場先へ訪問(C勤労)
	28	新年への抱負(C国際理解、国際貢献)	
2	29	働くこと(C公正、公平、社会正義)	・3日間の体験を振り返り、報告書の作成及び発表会開催。(B相互理解、寛容)
	30	自分の適性(A真理の探究、創造)	
	31	奉仕活動(C社会参画、公共の精神)	
	32	進路キャリア(C勤労)	
3	33	進路キャリア(Dよりよく生きる喜び)	・総合学習発表会(A希望と勇気、克己と強い意志)
	34	1年間を振り返る(C公正、公平、社会正義)	
	35	中学3年生への目標(Dよりよく生きる喜び)	

	各教科
国語	思考力、想像力を養い拳固感覚を育成することは、道徳的な判断力や心情を養う。
社会	我が国の国土と歴史を学ぶことは、我が国と郷土を愛することにつながる。権利・義務の主体者としての公民的資質を養うことは、集団や社会をよりよく心情を養う。
数学	数理的に考察し筋道を立てて考え、表現することは、道徳的判断力の育成に資する。
理科	自然の現象を調べ考えることは、生命を尊重し自然愛護を育成する。観察や実験は科学的な見方や考え方を養い、道徳的判断力や真理を大切にする態度を育成する。
音楽	音楽に係る心情や感性は、美しいものや崇高なものを尊重する。また、音楽による豊かな情操は、道徳性の基盤を養う。
美術	創造する喜びを味わうことは、美しいものや崇高なものを尊重する心をつながる。美術による豊かな情操は、道徳性の基盤を養う。
保健体育	運動することを通して、粘り強くやり遂げる、ルールを守る、集団に参加し協力するという態度を養う。健康安全の理解は、自分の生活を見直すことにつながる。
技術家庭	望ましい生活習慣を身につけ、勤労の尊さや意義を理解する。家庭や地域の一員としての自覚をもって自分の生き方を考え、生活をよりよくしようとする。
外国語	横断的・総合的・探究的学習を通して、自己の生き方を考え、主体的な学習や粘り強く考え解決しようとする態度を育てる。

(出典) 埼玉県小・中学校教育課程編成要領(道徳)より、引用

(11) 宝仙学園理数インター中学校　第１学年「道徳科」年間指導計画（例）

表 5-11

4月	5月	6月	7月	9月	10月	11月	12月	1月	2月	3月
1〜	4〜	8〜	12〜	14〜	17〜	21〜	25〜	27〜	29〜	33〜
仏教の時間の学び方十善戒	神と人（ユダヤ教）	罪と救い（キリスト教）	共同体と法（イスラム教）	「魔法の文句が王様の命を助けた話」	日本の風土と自然観の形成	仏陀の思（仏教）	正月とは	宗教行事の歌解説	宗教とは？	十善戒

（出典）宝仙学園理数インター中学校「道徳科」より、引用

(12) 道徳教育と自殺予防教育（心の健康教育）

表 5-12

ア　自殺予防教育（心の健康教育）全体計画

小中学校6ヶ年における自殺予防教育（心の健康教育）（案）　　△△市立○○中学校

	小学校			中学校
領域	低学年	中学年	高学年	中学校（1〜3年）
道徳科内容項目		〔B 相互理解、寛容〕	〔B 相互理解、寛容〕	〔B 相互理解、寛容〕
	〔C 公正、公平、社会正義〕	〔C 公正、公平、社会正義〕	〔C 公正、公平、社会正義〕	〔C 公正、公平、社会正義〕
	〔D 生命の尊さ〕	〔D 生命の尊さ〕	〔D 生命の尊さ〕	〔D 生命の尊さ〕
			〔D よりよく生きる喜び〕	〔D よりよく生きる喜び〕
特別活動	差別や偏見のない学級をつくる。	傍観者にならず、正義の心の育成に努める。	勇気を出して止める正義と公正さを重んじる。	自分はだめな人間だという心を克服する強い心を育む。
生活科・総合学習	お互いに違いや個性があって楽しいことを知る。 意見発表力を育む。	かけがえのない生命の大切さを実感する教育を推進する。 意見発表力を育む。	人と人とのつながりや思いやりを深める教育を推進する。ピアサポートプログラムを進める。	「もうやめなよ」と言える勇気を持つ。当事者・傍観者の弱さについて知る。ピアサポートプログラムを進める。
保健体育科等	心と体の成長の特性を知り、基本的な生活習慣・学習習慣を形成する。	インターネット・携帯電話など有害情報対策を知る。	心や体の成長発達の特性を知り、お互いの理解を深める。ネット上のいじめの怖さを知り、防止する。	思春期特有のうつ、統合失調症、発達障害など特別な支援が必要な多様な個性があることを知る。

表 5-13

イ　自殺予防教育（心の健康教育）と教師教育

教師教育から見た学級経営と自殺予防教育（心の健康教育）の関係（案）

	小学校			中学校
領域	低学年	中学年	高学年	中学校（1〜3年）
学級目標	差別や偏見のない学級をつくる。	傍観者にならず、正義の心の育成に努める。	勇気を出して止める正義と公正さを重んじる。	自分はだめな人間だという心を克服する強い心を育む。自己肯定感を高める。
自殺予防教育	子どもの権利条約「意見表明権」、基本的人権について知る。		いじめの構造、思春期・反抗期の特性について知る。「意見表明権」を保障する場を設ける。	
	要保護児童対策地域協議会との連携、特別に配慮を要する児童の把握		発達障害や精神障害など心の病の対応について知る。生徒が主役の場、企画からの参加を。	
	発達障害、愛着障害、虐待、DV、貧困などの対応について知る。		虐待、DV、貧困、自殺未遂者などの対応について知る。	

（出典）『道徳教育の理論と方法』　2017年6月30日より、引用　p. 154

表5-14

ウ　自殺予防教育（心の健康教育）全体計画（案）　　△△市立○○中学校

日本国憲法
教育基本法
学習指導要領
自殺対策基本法
虐待防止法
子どもの貧困対策法
いじめ防止対策推進法
地方いじめ防止基本方針

学校教育目標
高い志とグローバルリーダーを育成する

児童生徒の当事者意識
教師の願い
地域・保護者の願い
めざす児童生徒像

自殺予防教育（心の健康教育）
・世界のかけがえのない生命を大切にし、高い倫理観、道徳性を育む。
・意見表明できる場と機会を設け、児童生徒の主体的な参加を通して、当事者意識と倫理的思考力を育む。

校長の自殺予防教育方針
いじめ自殺予防委員会
不登校対策委員会
道徳教育推進委員会
生徒指導委員会
特別支援教育担当者会
学校評価委員会

いじめ・自殺を認知し、学校で組織的に対応する場合
①実態把握の確認
・加害、被害生徒の実態
・保護者、学校との連携
②指導・支援の基本姿勢
・いじめ相談窓口の設置
・いじめ対策委員会の設置
③被害生徒・保護者への支援
・保護・情報の共有対応検討
・課題解決に向けての援助
④加害生徒・保護者への指導
・心理的な責任、法的な責任を果たすことの指導

各学年自殺予防教育重点目標
(1学年)
思春期特有の「うつ状態」や「うつ病」など精神的な疾病・自殺予防について知り、自己肯定感を高める。
(2学年)
自己の特性や他者との人間関係について、悩みや不安を克服し、うつ・自殺予防教育を進める。ピアサポート意識を育む。自己肯定感を高める。
(3学年)
他者の悩みに寄り添い、健康な心身の発達を促し、豊かな人間関係づくりについて知り、お互いの個性を尊重し、かけがえのない生命を大切にする。進路キャリアの悩みや不安に寄り添い、高校受験を乗り越えようとする態度・意欲を育む。ピアサポートプログラムを育む。

・各学年経営重点目標
(1学年）略
(2学年）略
(3学年）略
・スクールカウンセラー、スクールソーシャルワーカーとの連携
・地域・保護者との連携
・学校応援団との連携
・重大事態への対処
いじめが「重大な事態」と診断された場合の手順
①自殺の危険度、自殺未遂者と影響を受ける児童生徒への危機対応、実態の把握
教育委員会への報告をし、教育委員会が設置する組織との連携・協力
②被害児童生徒への緊急避難措置の検討、実施
③加害の児童生徒への懲戒や出席停止の検討
④警察や児相等との連携
⑤緊急保護者会の開催
⑥心療内科・専門機関等への相談

（出典）『道徳教育の理論と方法』 2017年6月30日より、引用　p. 159

(13)【いじめ、自殺、ハラスメント相談窓口】

表 5-15

もし、あなたが悩みを抱えていたら、ぜひ、相談してください。

電話	いのちの電話	フリーダイヤル 0120-783-556（毎日午後 4 時～午後 9 時、毎月 10 日は午後 8 時～翌午前 8 時） ナビダイヤル 0570-783-556（午前 10 時～午後 10 時）
	こころの健康相談統一ダイヤル	（厚労省の公的窓口）0570-064-556
	東京　いのちの電話	03-3264-4343（日、月、火曜は午前 8 時～午後 10 時、水、木、金、土曜は午前 8 時～翌午前 8 時）
	よりそいホットライン	フリーダイヤル 0120-279-338 （24 時間　岩手、宮城、福島からは 0120-279-226、IP 電話からは 050-3655-0279）
	児童相談所全国共通ダイヤル	１８９　年中無休、24 時間
	24 時間子供 SOS ダイヤル	0120-0-78310（なやみ言おう）　年中無休、24 時間
	チャイルドライン	0120-99-7777　月～土曜日の午後 4～9 時（18 歳まで）
	子どもの人権 110 番	0120-007-110　平日午前 8 時半～午後 5 時 15 分
SNS	NPO 法人自殺対策支援センター「ライフリンク」「生きづらびっと」	LINE アカウント　@ yorisoi-chat で登録 （日、月、火、金曜は午後 5 時～午後 10 時半、水曜は午前 11 時～午後 4 時半）
	東京メンタルヘルス・スクエア（こころのほっとチャット）	（LINE、ツイッター、フェイスブック） @ kokorohotchat
	NPO 法人「BOND プロジェクト」	10 代、20 代の女の子専用 LINE　@ bondproject （月、水、木、金、土曜の午後 2 時～午後 6 時、午後 6 時半～午後 10 時半）
	チャイルドライン支援センター	チャイルドラインチャット（18 歳以下の子ども） （ホームページ）https://childline.or.jp/
オンライン	Cotree（コトリー）	新型コロナメンタルサポートプログラム https://cotree.jp/
手紙	自死・自殺に向き合う僧侶の会	自死の問い・お坊さんとの往復書簡 （宛先）〒 108-0073　東京都港区三田 4-8-20 往復書簡事務局

（出典）東京新聞　令和 2 年 11 月 4 日（水）、14 日（土）東京新聞朝刊より、引用

＜参考文献＞

（1）江川登　論説「特別の教科　道徳」の推進　中等教育資料2019年5月号　学事出版　2019年4月27日　p. 11
（2）永田繁雄　「道徳教育の一体的な力で次世代に生きる子どもを育てる」月刊日本教育会「特集　道徳教育2020」日本教育会　令和2年11月号　p. 12
（3）鈴木健二著『考え、議論する道徳をつくる　新しい道徳授業の基礎・基本　必ず成功するQ&A 47』日本標準　2018年8月25日　p. 12～13
（4）吉田成章「ポスト資質・能力から公教育としての学校を問う」日本教育方法学会編『教育方法49 公教育としての学校を問い直す』図書文化　2020年10月30日　pp. 69
（5）奈須正裕著『資質・能力と学びのメカニズム』東洋館出版所　2017年5月30日　pp. 60
（6）兵庫県教育委員会・道徳教育実践推進協議会「指導資料」 平成29年度道徳教育実践研究事業のまとめ「特別の教科　道徳」の全面実施に向けて③～道徳科の指導と評価～）
（7）高等学校学指導要領（平成30年）解説　総則編　文部科学省　平成30年7月　p. 28
（8）渋谷牧人「次年度に向けて」生徒支援プロジェクト資料―生徒支援という考え方による校風づくり―　平成28年3月22日
（9）石黒真愁子著『道徳にチャレンジ』日本文教出版　2019年10月10日　p. 68～69
（10）令和2年2月　麹町中学校「脳科学を活用した教育環境および指導方法の研究～学校教育を本質から問い直す～」東京都千代田区立麹町中学校ホームページ　https://www.fureai-cloud.jp/kojimachi-j
・『道徳教育の理論と方法』内山宗昭、栗栖淳編著　2017年6月30日　成文堂　p. 159
・『中学校特別の教科道徳の授業プランと評価の文例―道徳ノートと通知表所見はこう書く―』渡邉満編著　2019年3月28日　時事通信社
・『小学校学習指導要領（平成29年告示)』平成30年2月28日文部科学省
・『中学校学習指導要領（平成29年告示）解説特別の教科　道徳編』平成30年6月20日第3刷発行　文部科学省
・『中学校学習指導要領（平成29年告示）解説　総合的な学習の時間編』平成30年3月30日発行　文部科学省
・『埼玉県小学校教育課程編成要領（令和2年3月)』
・『埼玉県小学校教育課程指導・評価資料（令和2年3月)』
・『埼玉県小学校教育課程実践事例（道徳）（令和2年3月)』
・『埼玉県中学校教育課程編成要領（令和2年3月)』

・『埼玉県中学校教育課程指導・評価資料（令和２年３月）』
・『埼玉県中学校教育課程指導実践事例（道徳）（令和２年３月）』
・『埼玉県小学校教育課程指導・評価資料（令和２年３月）』
・『生徒指導提要（平成22年３月）』平成22年11月20日、文部科学省
・「特別の教科　道徳」の指導方法・評価等について（報告）平成28年７月22日 道徳教育に係る評価等の在り方に関する専門家会議
・「特別の教科　道徳」の全面実施に向けて③兵庫県教育委員会　平成30年３月
・「改訂版　道徳教育改善・充実のための道徳教育研修ハンドブック」広島県教育委員会　平成29年３月
・「特別の教科　道徳」アシスト２「道徳科の授業」と「評価の充実」長野県教育委員会　平成29年３月
・「子供に伝えたい自殺予防―学校における自殺予防教育導入の手引き―」文部科学省　児童生徒の自殺予防に関する調査研究協力者会議　平成26年７月
・「学校における児童・生徒の自殺対策の取組～寄り添い、支え、命を守るために～」東京都教育委員会　平成30年２月
・「SOSの出し方に関する教育を推進するための指導資料」東京都教育委員会 平成30年２月
・「児童生徒の自殺予防に向けた困難な事態、強い心理的負担を受けた場合等における対処の仕方を身に付ける等のための教育の推進について」（通知）文科省　厚労省　平成30年１月23日
・絵本作家である夢ら丘実果氏、吉澤誠氏は、「自殺予防効果のある絵本を活用した道徳の授業を通じて、第一次予防としての心の健康教育が重要である」と考え、絵本『カーくんと森のなかまたち』（日本自殺予防学会推奨）を活用した道徳科授業を小中学校、養護施設など700校以上で読み聞かせを続けている。
・宮城県大崎市立長岡小学校ホームページ http://www2.educ.osaki.miyagi.jp/nagaoka-s/index.html
・大分県公立学校教頭会「特別の教科　道徳の指導と評価について」令和元年５月28日　大分県教育委員会
・「特別の教科　道徳　評価について」平成30年３月　京都市教育委員会
・「季刊教育法」第201号「藤田昌士氏に聞く『特別の教科　道徳』をめぐる課題―道徳教育の批判と創造―」エイデル研究所　令和元年６月25日　p. 12～23

（さかもと・とくお）

【資　料】

【資料】學事奬勵ニ關スル被仰出書（學制序文）

太政官布告第二百十四號（明治五壬申年八月二日）

学事奨励に関する仰出書

人々自ら其身を立て、其産を治め、其業を昌んにして、以て其生を遂ぐる所以のものは、他なし。身を修め、智を開き、才芸を長ずるによるなり。而してその身を修め、智を開き、才芸を長ずるは、学にあらざれば能はず。是れ学校の設ある所以にして、日用常行・言語・書算を初め、士官・農商・百工・技芸及び法律・政治・天文・医療等に至る迄、凡そ人の営むところの事、学あらざるはなし。人能くその才のある所に応じ、勉励してこれに従事し、而して後、初めて生を治め、産を興し、業を昌んにするを得べし。されば、学問は身を立つるの財本ともいふべきものにして、人たるもの誰か学ばずして可ならんや。夫の道路に迷ひ、飢餓に陥り、家を破り、身を喪ふの徒の如きは、畢竟不学よりして、かかる過ちを生ずるなり。従来、学校の設ありてより年を歴ること久しと雖も、或いはその道を得ざるよりして、人その方向を誤り、学問は士人以上の事とし、農・工・商及び婦女子に至つては、これを度外に置き、学問の何物たるを弁ぜず。又、士人以上の稀に学ぶ者も、動もすれば国家のためにすと唱へ、身を立つるの基たるを知らずして、或いは詞章記誦の末に趨り、空理・虚談の途に陥り、その論高尚に似たりと雖も、これを身に行ひ、事に施すこと能はざるもの少なからず。これ即ち沿襲の習弊にして、文明普ねからず。才芸の長ぜずして、貧乏・破産・喪家の徒多き所以なり。この故に、人たるものは学ばずんばあるべからず。これを学ぶには宜しくその旨を誤るべからず。これに依つて今般文部省に於て学制を定め、追々教則をも改正し、布告に及ぶべきにつき、自今以後、一般の人民 華士族卒農工商及び婦女子 必ず邑に不学の戸なく、家に不学の人なからしめん事を期す。人の父兄たる者、宜しくこの意を体認し、その愛育の情を厚くし、その子弟をして必ず学に従事せしめざるべからざるものなり。高上の学に至りては、その人の材能に任すと雖も、幼童の子弟は男女の別なく小学に従事せしめざるものは、その父兄の越度たるべき事。

但し、従来沿襲の弊、学問は士人以上の事とし、国家のためにすと唱ふるを以て、学費及びその衣食の用に至る迄、多く官に依頼し、これを給するに非ざれば学ばざる事と思ひ、一生を自棄するもの少なからず。これ皆惑へるの甚しきものなり。自今以後、これらの弊を改め、一般の人民、他事を抛ち、自ら奮つて必ず学に従事せしむべきやう心得べき事。

右の通り仰せ出され候ふ条、地方官に於て、辺隅小民に至る迄、洩らさざるやう便宜解訳を加へ、精細申し諭し、文部省規則に随ひ、学問普及致し候ふやう、方法を設け施行すべき事。

明治5年壬申7月

太　政　官

【資料】教学聖旨

教学大旨

教学ノ要仁義忠孝ヲ明カニシテ智識才藝ヲ究メ以テ人道ヲ盡スハ我祖訓國典ノ大旨上下一般ノ教トスル所ナリ然ルニ輓近專ラ智識才藝ノミヲ尚トヒ文明開化ノ末ニ馳セ品行ヲ破り風俗ヲ傷フ者少ナカラス然ル所以ノ者ハ維新ノ始首トシテ陋習ヲ破り知識ヲ世界ニ廣ムルノ卓見ヲ以テ一時西洋ノ所長ヲ取り日新ノ效ヲ奏スト難トモ其流弊仁義忠孝ヲ後ニシ徒ニ洋風是競フニ於テハ將來ノ恐ルル所終ニ君臣父子ノ大義ヲ知ラサルニ至ランモ測ル可カラス是我邦教学ノ本意ニ非サル也故ニ自今以往祖宗ノ訓典ニ基ヅキ専ラ仁義忠孝ヲ明カニシ道徳ノ学ハ孔子ヲ主トシテ人々誠實品行ヲ尚トヒ然ル上各科ノ学ハ其才器ニ隨テ益々畏長シ道徳才藝本末全備シテ大中至正ノ敎学天下ニ布満セシメハ我邦獨立ノ精紳ニ於テ宇内ニ恥ルコト無カル可シ

小学條目二件

一　仁義忠孝ノ心ハ人皆之有り然トモ其幼少ノ始ニ其脳髄ニ感覚セシメテ培養スルニ非レハ他ノ物事已ニ耳ニ入り先入主トナル時ハ後奈何トモ爲ス可カラス故ニ當世小学校ニ給圖ノ設ケアルニ準シ古今ノ忠臣義士孝子節婦ノ畫像・寫眞ヲ掲ケ幼年生人校ノ始ニ先ツ此畫像ヲ示シ其行事ノ概略ヲ説諭シ忠孝ノ大義ヲ第一ニ脳髄ニ感覚セシメンコトヲ要ス然ル後ニ諸物ノ名状ヲ知ラシムレハ後來思孝ノ性ニ養成シ博物ノ挙ニ於テ本末ヲ誤ルコト無カルヘシ

一　去秋各縣ノ季校ヲ巡覧シ親シク生徒ノ藝業ヲ験スルニ或ハ農商ノ子弟ニシテ其説ク所多クハ高尚ノ空論ノミ甚キニ至テハ善ク洋語ヲ言フト雖トモ之ヲ邦語ニ譯スルコト能ハス此輩他日業卒り家ニ帰ルトモ再タヒ本業ニ就キ難ク又高尚ノ空論ニテハ官ト爲ルモ無用ナル可シ加之其博聞ニ誇り長上ヲ侮リ縣官ノ妨害トナルモノ少ナカラサルヘシ是皆教学ノ其道ヲ得サルノ弊害ナリ故ニ農商ニハ農商ノ学科ヲ設ケ高尚ニ馳セス實地ニ基ツキ他日学成ル時ハ其本業ニ帰リテ益々其業ヲ盛大ニスルノ教則アランコトヲ欲ス

【資料】教育ニ関スル勅語

朕惟フニ我カ皇祖皇宗国ヲ肇ムルコト宏遠ニ徳ヲ樹ツルコト深厚ナリ

我カ臣民克ク忠ニ克ク孝ニ億兆心ヲ一ニシテ世世厥ノ美ヲ済セルハ此レ我カ国体ノ精華ニシテ教育ノ淵源亦実ニ此ニ存ス

爾臣民父母ニ孝ニ兄弟ニ友ニ夫婦相和シ朋友相信シ恭倹己レヲ持シ博愛衆ニ及ホシ学ヲ修メ業ヲ習ヒ以テ智能ヲ啓発シ徳器ヲ成就シ進テ公益ヲ広メ世務ヲ開キ常ニ国憲ヲ重シ国法ニ遵ヒ一旦緩急アレハ義勇公ニ奉シ以テ天壌無窮ノ皇運ヲ扶翼スヘシ是ノ如キハ独リ朕カ忠良ナル臣民タルノミナラス又以テ爾祖先ノ遺風ヲ顕彰スルニ足ラン

斯ノ道ハ実ニ我カ皇祖皇宗ノ遺訓ニシテ子孫臣民ノ倶ニ遵守スヘキ所之ヲ古今ニ通シテ謬ラス之ヲ中外ニ施シテ悖ラス

朕爾臣民ト倶ニ拳々服膺シテ咸其徳ヲ一ニセンコトヲ庶幾フ

明治二十三年十月三十日

御名御璽

【資料】国民実践要領

（昭和26年11月14日　天野貞祐）

前文

「わが国は今や講和の締結によって、ふたたび独立国家たる資格を得、自主的な再建の道を歩み始むべき時期に際会した。しかるに国家独立の根源は国民における自主独立の精神にあり、その自主独立の精神は、国民によって立つべき道義の確立をまって初めて発現する。道義が確立しない限り、いかなる国の国民も独立独行の気魄を欠き、その国家は必ずや内部から壊敗し衰滅する運命をもつ。

われわれは新たに国家再建に向って出発せんとするにあたって、建設へのたゆまざる意欲を奮い起すとともに、敗戦による精神の虚脱と道義の廃頽とを克服し、心を合わせて道義の確立に努めねばならないのである。

道義を確立する根本は、まずわれわれのひとりびとりが自己の自主独立である人格の尊厳にめざめ、利己心を越えて公明正大なる大道を歩み、かくして内に自らの立つところをもつ人間となることに存する。また他の人格の尊厳をたっとび、私心を脱して互いに敬愛し、かくして深い和の精神に貫かれた家庭、社会、国家を形成することに存する。自主独立の精神と和の精神とは、道義の精神の両面である。

われわれの国家も、自国だけの利害にとらわれることなく、公明正大なる精神に生きなければならない。それによって国家は、他の何ものにも依存しない独立の精神と気魄をもって、新しい建設の道を進み、世界の文化に寄与しうる価値をもった独自の文化の形成に向かうことができる。また同時に、他の諸国家との和協への道を開き、世界の平和に貢献することができる。

われわれのひとりびとりもわれわれの国家もともにかかる無私公明の精神に生きるとき、われわれが国家のためにつくすことは、世界人類のためにつくすこととなり、また国家が国民ひとりびとりの人格を尊重し、自由にして健全な成育を遂げしめることは、世界人類のために奉仕することとなるのである。無私公明の精神のみが、個人と国家と世界人類とを一筋に貫通し、それらをともに生かすものである。その精神に生きることによって、われわれは世界の平和と文化に心を向けつつ、しかも祖国を忘れることなく、われわれの国家も、犯すべからざる自主独立を保ちつつ、しかも独善に陥ることなく、俯仰天地に愧じない生活にいそしむことができる。ここに道義の根本があり、われわれは心を一つにしてかかる道義の確立に力を尽くさんことを念願する。この実践要領を提示する主旨も、ここに存するのである。

第一章　個　人

一　人格の尊厳　　人の人たるゆえんは、自由なる人格たるところにある。われわれは自己の人格の尊厳を自覚し、それを傷つけてはならない。

われわれは自己の人格と同様に他人の人格をたっとび、その尊厳と自由とを傷つけてはならない。自己の人格をたっとぶ人は必ず他人の人格をたっとぶ人である。

二　自由　　われわれは真に自由な人間であらねばならない。真に自由な人間とは、自己の人格の尊厳を自覚することによって自ら決断し自ら責任を負うことのできる人間である。

おのれをほしいままにする自由はかえっておのれを失う。おのれに打ちかち、道に従う人にして初めて真に自由な人間である。

三　責任　　真に自由な人は責任を重んずる人である。責任を伴わぬ自由はない。われわれは自己の言うところ、なすところについて自己に対し、また他人に対しひとしく責任をもつ。けだしわれわれは自己と他人の人格を尊重し、且つ完成せしめるように、つねに努めねばならないのである。無責任な人は他人に迷惑を及ぼすだけでなく自己の人格をそこなう人である。

四　愛　　われわれはあたたかい愛の心を失ってはならない。愛の心は人間性の中核である。

われわれが互いに他人の欠点をもゆるし人間として生かしてゆくのは愛の力である。大きな愛の心は罪を憎んで人を憎まない。

五　良心　　われわれはつねに良心の声にきき自らをいつわってはならない。たとえそのために不利不幸を招くとも、あくまで真実を守る正直な人は世の光、地の塩である。

六　正義　　われわれはあくまで不義不正を退け、正義につき、私心私情をすてて公明正大であらねばならない。

七　勇気　　われわれは正しいことを行い邪悪なことを克服するために、どのような妨害にも屈しない勇気をもたなければならない。

血気の勇はかえって事を誤り、真の勇気ではない。但しその実行にあたっては思慮の深さがなければならない。暴勇は真の勇気ではない。

八　忍耐　　われわれは困苦の間にあっても、あくまで道義を操守する忍耐をもたなければならない。

人間は弱いものであり、困難や苦痛にあえば自暴自棄に陥りやすいけれども、その暗い逆境に耐え、愛情をもちつづけ、正義の道を踏むことこそ、人の世の光である。

九　節度　　身体と精神とが健全に形成され、人間が全人的に調和ある発展をなすためには節度が必要である。

おのれにかち、節度を失わぬところにこそ、人間の本来の強さが現れる。節度を破った生涯は、一見強そうにみえることもあるが、実は弱さのしるしである。

十　純潔　　われわれは清らかなるものにたいする感受性を失わぬよう心がけねばならない。清らかなものにたいする感受性は、道徳生活の源である。心情は純粋に、行為は清廉に、身体は清潔に保ちたい。

一一　廉恥　　われわれは恥を知らなければならない。恥を知るということは、不純で汚れたものを厭うことである。恥を知る人は、偽善や厚顔無恥におちいることなく慎みを失わない。

一二　謙虚　　われわれは他人にたいしては謙虚な気持ちで接し、傲慢に陥ってはならない。自らのいたらぬことを自覚し、他人の短所に対しては寛容であり、他人の長所を受け入れるということによってのみ、人間相互の交わりは正しく保たれる。

一三　思慮　　事をなすにあたっては思慮の深さが必要である。

われわれは現実の事態を見きわめ、且つ広い視野をもたなければならない。一時の感情や欲望にとらわれて事態を正しく認識することがなければ､多くの事を誤るであろう。遠き慮がなければ必ず近き憂いがある。但し思慮は断行する勇気を伴わねばならない。思慮深きことは優柔不断とは別である。

一四　自省　　われわれはつねに自己を省みるように努めねばならない。

汝自身を知れという教えは道徳の根本的な要素である。自分自身を知ることは、自分の無知を知ることから始まる。知らざるを知るはこれ知れることである。

一五　知恵　　われわれは人生について深く豊かな知恵を養わなければならない。

知恵豊かにして深い人は、順境におごらず逆境に屈せず、人生を愛し、安んじて立つところをもつ。

一六　敬虔　　われわれの人格と人間性は永遠絶対のものに対する敬虔な宗教的心情によって一層深められる。宗教心を通じて人間は人生の最後の段階を自覚し、ゆるぎなき安心を与えられる。人格の自由も人間相互の愛もかくして初めて全くされる。古来人類の歴史において人の人たる道が明らかになり、良心と愛の精神が保たれてきたことは、神を愛し、仏に帰依し、天をあがめた人達などの存在なくしては考えられない。

第二章　家

一　和合　　家庭は人生の自然に根ざした生命関係であるとともに、人格と人格とが結びついた人倫関係である。それゆえ、その縦の軸をなす親子の間柄においても、横の軸をなす夫婦の間柄においても、自然の愛情と人格的な尊敬がともに含まれている。

二　夫婦　　夫と妻たるものは互いに愛によって一体となり、貞節によってその愛を守り尊敬によってその愛を高め、かくして互いに生涯の良き伴侶でありたい。

夫婦の愛は人性の自然から咲き出た美しい花である。しかしその愛は倦怠に襲われやすい。その試練に耐えて愛を永続させるものは、貞節と尊敬である。

三　親子　　われわれは親としては慈愛をもって子に対し、立派な人格となるように育成しなければならない。また子としては敬愛をもって親に対し孝養をつくさなければならない。

子は次の新しい時代を創造し且つ荷なうべき者であるから、その若芽を健やかに伸ばすことは親の喜ばしい義務である。新しい時代の創造はすでになしとげられた成果を正しく継承することによってなされるから、子は親を敬重するのが尊い義務である。

四　兄弟姉妹　兄弟姉妹は相睦び、それぞれ個性ある人間になるように助け合わねばならない。

兄弟姉妹は正しい社会の正しい人間関係の原型である。兄弟姉妹は生涯を通じて良き協力者とならねばならない。

五　しつけ　家庭は最も身近な人間教育の場所である。

われわれが親あるいは子として、夫あるいは妻として、また兄弟姉妹として、それぞれの務めを愛と誠をもって果すことにより、一家の和楽と秩序が生じてくる。そうすることを通じて各自の人格はおのずから形成され、陶冶される。それゆえ家庭のしつけは健全な社会生活の基礎である。

六　家と家　家庭は自家の利害のみを事とせず、社会への奉仕に励むべきである。家と家とのなごやかな交わりは社会の美しいつながりである。

第三章　社　会

一　公徳心　人間は社会的動物である。人間は社会を作ることによってのみ生存することができる。社会生活をささえる力となるものは公徳心である。われわれはこの公徳心を養い、互いに助け合って他に迷惑を及ぼさず、社会の規律を重んじなければならない。

二　相互扶助　互いに助け合うことは、他人の身を思いやるあたたかい親切な心を本とする。

人々がただ自己の利害のみに走り他をそこなって顧みないならば、社会は悪と不幸に陥り、そのわざわいはやがて加重して自己の身にも返って来る。

三　規律　社会生活が正しくまた楽しく営まれるためには、社会は規律を欠くことはできない。

個人が各自ほしいままにふるまい、社会の規律を乱すならば社会を混乱におとしいれ、自他の生活をひとしく不安にする。

四　たしなみと礼儀　社会生活の品位は各自が礼儀を守り、たしなみを失わないことによって高められる。それが良俗である。

たしなみと礼儀は、もし魂を失ない、外形だけになれば、かえって虚飾や虚偽となる。しかしそのゆえにたしなみや礼儀を軽んずるのも正しくない。人間の共同生活が野卑に流れず、美しい調和を保つのは、たしなみと礼儀による。

五　性道徳　両性の間の関係は厳粛な事柄である。われわれはそれを清純で品位あるものたらしめなければならない。性道徳の乱れることは社会の廃頽の大きな原因である。

六　世論　　社会の健全な進展は正しい世論の力による。

われわれは独断に陥ることなく、世の人々の語るところにすなおに耳を傾けねばならない。しかし正しい世論は単なる附和雷同からは生まれない。われわれはそれぞれ自らの信ずるところに忠実であり、世の風潮に対してみだりに迎合しない節操ある精神と、軽々しく追随しない批判力とをもつことが必要である。正しい世論は人々が和して同じないところに生まれ、世論の堕落は同じて和しないところに起る。

七　共同福祉　　社会のつながりは、それぞれ異なった分野に働く者が社会全体の共同福祉を重んずるところに成り立つ。

身分や階級の相違からさまざまな弊害や利害の衝突が生ずるとしても、それらの弊害や利害の衝突は全体としての社会の意志を表現するところの法に従って解決さるべきである。社会全体の福祉をそこない、社会自身に亀裂を生ぜしめるまでに至るべきではない。すべての人間関係は和をもって尊しとする。

八　勤勉　　われわれは勤労を尊びその習慣を身につけ各自の務めに勤勉であることによって、社会の物質的、精神的財を増大しなければならない。

勤勉は社会を活気あるものにする。特に資源乏しきわが国の社会においては、われわれが勤勉であり、節倹のうちにも物を生かして使い、怠惰と奢侈に陥らないように自戒する必要がある。

九　健全な常識　　社会が絶えず生き生きと進展するためには、古い陋習を改めることが必要である。しかしまたいたずらに新奇に走り軽々しく流行を追うべきではない。健全なる社会は健全なる常識によって保たれる。

われわれはややもすれば旧習にとらわれて創造の意気を失なうか、さもなければ一時の風潮に眩惑されて着実な建設の努力を忘れやすい。伝統は創造を通してのみ正しく保たれ、改新は伝統を踏まえてのみ実効あるものとなる。

一〇　社会の使命　　社会の指名は高い文化を実現するところにある。われわれは文化を専重し、それを身につけ、力を合わせてその発展に努めねばならない。

社会の文化は人間を教養し形成する力をもつ、文化が軽んぜられるとき、社会は未開へ逆行する。しかしまた文化が人間の精神を高める力を失って単に享楽的となるとき、社会は頽廃に陥る。

第四章　国　家

一　国家　　われわれはわれわれの国家のゆるぎなき存続を保ち、その犯すべからざる独立を護り、その清き繁栄と高き文化の確立に寄与しなければならない。

人間は国家生活において、同一の土地に生まれ、同一のことばを語り、同一の血のつながりを形成し、同一の歴史と文化の伝統のうちに生きているものである国家はわれわれの存在の母胎であり、倫理的、文化的な共同生活体である。それゆえ、もし国家の自由と独立が犯されれば、われわれの自由と独立も失なわれ、われわれの文化もその基盤を失なうこととならざるをえない。

二　国家と個人　国家生活は個人が国家のためにつくし国家が個人のためにつくすところに成り立つ。ゆえに国家は個人の人格や幸福を軽んずべきではなく、個人は国家を愛する心を失ってはならない。

国家は個人が利益のために寄り集まってできた組織ではない。国家は個人のためのしゅだんとみなされてはならない。しかし国家は個人を没却した全体でもない。個人は国家のための手段とみなされてはならない。そこに国家と個人の倫理がある。

三　伝統と創造　国家が健全なる発展をとげるのは、国民が強靭な精神的結合を保ち、その結合からはつらつたる生命力がわき起こってくることによってである。国民の精神的結合が強固なものであるためには、われわれは国の歴史と文化の伝統の上に、しっかりと立脚しなければならない。また国民の生命力が創造的であるためには、われわれは広く世界に向って目を開き、常に他の長所を取り入れねばならない。

伝統にとらわれ独善に陥れば、かえって闊達なる進取の気象をはばみ、国家に害を及ぼす。また自らを忘れて他の模倣追随をのみ事とすれば、自主独立の精神を弱め、ひとしく国家に害を及ぼす。・・403

四　国家の文化　国家はその固有なる民族文化の発展を通じて、独立の価値と個性を発揮しなければならない。その個性は排他的な狭いものであってはならず、その民族文化は世界文化の一環たるにふさわしいものでなければならない。

五　国家の道義　国家の活動は古今に通じ東西にわたって行われる人類普遍の道義に基づかねばならない。それによって国家は、内には自らの尊厳を保ち外には他への国際信義を全くする。

六　愛国心　国家の盛衰興亡は国民における愛国心の有無にかかる。

われわれは祖先から国を伝え受け、子孫へそれを手渡して行くものとして国を危からしめない責任をもつ。国を愛する者は、その責任を満たして、国を盛んならしめ、且つ世界人類に貢献するところの多き国家たらしめるものである。真の愛国心は人類愛と一致する。

七　国家と政治　国家は一部特定の党派、身分、階級の利益のための手段とみなされてはならない。われわれは常に国家が国民全体のための国家であることを忘れるべきではない。

それぞれ特殊な立場の人は、その独自の見解にあくまで忠実であるべきである。しかしその際、自己の立場も自己に対立する立場も、ひとしくともに国家の全体に立脚せることを自覚し、相互の自由と平等を認め理解と寛容の上に立って同胞愛を失わず、且つ私利私欲に流れることなく、公明正大に意見をたたかわすべきである。

八　天皇　われわれは独自の国柄として天皇をいただき、天皇は国民的統合の象徴である。それゆえわれわれは天皇を親愛し、国柄を尊ばねばならない。

世界のすべての国家はそれぞれに固有な国柄をもつ。わが国の国柄の特長は、長き歴史を一貫して天皇をいただき来たところに存している。したがって天皇の特異な位置は専制的な政治権力に基づかず、天皇への親愛は盲目的な信仰やしいられた隷属とは別である。

九　人類の平和と文化　　われわれは世界の人類の平和と文化に貢献することをもって国家の使命としなければならない。

国家や民族は単に自己の利益のみを追求したり、自分の立場のみを主張したりする時、世界の平和を乱し人類の文化を脅かす。しかもまたわれわれが世界人類に寄与しうるのは自国の政治や文化を正しく育てることによってのみである。世界人類を思うの故に、国民民族の基盤から遊離したり、国家や民族を思うあまり、世界人類を忘れることはともに真実の道ではない」

【資料】期待される人間像（抄）

（昭和 41 年 10 月 31 日　中央教育審議会答申の別記）

まえがき

この「期待される人間像」は、「第１部　当面する日本人の課題」と「第２部　日本人にとくに期待されるもの」から成っている。

この「期待される人間像」は、「第１　後期中等教育の理念」の「2　人間形成の目標としての期待される人間像」において述べたとおり、後期中等教育の理念を明らかにするため、主体としての人間のあり方について、どのような理想像を描くことができるかを検討したものである。

以下に述べるところのものは、すべての日本人、とくに教育者その他人間形成の任に携わる人々の参考とするためのものである。

それについて注意しておきたい二つのことがある。

⑴　ここに示された諸徳性のうち、どれをとって青少年の教育の目標とするか、またその表現をどのようにするか、それはそれぞれの教育者あるいは教育機関の主体的な決定に任せられていることである。しかし、日本の教育の現状をみるとき、日本人としての自覚をもった国民であること、職業の尊さを知り、勤労の徳を身につけた社会人であること、強い意志をもった自主独立の個人であることなどは、教育の目標として、じゅうぶんに留意されるべきものと思われる。ここに示したのは人間性のうちにおける諸徳性の分布地図である。その意味において、これは一つの参考になるであろう。

⑵　古来、徳はその根源において一つであるとも考えられてきた。それは良心が一つであるのと同じである。以下に述べられた徳性の数は多いが、重要なことはその名称を暗記させることではない。むしろその一つでも二つでも、それを自己の身につけようと努力させることである。そうすれば他の徳もそれとともに呼びさまされてくるであろう。

第１部　当面する日本人の課題

「今後の国家社会における人間像はいかにあるべきか」という課題に答えるためには、第１に現代文明はどのような傾向を示しつつあるか、第２に今日の国際情勢はどのような姿を現わしているか、第３に日本のあり方はどのようなものであるべきかという３点からの考察が必要である。

1　現代文明の特色と第１の要請

現代文明の一つの特色は自然科学のぼっ興にある。それが人類に多くの恩恵を与えたことはいうまでもない。医学や産業技術の発展はその恩恵のほどを示している。そして今日は原子力時代とか、宇宙時代とか呼ばれるにいたっている。それは何人も否定することができない。これは現代文明のすぐれた点であるが、それとともに忘れられてはならないことがある。それは産業技術の発達は人間性の向上を伴わなければならないということである。もしその面が欠けるならば、現代文明は跛行的となり、産業技術の発達が人類の福祉に対して、それにふさわしい貢献をなしがたいことになろう。社会学者や文明批評家の多くが指摘するように、人間が機械化され、手段化される危険も生ずるのである。

またその原因は複雑であるが、現代文明の一部には利己主義や享楽主義の傾向も認められる。それは人類の福祉と自己の幸福に資することができないばかりでなく、人間性をゆがめる結果にもなろう。

ここから、人間性の向上と人間能力の開発という第1の要請が現われる。

今日は技術革新の時代である。今後の日本人は、このような時代にふさわしく自己の能力を開発しなければならない。

日本における戦後の経済的復興は世界の驚異とされている。しかし、経済的繁栄とともに一部に利己主義と享楽主義の傾向が現われている。他方、敗戦による精神的空白と精神的混乱はなお残存している。このように、物質的欲望の増大だけがあって精神的理想の欠けた状態がもし長く続くならば、長期の経済的繁栄も人間生活の真の向上も期待することはできない。

日本の工業化は人間能力の開発と同時に人間性の向上を要求する。けだし、人間性の向上なくしては人間能力の開発はその基盤を失うし、人間を単に生産手段の一つとする結果になるからである。

この際、日本国憲法および教育基本法が、平和国家、民主国家、福祉国家、文化国家という国家理想を掲げている意味を改めて考えてみなければならない。福祉国家となるためには、人間能力の開発によって経済的に豊かになると同時に、人間性の向上によって精神的、道徳的にも豊かにならなければならない。また、文化国家となるためには、高い学問と芸術とをもち、それらが人間の教養として広く生活文化の中に浸透するようにならなければならない。

これらは、いずれも、公共の施策に深く関係しているが、その基礎としては、国民ひとりひとりの自覚がたいせつである。

人間性の向上と人間能力の開発、これが当面要請される第1の点である。

2　今日の国際情勢と第2の要請

以上は現代社会に共通する課題であるが、今日の日本人には特殊な事情が認められる。第2次世界大戦の結果、日本の国家と社会のあり方および日本人の思考法に重大な変革がもたらされた。戦後新しい理想が掲げられはしたものの、とかくそれは抽象論にとどまり、その理想実現のために配慮すべき具体的方策の検討はなおじゅうぶんではない。とくに敗戦の悲惨な事実は、過去の日本および日本人のあり方がことごとく誤ったものであったかのような錯覚を起こさせ、日本の歴史および日本人の国民性は無視されがちであった。そのため新しい理想が掲げられはしても、それが定着すべき日本人の精神的風土のもつ意義はそれほど留意されていないし、日本民族が持ち続けてきた特色さえ無視されがちである。

日本および日本人の過去には改められるべき点も少なくない。しかし、そこには継承され、発展させられるべきすぐれた点も数多くある。もし日本人の欠点のみを指摘し、それを除去するのに急であって、その長所を伸ばす心がけがないならば、日本人の精神的風土にふさわしい形で新たな理想を実現することはできないであろう。われわれは日本人であることを忘れてはならない。

今日の世界は文化的にも政治的にも一種の危機の状態にある。たとえば、平和ということばの異なった解釈、民主主義についての相対立する理解の並存にそれが示されている。

戦後の日本人の目は世界に開かれたという。しかしその見るところは、とかく一方に偏しがちである。世界政治と世界経済の中におかれている今日の日本人は、じゅうぶんに目を世界に見開き、その複雑な情勢に対処することができなければならない。日本は西と東、北と南の対立の間にある。日本人は世界に通用する日本人となるべきである。しかしそのことは、日本を忘れた世界人であることを意味するのではない。日本の使命を自覚した世界人であることがたいせつなのである。真によき日本人であることによって、われわれは、はじめて真の世界人となることができる。単に抽象的、観念的な世界人というものは存在しない。

ここから、世界に開かれた日本人であることという第２の要請が現われる。

今日の世界は必ずしも安定した姿を示していない。局地的にはいろいろな紛争があり、拡大化するおそれもなしとしない。われわれは、それに冷静に対処できる知恵と勇気をもつとともに世界的な法の秩序の確立に努めなければならない。

同時に、日本は強くたくましくならなければならない。それによって日本ははじめて平和国家となることができる。もとより、ここでいう強さ、たくましさとは、人間の精神的、道徳的な強さ、たくましさを中心とする日本の自主独立に必要なすべての力を意味している。

日本は与えられる国ではなく、すでに与える国になりつつある。日本も平和を受け取るだけではなく、平和に寄与する国にならなければならない。

世界に開かれた日本人であることという第２の要請は、このような内容を含むものである。

3　日本のあり方と第3の要請

今日の日本について、なお留意しなければならない重要なことがある。戦後の日本は民主主義国家として新しく出発した。しかし民主主義の概念に混乱があり、民主主義はなおじゅうぶんに日本人の精神的風土に根をおろしていない。

それについて注意を要する一つのことがある。それは、民主主義を考えるにあたって、自主的な個人の尊厳から出発して民主主義を考えようとするものと階級闘争的な立場から出発して民主主義を考えようとするものとの対立があることである。

民主主義の史的発展を考えるならば、それが個人の法的自由を守ることから出発して、やがて大衆の経済的平等の要素を多分に含むようになった事実が指摘される。しかし民主主義の本質は、個人の自由と責任を重んじ、法的秩序を守りつつ漸進的に大衆の幸福を樹立することにあって、法的手続きを無視し一挙に理想境を実現しようとする革命主義でもなく、それと関連する全体主義でもない。性急に後者の方向にかたよるならば、個人の自由と責任、法の尊重から出発したはずの民主主義の本質は破壊されるにいたるであろう。今日の日本は、世界が自由主義国家群と全体主義国家群の二つに分かれている事情に影響され、民主主義の理解について混乱を起こしている。

また、注意を要する他の一つのことがある。由来日本人には民族共同体的な意識は強かったが、その反面、少数の人々を除いては、個人の自由と責任、個人の尊厳に対する自覚が乏しかった。日本の国家、社会、家庭において封建的残滓と呼ばれるものがみられるのもそのためである。また日本の社会は、開かれた社会のように見えながら、そこには閉ざされた社会の一面が根強く存在している。そのことが日本人の道徳は縦の道徳であって横の道徳に欠けているとの批判を招いたのである。確固たる個人の自覚を樹立し、かつ、日本民族としての共同の責任をになうことが重要な課題の一つである。

ここから、民主主義の確立という第３の要請が現われる。

この第３の要請は、具体的には以下の諸内容を含む。

民主主義国家の確立のために何よりも必要なことは、自我の自覚である。一個の独立した人間であることである。かつての日本人は、古い封建性のため自我を失いがちであった。その封建性のわくはすでに打ち破られたが、それに代わって今日のいわゆる大衆社会と機械文明は、形こそ異なっているが、同じく真の自我を喪失させる危険を宿している。

つぎに留意されるべきことは社会的知性の開発である。由来日本人はこまやかな情緒の面においてすぐれていた。寛容と忍耐の精神にも富んでいた。豊かな知性にも欠けていない。ただその知性は社会的知性として、人間関係の面においてじゅうぶんに伸ばされていなかった。

ここで社会的知性というのは、他人と協力し他人と正しい関係にはいることによって真の自己を実現し、法の秩序を守り、よい社会生活を営むことができるような実践力をもった知性を意味する。それは他人のために尽くす精神でもある。しいられた奉仕ではなく、自発的な奉仕ができる精神である。

さらに必要なことは、民主主義国家においては多数決の原理が支配するが、その際、多数を占めるものが専横にならないことと、少数のがわにたつものが卑屈になったり、いたずらに反抗的になったりしないことである。われわれはだれも完全ではないが、だれでもそれぞれになにかの長所をもっている。お互いがその長所を出しあうことによって社会をよりよくするのが、民主主義の精神である。

以上が民主主義の確立という第3の要請の中で、とくに留意されるべき諸点である。

以上述べてきたことは、今日の日本人に対してひとしく期待されることである。世界は平和を求めて努力しているが、平和への道は長くかつ険しい。世界平和は、人類無限の道標である。国内的には経済の発展や技術文明の進歩のかげに多くの問題を蔵している。今日の青少年が歩み入る明日の世界情勢、社会情勢は、必ずしも楽観を許さない。新たな問題も起こるであろう。これに対処できる人間となることが、わけても今日の青少年に期待されるのである。

以上、要するに人間としての、また個人としての深い自覚をもち、種々の国民的、社会的問題に対処できるすぐれた知性をそなえ、かつ、世界における日本人としての確固たる自覚をもった人間になること、これが「当面する日本人の課題」である。

第2部　日本人にとくに期待されるもの

以上が今日の日本人に対する当面の要請である。われわれは、これらの要請にこたえうる人間となることを期さなければならない。

しかしそのような人間となることは、それにふさわしい恒常的かつ普遍的な諸徳性と実践的な規範とを身につけることにほかならない。つぎに示すものが、その意味において、今後の日本人にとくに期待されるものである。

第1章　個人として

1　自由であること

人間が人間として単なる物と異なるのは、人間が人格を有するからである。物は価格をもつが、人間は品位をもち、不可侵の尊厳を有する。基本的人権の根拠もここに存する。そして人格の中核をなすものは、自由である。それは自発性といってもよい。

しかし、自由であり、自発的であるということは、かって気ままにふるまうことでもなく、本能や衝動のままに動くことでもない。それでは本能や衝動の奴隷であって、その主人でもなく、自由でもない。人格の本質をなす自由は、みずから自分自身を律することができるところにあり、本能や衝動を純化し向上させることができるところにある。これが自由の第1の規定である。

自由の反面には責任が伴う。単なる物には責任がなく、人間にだけ責任が帰せられるというのは、人間は、みずから自由に思慮し、判別し、決断して行為することができるからである。権利と義務とが相関的なのもこれによる。今日、自由だけが説かれて責任は軽視され、権利だけが主張されて義務が無視される傾きがあることは、自由の誤解である。自由の反面は責任である。これが自由の第2の規定である。

人間とは、このような意味での自由の主体であり、自由であることがさまざまな徳性の基礎である。

2　個性を伸ばすこと

人間は単に人格をもつだけではなく、同時に個性をもつ。人間がそれぞれ他の人と代わることができない一つの存在であるとされるのは、この個性のためである。人格をもつという点では人間はすべて同一であるが、個性の面では互いに異なる。そこに個人の独自性がある。それは天分の相違その他によるであろうが、それを生かすことによって自己の使命を達することができるのである。したがって、われわれはまた他人の個性をも尊重しなければならない。

人間性のじゅうぶんな開発は、自己だけでなされるのではなく、他人の個性の開発をまち、相伴ってはじめて達成される。ここに、家庭、社会、国家の意義もある。家庭、社会、国家は、経済的その他の意味をもつことはもとよりであるが、人間性の開発という点からみても基本的な意味をもち、それらを通じて人間の諸徳性は育成されてゆくのである。

人間は以上のような意味において人格をもち個性をもつが、それは育成されることによってはじめて達成されるのである。

3　自己をたいせつにすること

人間には本能的に自己を愛する心がある。われわれはそれを尊重しなければならない。しかし重要なことは、真に自己をたいせつにすることである。

真に自己をたいせつにするとは、自己の才能や素質をじゅうぶんに発揮し、自己の生命をそまつにしないことである。それによってこの世に生をうけたことの意義と目的とが実現される。単に享楽を追うことは自己を滅ぼす結果になる。単なる享楽は人を卑俗にする。享楽以上に尊いものがあることを知ることによって、われわれは自己を生かすことができるのである。

まして、享楽に走り、怠惰になって、自己の健康をそこなうことがあってはならない。健全な身体を育成することは、われわれの義務である。そしてわれわれの一生の幸福も、健康な身体に依存することが多い。われわれは、進んでいっそう健全な身体を育成するように努めなければならない。古来、知育、徳育と並んで体育に重要な意味がおかれてきたことを忘れてはならない。

4　強い意志をもつこと

頼もしい人、勇気ある人とは、強い意志をもつ人のことである。付和雷同しない思考の強さと意志の強さをもつ人である。和して同じないだけの勇気をもつ人である。しかも他人の喜びを自己の喜びとし、他人の悲しみを自己の悲しみとする愛情の豊かさをもち、かつそれを実行に移すことができる人である。

近代人は合理性を主張し、知性を重んじた。それは重要なことである。しかし人間には情緒があり、意志がある。人の一生にはいろいろと不快なことがあり、さまざまな困難に遭遇する。とくに青年には、一時の失敗や思いがけない困難に見舞われても、それに屈することなく、つねに創造的に前進しようとするたくましい意志をもつことを望みたい。不撓(とう)不屈の意志をもつことを要求したい。しかし、だからといって、他人に対する思いやりを失ってはならないことはいうまでもない。頼もしい人とは依託できる人のことである。信頼できる人のことである。互いに不信をいだかなければならない人々からなる社会ほど不幸な社会はない。近代人の危機は、人間が互いに人間に対する信頼を失っている点にある。

頼もしい人とは誠実な人である。おのれに誠実であり、また他人にも誠実である人こそ、人間性を尊重する人なのである。このような人こそ同時に、精神的にも勇気のある人であり、強い意志をもつ人といえる。

5　畏(い)敬の念をもつこと

以上に述べてきたさまざまなことに対し、その根底に人間として重要な一つのことがある。それは生命の根源に対して畏敬の念をもつことである。人類愛とか人間愛とかいわれるものもそれに基づくのである。

すべての宗教的情操は、生命の根源に対する畏敬の念に由来する。われわれはみずから自己の生命をうんだのではない。われわれの生命の根源には父母の生命があり、民族の生命があり、人類の生命がある。ここにいう生命とは、もとより単に肉体的な生命だけをさすのではない。われわれには精神的な生命がある。このような生命の根源すなわち聖なるものに対する畏敬の念が真の宗教的情操であり、人間の尊厳と愛もそれに基づき、深い感謝の念もそこからわき、真の幸福もそれに基づく。

しかもそのことは、われわれに天地を通じて一貫する道があることを自覚させ、われわれに人間としての使命を悟らせる。その使命により、われわれは真に自主独立の気魄(はく)をもつことができるのである。

第2章　家庭人として

1　家庭を愛の場とすること

婚姻は法律的には、妻たり夫たることの合意によって成立する。しかし家庭の実質をなすものは、互いの尊敬を伴う愛情である。種々の法的な規定は、それを守り育てるためのものともいえる。また家庭は夫婦の関係から出発するにしても、そこにはやがて親子の関係、兄弟姉妹の関係が現われるのが普通である。そして、それらを一つの家庭たらしめているのは愛情である。

家庭は愛の場である。われわれは愛の場としての家庭の意義を実現しなければならない。

夫婦の愛、親子の愛、兄弟姉妹の愛、すべては愛の特定の現われにほかならない。それらの互いに性格を異にする種々の愛が集まって一つの愛の場を構成するところに家庭の本質がある。家庭はまことに個人存立の基盤といえる。

愛は自然の情である。しかしそれらが自然の情にとどまる限り、盲目的であり、しばしばゆがめられる。愛情が健全に育つためには、それは純化され、鍛えられなければならない。家庭に関する種々の道徳は、それらの愛情の体系を清めつつ伸ばすためのものである。道を守らなくては愛は育たない。古い日本の家族制度はいろいろと批判されたが、そのことは愛の場としての家庭を否定することであってはならない。愛の場としての家庭を守り、育てるための家庭道徳の否定であってはならない。

2　家庭をいこいの場とすること

戦後、経済的その他さまざまな理由によって、家庭生活に混乱が生じ、その意義が見失われた。家庭は経済共同体の最も基本的なものであるが、家庭のもつ意義はそれに尽きない。初めに述べたように、家庭は基本的には愛の場である。愛情の共同体である。

今日のあわただしい社会生活のなかにおいて、健全な喜びを与え、清らかないこいの場所となるところは、わけても家庭であろう。大衆社会、大衆文化のうちにおいて、自分自身を取りもどし、いわば人間性を回復できる場所も家庭であろう。そしてそのためには、家庭は清らかないこいの場所とならなければならない。

家庭が明るく、清く、かつ楽しいいこいの場所であることによって、われわれの活力は日々に新たになり、それによって社会や国家の生産力も高まるであろう。社会も国家も、家庭が健康な楽しいいこいの場所となるように、またすべての人が家庭的な喜びを享受できるように配慮すべきである。

3　家庭を教育の場とすること

家庭はいこいの場であるだけではない。家庭はまた教育の場でもある。しかしその意味は、学校が教育の場であるのとは当然に異なる。学校と家庭とは協力しあうべきものであるが、学校における教育が主として意図的であるのに対し、家庭における教育の特色は、主として無意図的に行なわれる点に認められる。家庭のふんい気がおのずからこどもに影響し、健全な成長を可能にするのである。子は親の鏡であるといわれる。そのことを思えば、親は互いに身をつつしむであろう。親は子を育てることによって自己を育てるのであり、自己を成長させるのである。また、こどもは成長の途上にあるものとして、親の導きに耳を傾けなければならない。親の愛とともに親の権威が忘れられてはならない。それはしつけにおいてとくに重要である。こどもを正しくしつけることは、こどもを正しく愛することである。

4　開かれた家庭とすること

家庭は社会と国家の重要な基盤である。今日、家庭の意義が世界的に再確認されつつあるのは、そのためである。

またそれだけに、家庭の構成員は、自家の利害得失のうちに狭く閉ざされるべきではなく、広く社会と国家にむかって開かれた心をもっていなければならない。

家庭における愛の諸相が展開して、社会や国家や人類に対する愛ともなるのである。

第3章　社会人として

1　仕事に打ち込むこと

社会は生産の場であり、種々の仕事との関連において社会は成立している。われわれは社会の生産力を高めなければならない。それによってわれわれは、自己を幸福にし、他人を幸福にすることができるのである。

そのためには、われわれは自己の仕事を愛し、仕事に忠実であり、仕事に打ち込むことができる人でなければならない。また、相互の協力と和合が必要であることはいうまでもない。そして、それが他人に奉仕することになることをも知らなければならない。仕事を通じてわれわれは、自己を生かし、他人を生かすことができるのである。

社会が生産の場であることを思えば、そこからしてもわれわれが自己の能力を開発しなければならないことがわかるであろう。社会人としてのわれわれの能力を開発することは、われわれの義務であり、また社会の責任である。

すべての職業は、それを通じて国家、社会に寄与し、また自己と自家の生計を営むものとして、いずれも等しく尊いものである。職業に貴賤（せん）の別がないといわれるのも、そのためである。われわれは自己の素質、能力にふさわしい職業を選ぶべきであり、国家、社会もそのために配慮すべきであるが、重要なのは職業の別ではなく、いかにその仕事に打ち込むかにあることを知るべきである。

2　社会福祉に寄与すること

科学技術の発達は、われわれの社会に多くの恩恵を与えてきた。そのことによって、かつては人間生活にとって避けがたい不幸と考えられたことも、技術的には解決が可能となりつつある。

しかし、同時に近代社会は、それ自体の新しい問題をうみだしつつある。工業の発展、都市の膨張、交通機関の発達などは、それらがじゅうぶんな計画と配慮を欠くときは、人間の生活環境を悪化させ、自然美を破壊し、人間の生存をおびやかすことさえまれではない。また、社会の近代化に伴う産業構造や人間関係の変化によってうみだされる不幸な人々も少なくない。しかも、今日の高度化された社会においては、それを構成するすべての人が互いに深い依存関係にあって、社会全体との関係を離れては、個人の福祉は成り立ちえない。

民主的で自由な社会において、真に社会福祉を実現するためには、公共の施策の必要なことはいうまでもないが、同時にわれわれが社会の福祉に深い関心をもち、進んでそれらの問題の解決に寄与しなければならない。

近代社会の福祉の増進には、社会連帯の意識に基づく社会奉仕の精神が要求される。

3　創造的であること

現代はまた大衆化の時代である。文化が大衆化し、一般化することはもとより望ましい。しかし、いわゆる大衆文化には重要な問題がある。それは、いわゆる大衆文化はとかく享楽文化、消費文化となりがちであるということである。われわれは単に消費のための文化ではなく、生産に寄与し、また人間性の向上に役だつような文化の建設に努力すべきである。そしてそのためには、勤労や節約が美徳とされてきたことを忘れてはならない。

そのうえ、いわゆる大衆文化には他の憂うべき傾向が伴いがちである。それは文化が大衆化するとともに文化を卑俗化させ、価値の低迷化をもたらすということである。多くの人々が文化を享受できるようにするということは、その文化の価値が低俗であってよいということを意味しない。文化は、高い方向にむかって一般化されなければならない。そのためにわれわれは、高い文化を味わいうる能力を身につけるよう努力すべきである。

現代は大衆化の時代であるとともに、一面、組織化の時代である。ここにいわゆる組織内の人間たる現象を生じた。組織が生産と経営にとって重要な意味をもつことはいうまでもないが、組織はえてして個人の創造性、自主性をまひさせる。われわれは組織のなかにおいて、想像力、企画力、創造的知性を伸ばすことを互いにくふうすべきである。

生産的文化を可能にするものは、建設的かつ批判的な人間である。

建設的な人間とは、自己の仕事を愛し、それを育て、それに自己をささげることができる人である。ここにいう仕事とは、農場や工場に働くことでもよく、会社の事業を経営することでもよく、学問、芸術などの文化的活動に携わることでもよい。それによって自己を伸ばすことができ、他の人々に役だつことができる。このようにしてはじめて文化の発展が可能となる。

批判的な人間とは、いたずらに古い慣習などにこだわることなく、不正を不正として、不備を不備とし、いろいろな形の圧力や権力に屈することなく、つねによりよいものを求めて前進しようとする人である。社会的不正が少なくない今日、批判的精神の重要性が説かれるのも、単に否定と破壊のためではなく、建設と創造のためである。

4　社会規範を重んずること

日本の社会の大きな欠陥は、社会的規範力の弱さにあり、社会秩序が無視されるところにある。それが混乱をもたらし、社会を醜いものとしている。

日本人は社会的正義に対して比較的鈍感であるといわれる。それが日本の社会の進歩を阻害している。社会のさまざまな弊害をなくすため、われわれは勇気をもって社会的正義を守らなければならない。

社会規範を重んじ社会秩序を守ることによって、われわれは日本の社会を美しい社会にすることができる。そしてその根本に法秩序を守る精神がなければならない。法秩序を守ることによって外的自由が保証され、それを通じて内的自由の領域も確保されるのである。

また、われわれは、日本の社会をより美しい社会とし、われわれのうちに正しい社会性を養うことによって、同時によい個人となり、よい家庭人ともなることができるのである。社会と家庭と個人の相互関連を忘れてはならない。

日本人のもつ社会道徳の水準は遺憾ながら低い。しかも民主化されたはずの戦後の日本においてその弊が著しい。これを正すためには公共心をもち、公私の別を明らかにし、また公共物をだいじにしなければならない。このように社会道徳を守ることによって、明るい社会を築くことに努めなければならない。

第４章　国民として

1　正しい愛国心をもつこと

今日世界において、国家を構成せず国家に所属しないいかなる個人もなく、民族もない。国家は世界において最も有機的であり、強力な集団である。個人の幸福も安全も国家によるところがきわめて大きい。世界人類の発展に寄与する道も国家を通じて開かれているのが普通である。国家を正しく愛することが国家に対する忠誠である。正しい愛国心は人類愛に通ずる。

真の愛国心とは、自国の価値をいっそう高めようとする心がけであり、その努力である。自国の存在に無関心であり、その価値の向上に努めず、ましてその価値を無視しようとすることは、自国を憎むことともなろう。われわれは正しい愛国心をもたなければならない。

2　象徴に敬愛の念をもつこと

日本の歴史をふりかえるならば、天皇は日本国および日本国民統合の象徴として、ゆるがぬものをもっていたことが知られる。日本国憲法はそのことを、「天皇は、日本国の象徴であり日本国民統合の象徴であって、この地位は、主権の存する日本国民の総意に基く。」という表現で明確に規定したのである。もともと象徴とは象徴されるものが実体としてあってはじめて象徴としての意味をもつ。そしてこの際、象徴としての天皇の実体をなすものは、日本国および日本国民の統合ということである。しかも象徴するものは象徴されるものを表現する。もしそうであるならば、日本国を愛するものが、日本国の象徴を愛するということは、論理上当然である。

天皇への敬愛の念をつきつめていけば、それは日本国への敬愛の念に通ずる。けだし日本国の象徴たる天皇を敬愛することは、その実体たる日本国を敬愛することに通ずるからである。このような天皇を日本の象徴として自国の上にいただいてきたところに、日本国の独自な姿がある。

3　すぐれた国民性を伸ばすこと

世界史上、およそ人類文化に重要な貢献をしたほどの国民は、それぞれに独自な風格をそなえていた。それは、今日の世界を導きつつある諸国民についても同様である。すぐれた国民性と呼ばれるものは、それらの国民のもつ風格にほかならない。

明治以降の日本人が、近代史上において重要な役割を演ずることができたのは、かれらが近代日本建設の気力と意欲にあふれ、日本の歴史と伝統によってつちかわれた国民性を発揮したからである。

このようなたくましさとともに、日本の美しい伝統としては、自然と人間に対するこまやかな愛情や寛容の精神をあげることができる。われわれは、このこまやかな愛情に、さらに広さと深さを与え、寛容の精神の根底に確固たる自主性をもつことによって、たくましく、美しく、おおらかな風格ある日本人となることができるのである。

また、これまで日本人のすぐれた国民性として、勤勉努力の性格、高い知能水準、すぐれた技能的素質などが指摘されてきた。われわれは、これらの特色を再認識し、さらに発展させることによって、狭い国土、貧弱な資源、増大する人口という恵まれない条件のもとにおいても、世界の人々とともに、平和と繁栄の道を歩むことができるであろう。

現代は価値体系の変動があり、価値観の混乱があるといわれる。しかし、人間に期待される諸徳性という観点からすれば、現象形態はさまざまに変化するにしても、その本質的な面においては一貫するものが認められるのである。それをよりいっそう明らかにし、あるいはよりいっそう深めることによって人間をいっそう人間らしい人間にすることが、いわゆる人道主義のねらいである。そしてまた人間歴史の進むべき方向であろう。人間として尊敬に値する人は、職業、地位などの区別を越えて共通のものをもつのである。

【資料】教育基本法

教育基本法新旧対照条文

（ゴシック部分は主な変更箇所）

教育基本法（平成18年法律第120号）	**教育基本法**（昭和22年法律第25号）
教育基本法（昭和22年法律第25号）の全部を改正する。	
前文 我々日本国民は、たゆまぬ努力によって築いてきた民主的で文化的な国家を更に発展させるとともに、世界の平和と人類の福祉の向上に貢献することを願うものである。 我々は、この理想を実現するため、個人の尊厳を重んじ、真理と正義を希求し、**公共の精神を尊び、豊かな人間性と創造性を備えた**人間の育成を期するとともに、**伝統を継承し**、新しい文化の創造を目指す教育を推進する。 ここに、我々は、日本国憲法の精神にのっとり、我が国の**未来を切り拓**（ひら）**く**教育の基本を確立し、その振興を図るため、この法律を制定する。	前文 われらは、さきに、日本国憲法を確定し、民主的で文化的な国家を建設して、世界の平和と人類の福祉に貢献しようとする決意を示した。この理想の実現は、根本において教育の力にまつべきものである。 われらは、個人の尊厳を重んじ、真理と平和を希求する人間の育成を期するとともに、普遍的にしてしかも個性ゆたかな文化の創造をめざす教育を普及徹底しなければならない。 ここに、日本国憲法の精神に則り、教育の目的を明示して、新しい日本の教育の基本を確立するため、この法律を制定する。
前文 第一章　教育の目的及び理念（第1条-第4条） 第二章　教育の実施に関する基本（第5条-第15条） 第三章　教育行政（第16条・第17条） 第四章　法令の制定（第18条） 附則	
第一章　教育の目的及び理念 （教育の目的） 第1条　教育は、人格の完成を目指し、平和で民主的な国家及び社会の形成者として必要な資質を備えた心身ともに健康な国民の育成を期して行われなければならない。	第1条（教育の目的）　教育は、人格の完成をめざし、平和的な国家及び社会の形成者として、真理と正義を愛し、個人の価値をたつとび、勤労と責任を重んじ、自主的精神に充ちた心身ともに健康な国民の育成を期して行われなければならない。

（教育の目標） 第２条　教育は、その目的を実現するため、学問の自由を尊重しつつ、次に掲げる目標を達成するよう行われるものとする。 一　**幅広い知識と教養**を身に付け、真理を求める態度を養い、**豊かな情操と道徳心**を培うとともに、**健やかな身体**を養うこと。 二　個人の価値を尊重して、その**能力を伸ばし**、**創造性**を培い、自主及び**自律の精神**を養うとともに、**職業**及び生活との関連を重視し、勤労を重んずる態度を養うこと。 三　正義と責任、**男女の平等**、自他の敬愛と協力を重んずるとともに、**公共の精神に基づき、主体的に社会の形成に参画し、その発展に寄与する態度**を養うこと。 四　**生命を尊び、自然を大切にし、環境の保全に寄与する態度を養うこと。** 五　**伝統と文化を尊重し、それらをはぐくんできた我が国と郷土を愛するとともに、他国を尊重し、国際社会の平和と発展に寄与する態度を養うこと。**	第２条（教育の方針）　教育の目的は、あらゆる機会に、あらゆる場所において実現されなければならない。この目的を達成するためには、学問の自由を尊重し、実際生活に即し、自発的精神を養い、自他の敬愛と協力によって、文化の創造と発展に貢献するように努めなければならない。
（生涯学習の理念） **第３条　国民一人一人が、自己の人格を磨き、豊かな人生を送ることができるよう、その生涯にわたって、あらゆる機会に、あらゆる場所において学習することができ、その成果を適切に生かすことのできる社会の実現が図られなければならない。**	（新設）

（教育の機会均等）	
第4条　すべて国民は、ひとしく、その能力に応じた教育を受ける機会を与えられなければならず、人種、信条、性別、社会的身分、経済的地位又は門地によって、教育上差別されない。	第3条（教育の機会均等）　すべて国民は、ひとしく、その能力に応ずる教育を受ける機会を与えられなければならないものであって、人種、信条、性別、社会的身分、経済的地位又は門地によって、教育上差別されない。
2　国及び地方公共団体は、障害のある者が、その障害の状態に応じ、十分な教育を受けられるよう、教育上必要な支援を講じなければならない。	（新設）
3　国及び地方公共団体は、能力があるにもかかわらず、経済的理由によって修学が困難な者に対して、奨学の措置を講じなければならない。	2　国及び地方公共団体は、能力があるにもかかわらず、経済的理由によって修学困難な者に対して、奨学の方法を講じなければならない。
第二章　教育の実施に関する基本	
（義務教育）	
第5条　国民は、その保護する子に、**別に法律で定めるところにより、**普通教育を受けさせる義務を負う。	第4条（義務教育）　国民は、その保護する子女に、9年の普通教育を受けさせる義務を負う。
2　義務教育として行われる普通教育は、各個人の有する能力を伸ばしつつ社会において自立的に生きる基礎を培い、また、国家及び社会の形成者として必要とされる基本的な資質を養うことを目的として行われるものとする。	（新設）
3　国及び地方公共団体は、義務教育の機会を保障し、その水準を確保するため、適切な役割分担及び相互の協力の下、その実施に責任を負う。	（新設）
4　国又は地方公共団体の設置する学校における義務教育については、授業料を徴収しない。	2　国又は地方公共団体の設置する学校における義務教育については、授業料は、これを徴収しない。
（削除）	第5条（男女共学）　男女は、互いに敬重し、協力しあわなければならないものであって、教育上男女の共学は、認められなければならない。
（学校教育）	

第６条　法律に定める学校は、公の性質を有するものであって、国、地方公共団体及び法律に定める法人のみが、これを設置することができる。	第６条（学校教育）　法律に定める学校は、公の性質をもつものであつて、国又は地方公共団体の外、法律に定める法人のみが、これを設置することができる。
２　前項の学校においては、教育の目標が達成されるよう、教育を受ける者の心身の発達に応じて、体系的な教育が組織的に行われなければならない。この場合において、教育を受ける者が、学校生活を営む上で必要な規律を重んずるとともに、自ら進んで学習に取り組む意欲を高めることを重視して行われなければならない。	（新設）
「（教員）第９条」として独立	２　法律に定める学校の教員は、全体の奉仕者であって、自己の使命を自覚し、その職責の遂行に努めなければならない。このためには、教員の身分は、尊重され、その待遇の適正が、期せられなければならない。
（大学） **第７条　大学は、学術の中心として、高い教養と専門的能力を培うとともに、深く真理を探究して新たな知見を創造し、これらの成果を広く社会に提供することにより、社会の発展に寄与するものとする。** **２　大学については、自主性、自律性その他の大学における教育及び研究の特性が尊重されなければならない。**	（新設）
（私立学校） **第８条　私立学校の有する公の性質及び学校教育において果たす重要な役割にかんがみ、国及び地方公共団体は、その自主性を尊重しつつ、助成その他の適当な方法によって私立学校教育の振興に努めなければならない。**	（新設）

（教員） 第９条　法律に定める学校の教員は、自己の**崇高な**使命を深く自覚し、**絶えず研究と修養に励み**、その職責の遂行に努めなければならない。 ２　前項の教員については、その使命と職責の重要性にかんがみ、その身分は尊重され、待遇の適正が期せられるとともに、**養成と研修の充実が図られなければならない**。	【再掲】第６条（略） ２　法律に定める学校の教員は、全体の奉仕者であって、自己の使命を自覚し、その職責の遂行に努めなければならない。このためには、教員の身分は、尊重され、その待遇の適正が、期せられなければならない。
（家庭教育） **第 10 条　父母その他の保護者は、子の教育について第一義的責任を有するものであって、生活のために必要な習慣を身に付けさせるとともに、自立心を育成し、心身の調和のとれた発達を図るよう努めるものとする。** **２　国及び地方公共団体は、家庭教育の自主性を尊重しつつ、保護者に対する学習の機会及び情報の提供その他の家庭教育を支援するために必要な施策を講ずるよう努めなければならない。**	（新設）
（幼児期の教育） **第 11 条　幼児期の教育は、生涯にわたる人格形成の基礎を培う重要なものであることにかんがみ、国及び地方公共団体は、幼児の健やかな成長に資する良好な環境の整備その他適当な方法によって、その振興に努めなければならない。**	（新設）
（社会教育） 第 12 条　個人の要望や社会の要請にこたえ、社会において行われる教育は、国及び地方公共団体によって奨励されなければならない。 ２　国及び地方公共団体は、図書館、博物館、公民館その他の社会教育施設の設置、学校の施設の利用、学習の機会及び情報の提供その他の適当な方法に	第７条（社会教育）　家庭教育及び勤労の場所その他社会において行われる教育は、国及び地方公共団体によって奨励されなければならない。 ２　国及び地方公共団体は、図書館、博物館、公民館等の施設の設置、学校の施設の利用その他適当な方法によって教育の目的の実現に努めなければならない

よって社会教育の振興に努めなければならない。	ない。
（学校、家庭及び地域住民等の相互の連携協力） **第13条　学校、家庭及び地域住民その他の関係者は、教育におけるそれぞれの役割と責任を自覚するとともに、相互の連携及び協力に努めるものとする。**	（新設）
（政治教育） 第14条　良識ある公民として必要な政治的教養は、教育上尊重されなければならない。	第8条（政治教育）　良識ある公民たるに必要な政治的教養は、教育上これを尊重しなければならない。
2　法律に定める学校は、特定の政党を支持し、又はこれに反対するための政治教育その他政治的活動をしてはならない。	2　法律に定める学校は、特定の政党を支持し、又はこれに反対するための政治教育その他政治的活動をしてはならない。
（宗教教育） 第15条　宗教に関する寛容の態度、**宗教に関する一般的な教養**及び宗教の社会生活における地位は、教育上尊重されなければならない。	第9条（宗教教育）　宗教に関する寛容の態度及び宗教の社会生活における地位は、教育上これを尊重しなければならない。
2　国及び地方公共団体が設置する学校は、特定の宗教のための宗教教育その他宗教的活動をしてはならない。	2　国及び地方公共団体が設置する学校は、特定の宗教のための宗教教育その他宗教的活動をしてはならない。
第三章　教育行政	
（教育行政） 第16条　教育は、不当な支配に服することなく、**この法律及び他の法律の定めるところにより行われるべきものであり、教育行政は、国と地方公共団体との適切な役割分担及び相互の協力の下、公正かつ適正に行われなければならない。**	第10条（教育行政）　教育は、不当な支配に服することなく、国民全体に対し直接に責任を負って行われるべきものである。 2　教育行政は、この自覚のもとに、教育の目的を遂行するに必要な諸条件の整備確立を目標として行われなければならない。
2　国は、全国的な教育の機会均等と教育水準の維持向上を図るため、教育に関する施策を総合的に策定し、実施しなければならない。	（新設）

3　地方公共団体は、その地域における教育の振興を図るため、その実情に応じた教育に関する施策を策定し、実施しなければならない。	（新設）
4　国及び地方公共団体は、教育が円滑かつ継続的に実施されるよう、必要な財政上の措置を講じなければならない。	（新設）
（教育振興基本計画） **第17条　政府は、教育の振興に関する施策の総合的かつ計画的な推進を図るため、教育の振興に関する施策についての基本的な方針及び講ずべき施策その他必要な事項について、基本的な計画を定め、これを国会に報告するとともに、公表しなければならない。** **2　地方公共団体は、前項の計画を参酌し、その地域の実情に応じ、当該地方公共団体における教育の振興のための施策に関する基本的な計画を定めるよう努めなければならない。**	（新設）
第四章　法令の制定 第18条　この法律に規定する諸条項を実施するため、必要な法令が制定されなければならない。	第11条（補則）　この法律に掲げる諸条項を実施するために必要がある場合には、適当な法令が制定されなければならない。
附則（抄） （施行期日） 1　この法律は、公布の日から施行する。	

【資料】小学校学習指導要領（抄）

（平成 20 年 3 月 28 日　文部科学省告示第 27 号）

第 1 章　総　　則

第 1　教育課程編成の一般方針

1　各学校においては、教育基本法及び学校教育法その他の法令並びにこの章以下に示すところに従い、児童の人間として調和のとれた育成を目指し、地域や学校の実態及び児童の心身の発達の段階や特性を十分考慮して、適切な教育課程を編成するものとし、これらに掲げる目標を達成するよう教育を行うものとする。

学校の教育活動を進めるに当たっては、各学校において、児童に生きる力をはぐくむことを目指し、創意工夫を生かした特色ある教育活動を展開する中で、基礎的・基本的な知識及び技能を確実に習得させ、これらを活用して課題を解決するために必要な思考力、判断力、表現力その他の能力をはぐくむとともに、主体的に学習に取り組む態度を養い、個性を生かす教育の充実に努めなければならない。その際、児童の発達の段階を考慮して、児童の言語活動を充実するとともに、家庭との連携を図りながら、児童の学習習慣が確立するよう配慮しなければならない。

2　学校における道徳教育は、道徳の時間を要（かなめ）として学校の教育活動全体を通じて行うものであり、道徳の時間はもとより、各教科、外国語活動、総合的な学習の時間及び特別活動のそれぞれの特質に応じて、児童の発達の段階を考慮して、適切な指導を行わなければならない。

道徳教育は、教育基本法及び学校教育法に定められた教育の根本精神に基づき、人間尊重の精神と生命に対する畏（い）敬の念を家庭、学校、その他社会における具体的な生活の中に生かし、豊かな心をもち、伝統と文化を尊重し、それらをはぐくんできた我が国と郷土を愛し、個性豊かな文化の創造を図るとともに、公共の精神を尊び、民主的な社会及び国家の発展に努め、他国を尊重し、国際社会の平和と発展や環境の保全に貢献し未来を拓（ひら）く主体性のある日本人を育成するため、その基盤としての道徳性を養うことを目標とする。

道徳教育を進めるに当たっては、教師と児童及び児童相互の人間関係を深めるとともに、児童が自己の生き方についての考えを深め、家庭や地域社会との連携を図りながら、集団宿泊活動やボランティア活動、自然体験活動などの豊かな体験を通して児童の内面に根ざした道徳性の育成が図られるよう配慮しなければならない。その際、特に児童が基本的な生活習慣、社会生活上のきまりを身に付け、善悪を判断し、人間としてしてはならないことをしないようにすることなどに配慮しなければならない。

3　学校における体育・健康に関する指導は、児童の発達の段階を考慮して、学校の教育活動全体を通じて適切に行うものとする。特に、学校における食育の推進並びに体力の向上に関する指導、安全に関する指導及び心身の健康の保持増進に関する指導については、体育科の時間はもとより、家庭科、特別活動などにおいてもそれぞれの特質に応じて適切に行うよう努めることとする。また、それらの指導を通して、家庭や地域社会との連携を図りながら、日常生活において適切な体育・健康に関する活動の実践を促し、生涯を通じて健康・安全で活力ある生活を送るための基礎が培われるよう配慮しなければならない。

第2　内容等の取扱いに関する共通的事項

1　第2章以下に示す各教科、道徳、外国語活動及び特別活動の内容に関する事項は、特に示す場合を除き、いずれの学校においても取り扱わなければならない。

2　学校において特に必要がある場合には、第2章以下に示していない内容を加えて指導することができる。また、第2章以下に示す内容の取扱いのうち内容の範囲や程度等を示す事項は、すべての児童に対して指導するものとする内容の範囲や程度等を示したものであり、学校において特に必要がある場合には、この事項にかかわらず指導することができる。ただし、これらの場合には、第2章以下に示す各教科、道徳、外国語活動及び特別活動並びに各学年の目標や内容の趣旨を逸脱したり、児童の負担過重となったりすることのないようにしなければならない。

3　第2章以下に示す各教科、道徳、外国語活動及び特別活動並びに各学年の内容に掲げる事項の順序は、特に示す場合を除き、指導の順序を示すものではないので、学校においては、その取扱いについて適切な工夫を加えるものとする。

4　学年の目標及び内容を2学年まとめて示した教科及び外国語活動の内容は、2学年間かけて指導する事項を示したものである。各学校においては、これらの事項を地域や学校及び児童の実態に応じ、2学年間を見通して計画的に指導することとし、特に示す場合を除き、いずれかの学年に分けて、又はいずれの学年においても指導するものとする。

5　学校において2以上の学年の児童で編制する学級について特に必要がある場合には、各教科、道徳、外国語活動及び特別活動の目標の達成に支障のない範囲内で、各教科、道徳、外国語活動及び特別活動の目標及び内容について学年別の順序によらないことができる。

第3　授業時数等の取扱い

1　各教科、道徳、外国語活動、総合的な学習の時間及び特別活動（以下「各教科等」という。ただし、1及び3において、特別活動については学級活動（学校給食に係るものを除く。）に限る。）の授業は、年間35週（第1学年については34週）以上にわたって行うよう計画し、週当たりの授業時数が児童の負担過重にならないようにするものとする。ただし、各教科等や学習活動の特質に応じ効果的な場合には、夏季、冬季、学年末等の休業日の期間に授業日を設定する場合を含め、これらの授業を特定の期間に行うことができる。

なお、給食、休憩などの時間については、学校において工夫を加え、適切に定めるものとする。

2　特別活動の授業のうち、児童会活動、クラブ活動及び学校行事については、それらの内容に応じ、年間、学期ごと、月ごとなどに適切な授業時数を充てるものとする。

3　各教科等のそれぞれの授業の１単位時間は、各学校において、各教科等の年間授業時数を確保しつつ、児童の発達の段階及び各教科等や学習活動の特質を考慮して適切に定めるものとする。

4　各学校においては、地域や学校及び児童の実態、各教科等や学習活動の特質等に応じて、創意工夫を生かし時間割を弾力的に編成することができる。

5　総合的な学習の時間における学習活動により、特別活動の学校行事に掲げる各行事の実施と同様の成果が期待できる場合においては、総合的な学習の時間における学習活動をもって相当する特別活動の学校行事に掲げる各行事の実施に替えることができる。

第４　指導計画の作成等に当たって配慮すべき事項

1　各学校においては、次の事項に配慮しながら、学校の創意工夫を生かし、全体として、調和のとれた具体的な指導計画を作成するものとする。

(1)　各教科等及び各学年相互間の関連を図り、系統的、発展的な指導ができるようにすること。

(2)　学年の目標及び内容を２学年まとめて示した教科及び外国語活動については、当該学年間を見通して、地域や学校及び児童の実態に応じ、児童の発達の段階を考慮しつつ、効果的、段階的に指導するようにすること。

(3)　各教科の各学年の指導内容については、そのまとめ方や重点の置き方に適切な工夫を加え、効果的な指導ができるようにすること。

(4)　児童の実態等を考慮し、指導の効果を高めるため、合科的・関連的な指導を進めること。

2　以上のほか、次の事項に配慮するものとする。

(1)　各教科等の指導に当たっては、児童の思考力、判断力、表現力等をはぐくむ観点から、基礎的・基本的な知識及び技能の活用を図る学習活動を重視するとともに、言語に対する関心や理解を深め、言語に関する能力の育成を図る上で必要な言語環境を整え、児童の言語活動を充実すること。

(2) 各教科等の指導に当たっては、体験的な学習や基礎的・基本的な知識及び技能を活用した問題解決的な学習を重視するとともに、児童の興味・関心を生かし、自主的、自発的な学習が促されるよう工夫すること。

(3) 日ごろから学級経営の充実を図り、教師と児童の信頼関係及び児童相互の好ましい人間関係を育てるとともに児童理解を深め、生徒指導の充実を図ること。

(4) 各教科等の指導に当たっては、児童が学習の見通しを立てたり学習したことを振り返ったりする活動を計画的に取り入れるよう工夫すること。

(5) 各教科等の指導に当たっては、児童が学習課題や活動を選択したり、自らの将来について考えたりする機会を設けるなど工夫すること。

(6) 各教科等の指導に当たっては、児童が学習内容を確実に身に付けることができるよう、学校や児童の実態に応じ、個別指導やグループ別指導、繰り返し指導、学習内容の習熟の程度に応じた指導、児童の興味・関心等に応じた課題学習、補充的な学習や発展的な学習などの学習活動を取り入れた指導、教師間の協力的な指導など指導方法や指導体制を工夫改善し、個に応じた指導の充実を図ること。

(7) 障害のある児童などについては、特別支援学校等の助言又は援助を活用しつつ、例えば指導についての計画又は家庭や医療、福祉等の業務を行う関係機関と連携した支援のための計画を個別に作成することなどにより、個々の児童の障害の状態等に応じた指導内容や指導方法の工夫を計画的、組織的に行うこと。特に、特別支援学級又は通級による指導については、教師間の連携に努め、効果的な指導を行うこと。

(8) 海外から帰国した児童などについては、学校生活への適応を図るとともに、外国における生活経験を生かすなどの適切な指導を行うこと。

(9) 各教科等の指導に当たっては、児童がコンピュータや情報通信ネットワークなどの情報手段に慣れ親しみ、コンピュータで文字を入力するなどの基本的な操作や情報モラルを身に付け、適切に活用できるようにするための学習活動を充実するとともに、これらの情報手段に加え視聴覚教材や教育機器などの教材・教具の適切な活用を図ること。

(10) 学校図書館を計画的に利用しその機能の活用を図り、児童の主体的、意欲的な学習活動や読書活動を充実すること。

(11) 児童のよい点や進歩の状況などを積極的に評価するとともに、指導の過程や成果を評価し、指導の改善を行い学習意欲の向上に生かすようにすること。

(12) 学校がその目的を達成するため、地域や学校の実態等に応じ、家庭や地域の人々の協力を得るなど家庭や地域社会との連携を深めること。また、小学校間、幼稚園や保育所、中学校及び特別支援学校などとの間の連携や交流を図るとともに、障害のある幼児児童生徒との交流及び共同学習や高齢者などとの交流の機会を設けること。

第3章　道　　徳

第1　目　標

道徳教育の目標は、第1章総則の第1の2に示すところにより、学校の教育活動全体を通じて、道徳的な心情、判断力、実践意欲と態度などの道徳性を養うこととする。

道徳の時間においては、以上の道徳教育の目標に基づき、各教科、外国語活動、総合的な学習の時間及び特別活動における道徳教育と密接な関連を図りながら、計画的、発展的な指導によってこれを補充、深化、統合し、道徳的価値の自覚及び自己の生き方についての考えを深め、道徳的実践力を育成するものとする。

第2　内　容

道徳の時間を要（かなめ）として学校の教育活動全体を通じて行う道徳教育の内容は、次のとおりとする。

〔第1学年及び第2学年〕

1　主として自分自身に関すること。

(1)　健康や安全に気を付け、物や金銭を大切にし、身の回りを整え、わがままをしないで、規則正しい生活をする。

(2)　自分がやらなければならない勉強や仕事は、しっかりと行う。

(3)　よいことと悪いことの区別をし、よいと思うことを進んで行う。

(4)　うそをついたりごまかしをしたりしないで、素直に伸び伸びと生活する。

2　主として他の人とのかかわりに関すること。

(1)　気持ちのよいあいさつ、言葉遣い、動作などに心掛けて、明るく接する。

(2)　幼い人や高齢者など身近にいる人に温かい心で接し、親切にする。

(3)　友達と仲よくし、助け合う。

(4)　日ごろ世話になっている人々に感謝する。

3　主として自然や崇高なものとのかかわりに関すること。

(1)　生きることを喜び、生命を大切にする心をもつ。

(2)　身近な自然に親しみ、動植物に優しい心で接する。

(3)　美しいものに触れ、すがすがしい心をもつ。

4　主として集団や社会とのかかわりに関すること。

(1)　約束やきまりを守り、みんなが使う物を大切にする。

(2)　働くことのよさを感じて、みんなのために働く。

(3)　父母、祖父母を敬愛し、進んで家の手伝いなどをして、家族の役に立つ喜びを知る。
(4) 先生を敬愛し、学校の人々に親しんで、学級や学校の生活を楽しくする。
(5) 郷土の文化や生活に親しみ、愛着をもつ。

〔第3学年及び第4学年〕

1　主として自分自身に関すること。
(1) 自分でできることは自分でやり、よく考えて行動し、節度のある生活をする。
(2) 自分でやろうと決めたことは、粘り強くやり遂げる。
(3) 正しいと判断したことは、勇気をもって行う。
(4) 過ちは素直に改め、正直に明るい心で元気よく生活する。
(5) 自分の特徴に気付き、よい所を伸ばす。

2　主として他の人とのかかわりに関すること。
(1) 礼儀の大切さを知り、だれに対しても真心をもって接する。
(2) 相手のことを思いやり、進んで親切にする。
(3) 友達と互いに理解し、信頼し、助け合う。
(4) 生活を支えている人々や高齢者に、尊敬と感謝の気持ちをもって接する。

3　主として自然や崇高なものとのかかわりに関すること。
(1) 生命の尊さを感じ取り、生命あるものを大切にする。
(2) 自然のすばらしさや不思議さに感動し、自然や動植物を大切にする。
(3) 美しいものや気高いものに感動する心をもつ。

4　主として集団や社会とのかかわりに関すること。
(1) 約束や社会のきまりを守り、公徳心をもつ。
(2) 働くことの大切さを知り、進んでみんなのために働く。
(3) 父母、祖父母を敬愛し、家族みんなで協力し合って楽しい家庭をつくる。
(4) 先生や学校の人々を敬愛し、みんなで協力し合って楽しい学級をつくる。
(5) 郷土の伝統と文化を大切にし、郷土を愛する心をもつ。
(6) 我が国の伝統と文化に親しみ、国を愛する心をもつとともに、外国の人々や文化に関心をもつ。

〔第5学年及び第6学年〕

1　主として自分自身に関すること。
(1) 生活習慣の大切さを知り、自分の生活を見直し、節度を守り節制に心掛ける。
(2) より高い目標を立て、希望と勇気をもってくじけないで努力する。
(3) 自由を大切にし、自律的で責任のある行動をする。
(4) 誠実に、明るい心で楽しく生活する。
(5) 真理を大切にし、進んで新しいものを求め、工夫して生活をよりよくする。
(6) 自分の特徴を知って、悪い所を改めよい所を積極的に伸ばす。

2　主として他の人とのかかわりに関すること。

(1)　時と場をわきまえて、礼儀正しく真心をもって接する。

(2)　だれに対しても思いやりの心をもち、相手の立場に立って親切にする。

(3)　互いに信頼し、学び合って友情を深め、男女仲よく協力し助け合う。

(4)　謙虚な心をもち、広い心で自分と異なる意見や立場を大切にする。

(5)　日々の生活が人々の支え合いや助け合いで成り立っていることに感謝し、それにこたえる。

3　主として自然や崇高なものとのかかわりに関すること。

(1)　生命がかけがえのないものであることを知り、自他の生命を尊重する。

(2)　自然の偉大さを知り、自然環境を大切にする。

(3)　美しいものに感動する心や人間の力を超えたものに対する畏敬の念をもつ。

4　主として集団や社会とのかかわりに関すること。

(1)　公徳心をもって法やきまりを守り、自他の権利を大切にし進んで義務を果たす。

(2)　だれに対しても差別をすることや偏見をもつことなく公正、公平にし、正義の実現に努める。

(3)　身近な集団に進んで参加し、自分の役割を自覚し、協力して主体的に責任を果たす。

(4)　働くことの意義を理解し、社会に奉仕する喜びを知って公共のために役に立つことをする。

(5)　父母、祖父母を敬愛し、家族の幸せを求めて、進んで役に立つことをする。

(6)　先生や学校の人々への敬愛を深め、みんなで協力し合いよりよい校風をつくる。

(7)　郷土や我が国の伝統と文化を大切にし、先人の努力を知り、郷土や国を愛する心をもつ。

(8)　外国の人々や文化を大切にする心をもち、日本人としての自覚をもって世界の人々と親善に努める。

第3　指導計画の作成と内容の取扱い

1　各学校においては、校長の方針の下に、道徳教育の推進を主に担当する教師（以下「道徳教育推進教師」という。）を中心に、全教師が協力して道徳教育を展開するため、次に示すところにより、道徳教育の全体計画と道徳の時間の年間指導計画を作成するものとする。

(1)　道徳教育の全体計画の作成に当たっては、学校における全教育活動との関連の下に、児童、学校及び地域の実態を考慮して、学校の道徳教育の重点目標を設定するとともに、第2に示す道徳の内容との関連を踏まえた各教科、外国語活動、総合的な学習の時間及び特別活動における指導の内容及び時期並びに家庭や地域社会との連携の方法を示す必要があること。

(2) 道徳の時間の年間指導計画の作成に当たっては、道徳教育の全体計画に基づき、各教科、外国語活動、総合的な学習の時間及び特別活動との関連を考慮しながら、計画的、発展的に授業がなされるよう工夫すること。その際、第２に示す各学年段階ごとの内容項目について、児童や学校の実態に応じ、２学年間を見通した重点的な指導や内容項目間の関連を密にした指導を行うよう工夫すること。ただし、第２に示す各学年段階ごとの内容項目は相当する各学年においてすべて取り上げること。なお、特に必要な場合には、他の学年段階の内容項目を加えることができること。

(3) 各学校においては、各学年を通じて自立心や自律性、自他の生命を尊重する心を育てることに配慮するとともに、児童の発達の段階や特性等を踏まえ、指導内容の重点化を図ること。特に低学年ではあいさつなどの基本的な生活習慣、社会生活上のきまりを身に付け、善悪を判断し、人間としてしてはならないことをしないこと、中学年では集団や社会のきまりを守り、身近な人々と協力し助け合う態度を身に付けること、高学年では法やきまりの意義を理解すること、相手の立場を理解し、支え合う態度を身に付けること、集団における役割と責任を果たすこと、国家・社会の一員としての自覚をもつことなどに配慮し、児童や学校の実態に応じた指導を行うよう工夫すること。また、高学年においては、悩みや葛藤（かっとう）等の心の揺れ、人間関係の理解等の課題を積極的に取り上げ、自己の生き方についての考えを一層深められるよう指導を工夫すること。

2 第２に示す道徳の内容は、児童が自ら道徳性をはぐくむためのものであり、道徳の時間はもとより、各教科、外国語活動、総合的な学習の時間及び特別活動においてもそれぞれの特質に応じた適切な指導を行うものとする。その際、児童自らが成長を実感でき、これからの課題や目標が見付けられるよう工夫する必要がある。

3 道徳の時間における指導に当たっては、次の事項に配慮するものとする。

(1) 校長や教頭などの参加、他の教師との協力的な指導などについて工夫し、道徳教育推進教師を中心とした指導体制を充実すること。

(2) 集団宿泊活動やボランティア活動、自然体験活動などの体験活動を生かすなど、児童の発達の段階や特性等を考慮した創意工夫ある指導を行うこと。

(3) 先人の伝記、自然、伝統と文化、スポーツなどを題材とし、児童が感動を覚えるような魅力的な教材の開発や活用を通して、児童の発達の段階や特性等を考慮した創意工夫ある指導を行うこと。

(4) 自分の考えを基に、書いたり話し合ったりするなどの表現する機会を充実し、自分とは異なる考えに接する中で、自分の考えを深め、自らの成長を実感できるよう工夫すること。

(5) 児童の発達の段階や特性等を考慮し、第2に示す道徳の内容との関連を踏まえ、情報モラルに関する指導に留意すること。

4　道徳教育を進めるに当たっては、学校や学級内の人間関係や環境を整えるとともに、学校の道徳教育の指導内容が児童の日常生活に生かされるようにする必要がある。また、道徳の時間の授業を公開したり、授業の実施や地域教材の開発や活用などに、保護者や地域の人々の積極的な参加や協力を得たりするなど、家庭や地域社会との共通理解を深め、相互の連携を図るよう配慮する必要がある。

5　児童の道徳性については、常にその実態を把握して指導に生かすよう努める必要がある。ただし、道徳の時間に関して数値などによる評価は行わないものとする。

【資料】中学校学習指導要領（抄）

（平成20年3月28日　文部科学省告示第28号）

第1章　総　　則

第1　教育課程編成の一般方針

1　各学校においては、教育基本法及び学校教育法その他の法令並びにこの章以下に示すところに従い、生徒の人間として調和のとれた育成を目指し、地域や学校の実態及び生徒の心身の発達の段階や特性等を十分考慮して、適切な教育課程を編成するものとし、これらに掲げる目標を達成するよう教育を行うものとする。

学校の教育活動を進めるに当たっては、各学校において、生徒に生きる力をはぐくむことを目指し、創意工夫を生かした特色ある教育活動を展開する中で、基礎的・基本的な知識及び技能を確実に習得させ、これらを活用して課題を解決するために必要な思考力、判断力、表現力その他の能力をはぐくむとともに、主体的に学習に取り組む態度を養い、個性を生かす教育の充実に努めなければならない。その際、生徒の発達の段階を考慮して、生徒の言語活動を充実するとともに、家庭との連携を図りながら、生徒の学習習慣が確立するよう配慮しなければならない。

2　学校における道徳教育は、道徳の時間を要(かなめ)として学校の教育活動全体を通じて行うものであり、道徳の時間はもとより、各教科、総合的な学習の時間及び特別活動のそれぞれの特質に応じて、生徒の発達の段階を考慮して、適切な指導を行わなければならない。

道徳教育は、教育基本法及び学校教育法に定められた教育の根本精神に基づき、人間尊重の精神と生命に対する畏(い)敬の念を家庭、学校、その他社会における具体的な生活の中に生かし、豊かな心をもち、伝統と文化を尊重し、それらをはぐくんできた我が国と郷土を愛し、個性豊かな文化の創造を図るとともに、公共の精神を尊び、民主的な社会及び国家の発展に努め、他国を尊重し、国際社会の平和と発展や環境の保全に貢献し未来を拓(ひら)く主体性のある日本人を育成するため、その基盤としての道徳性を養うことを目標とする。

道徳教育を進めるに当たっては、教師と生徒及び生徒相互の人間関係を深めるとともに、生徒が道徳的価値に基づいた人間としての生き方についての自覚を深め、家庭や地域社会との連携を図りながら、職場体験活動やボランティア活動、自然体験活動などの豊かな体験を通して生徒の内面に根ざした道徳性の育成が図られるよう配慮しなければならない。その際、特に生徒が自他の生命を尊重し、規律ある生活ができ、自分の将来を考え、法やきまりの意義の理解を深め、主体的に社会の形成に参画し、国際社会に生きる日本人としての自覚を身に付けるようにすることなどに配慮しなければならない。

3　学校における体育・健康に関する指導は、生徒の発達の段階を考慮して、学校の教育活動全体を通じて適切に行うものとする。特に、学校における食育の推進並びに体力の向上に関する指導、安全に関する指導及び心身の健康の保持増進に関する指導については、保健体育科の時間はもとより、技術・家庭科、特別活動などにおいてもそれぞれの特質に応じて適切に行うよう努めることとする。また、それらの指導を通して、家庭や地域社会との連携を図りながら、日常生活において適切な体育・健康に関する活動の実践を促し、生涯を通じて健康・安全で活力ある生活を送るための基礎が培われるよう配慮しなければならない。

第2　内容等の取扱いに関する共通的事項

1　第2章以下に示す各教科、道徳及び特別活動の内容に関する事項は、特に示す場合を除き、いずれの学校においても取り扱わなければならない。

2　学校において特に必要がある場合には、第2章以下に示していない内容を加えて指導することができる。また、第2章以下に示す内容の取扱いのうち内容の範囲や程度等を示す事項は、すべての生徒に対して指導するものとする内容の範囲や程度等を示したものであり、学校において特に必要がある場合には、この事項にかかわらず指導することができる。ただし、これらの場合には、第2章以下に示す各教科、道徳及び特別活動並びに各学年、各分野又は各言語の目標や内容の趣旨を逸脱したり、生徒の負担過重となったりすることのないようにしなければならない。

3　第2章以下に示す各教科、道徳及び特別活動並びに各学年、各分野又は各言語の内容に掲げる事項の順序は、特に示す場合を除き、指導の順序を示すものではないので、学校においては、その取扱いについて適切な工夫を加えるものとする。

4　学校において2以上の学年の生徒で編制する学級について特に必要がある場合には、各教科の目標の達成に支障のない範囲内で、各教科の目標及び内容について学年別の順序によらないことができる。

5　各学校においては、選択教科を開設し、生徒に履修させることができる。その場合にあっては、地域や学校、生徒の実態を考慮し、すべての生徒に指導すべき内容との関連を図りつつ、選択教科の授業時数及び内容を適切に定め選択教科の指導計画を作成するものとする。

6　選択教科の内容については、課題学習、補充的な学習や発展的な学習など、生徒の特性等に応じた多様な学習活動が行えるよう各学校において適切に定めるものとする。その際、生徒の負担過重となることのないようにしなければならない。

7　各学校においては、第2章に示す各教科を選択教科として設けることができるほか、地域や学校、生徒の実態を考慮して、特に必要がある場合には、その他特に必要な教科を選択教科として設けることができる。その他特に必要な教科の名称、目標、内容などについては、各学校が適切に定めるものとする。

第3　授業時数等の取扱い

1　各教科、道徳、総合的な学習の時間及び特別活動（以下「各教科等」という。ただし、1及び3において、特別活動については学級活動（学校給食に係るものを除く。）に限る。）の授業は、年間35週以上にわたって行うよう計画し、週当たりの授業時数が生徒の負担過重にならないようにするものとする。ただし、各教科等（特別活動を除く。）や学習活動の特質に応じ効果的な場合には、夏季、冬季、学年末等の休業日の期間に授業日を設定する場合を含め、これらの授業を特定の期間に行うことができる。なお、給食、休憩などの時間については、学校において工夫を加え、適切に定めるものとする。

2　特別活動の授業のうち、生徒会活動及び学校行事については、それらの内容に応じ、年間、学期ごと、月ごとなどに適切な授業時数を充てるものとする。

3　各教科等のそれぞれの授業の1単位時間は、各学校において、各教科等の年間授業時数を確保しつつ、生徒の発達の段階及び各教科等や学習活動の特質を考慮して適切に定めるものとする。なお、10分間程度の短い時間を単位として特定の教科の指導を行う場合において、当該教科を担当する教師がその指導内容の決定や指導の成果の把握と活用等を責任をもって行う体制が整備されているときは、その時間を当該教科の年間授業時数に含めることができる。

4　各学校においては、地域や学校及び生徒の実態、各教科等や学習活動の特質等に応じて、創意工夫を生かし時間割を弾力的に編成することができる。

5　総合的な学習の時間における学習活動により、特別活動の学校行事に掲げる各行事の実施と同様の成果が期待できる場合においては、総合的な学習の時間における学習活動をもって相当する特別活動の学校行事に掲げる各行事の実施に替えることができる。

第4　指導計画の作成等に当たって配慮すべき事項

1　各学校においては、次の事項に配慮しながら、学校の創意工夫を生かし、全体として、調和のとれた具体的な指導計画を作成するものとする。

(1)　各教科等及び各学年相互間の関連を図り、系統的、発展的な指導ができるようにすること。

(2)　各教科の各学年、各分野又は各言語の指導内容については、そのまとめ方や重点の置き方に適切な工夫を加えるなど、効果的な指導ができるようにすること。

2　以上のほか、次の事項に配慮するものとする。

(1)　各教科等の指導に当たっては、生徒の思考力、判断力、表現力等をはぐくむ観点から、基礎的・基本的な知識及び技能の活用を図る学習活動を重視するとともに、言語に対する関心や理解を深め、言語に関する能力の育成を図る上で必要な言語環境を整え、生徒の言語活動を充実すること。

(2)　各教科等の指導に当たっては、体験的な学習や基礎的・基本的な知識及び技能を活用した問題解決的な学習を重視するとともに、生徒の興味・関心を生かし、自主的、自発的な学習が促されるよう工夫すること。

(3)　教師と生徒の信頼関係及び生徒相互の好ましい人間関係を育てるとともに生徒理解を深め、生徒が自主的に判断、行動し積極的に自己を生かしていくことができるよう、生徒指導の充実を図ること。

(4)　生徒が自らの生き方を考え主体的に進路を選択することができるよう、学校の教育活動全体を通じ、計画的、組織的な進路指導を行うこと。

(5)　生徒が学校や学級での生活によりよく適応するとともに、現在及び将来の生き方を考え行動する態度や能力を育成することができるよう、学校の教育活動全体を通じ、ガイダンスの機能の充実を図ること。

(6)　各教科等の指導に当たっては、生徒が学習の見通しを立てたり学習したことを振り返ったりする活動を計画的に取り入れるようにすること。

(7)　各教科等の指導に当たっては、生徒が学習内容を確実に身に付けることができるよう、学校や生徒の実態に応じ、個別指導やグループ別指導、繰り返し指導、学習内容の習熟の程度に応じた指導、生徒の興味・関心等に応じた課題学習、補充的な学習や発展的な学習などの学習活動を取り入れた指導、教師間の協力的な指導など指導方法や指導体制を工夫改善し、個に応じた指導の充実を図ること。

(8)　障害のある生徒などについては、特別支援学校等の助言又は援助を活用しつつ、例えば指導についての計画又は家庭や医療、福祉等の業務を行う関係機関と連携した支援のための計画を個別に作成することなどにより、個々の生徒の障害の状態等に応じた指導内容や指導方法の工夫を計画的、組織的に行うこと。特に、特別支援学級又は通級による指導については、教師間の連携に努め、効果的な指導を行うこと。

(9)　海外から帰国した生徒などについては、学校生活への適応を図るとともに、外国における生活経験を生かすなどの適切な指導を行うこと。

(10)　各教科等の指導に当たっては、生徒が情報モラルを身に付け、コンピュータや情報通信ネットワークなどの情報手段を適切かつ主体的、積極的に活用できるようにするための学習活動を充実するとともに、これらの情報手段に加え視聴覚教材や教育機器などの教材・教具の適切な活用を図ること。

(11)　学校図書館を計画的に利用しその機能の活用を図り、生徒の主体的、意欲的な学習活動や読書活動を充実すること。

⑿　生徒のよい点や進歩の状況などを積極的に評価するとともに、指導の過程や成果を評価し、指導の改善を行い学習意欲の向上に生かすようにすること。

⒀　生徒の自主的、自発的な参加により行われる部活動については、スポーツや文化及び科学等に親しませ、学習意欲の向上や責任感、連帯感の涵(かん)養等に資するものであり、学校教育の一環として、教育課程との関連が図られるよう留意すること。その際、地域や学校の実態に応じ、地域の人々の協力、社会教育施設や社会教育関係団体等の各種団体との連携などの運営上の工夫を行うようにすること。

⒁　学校がその目的を達成するため、地域や学校の実態等に応じ、家庭や地域の人々の協力を得るなど家庭や地域社会との連携を深めること。また、中学校間や小学校、高等学校及び特別支援学校などとの間の連携や交流を図るとともに、障害のある幼児児童生徒との交流及び共同学習や高齢者などとの交流の機会を設けること。

第3章　道　　徳

第1　目　標

道徳教育の目標は、第1章総則の第1の2に示すところにより、学校の教育活動全体を通じて、道徳的な心情、判断力、実践意欲と態度などの道徳性を養うこととする。

道徳の時間においては、以上の道徳教育の目標に基づき、各教科、総合的な学習の時間及び特別活動における道徳教育と密接な関連を図りながら、計画的、発展的な指導によってこれを補充、深化、統合し、道徳的価値及びそれに基づいた人間としての生き方についての自覚を深め、道徳的実践力を育成するものとする。

第2　内　容

道徳の時間を要(かなめ)として学校の教育活動全体を通じて行う道徳教育の内容は、次のとおりとする。

1　主として自分自身に関すること。

(1)　望ましい生活習慣を身に付け、心身の健康の増進を図り、節度を守り節制に心掛け調和のある生活をする。

(2)　より高い目標を目指し、希望と勇気をもって着実にやり抜く強い意志をもつ。

(3)　自律の精神を重んじ、自主的に考え、誠実に実行してその結果に責任をもつ。

(4)　真理を愛し、真実を求め、理想の実現を目指して自己の人生を切り拓(ひら)いていく。

(5)　自己を見つめ、自己の向上を図るとともに、個性を伸ばして充実した生き方を追求する。

2　主として他の人とのかかわりに関すること。

(1)　礼儀の意義を理解し、時と場に応じた適切な言動をとる。

(2) 温かい人間愛の精神を深め、他の人々に対し思いやりの心をもつ。
(3) 友情の尊さを理解して心から信頼できる友達をもち、互いに励まし合い、高め合う。
(4) 男女は、互いに異性についての正しい理解を深め、相手の人格を尊重する。
(5) それぞれの個性や立場を尊重し、いろいろなものの見方や考え方があることを理解して、寛容の心をもち謙虚に他に学ぶ。
(6) 多くの人々の善意や支えにより、日々の生活や現在の自分があることに感謝し、それにこたえる。

3　主として自然や崇高なものとのかかわりに関すること。
(1) 生命の尊さを理解し、かけがえのない自他の生命を尊重する。
(2) 自然を愛護し、美しいものに感動する豊かな心をもち、人間の力を超えたものに対する畏(い)敬の念を深める。
(3) 人間には弱さや醜さを克服する強さや気高さがあることを信じて、人間として生きることに喜びを見いだすように努める。

4　主として集団や社会とのかかわりに関すること。
(1) 法やきまりの意義を理解し、遵守するとともに、自他の権利を重んじ義務を確実に果たして、社会の秩序と規律を高めるように努める。
(2) 公徳心及び社会連帯の自覚を高め、よりよい社会の実現に努める。
(3) 正義を重んじ、だれに対しても公正、公平にし、差別や偏見のない社会の実現に努める。
(4) 自己が属する様々な集団の意義についての理解を深め、役割と責任を自覚し集団生活の向上に努める。
(5) 勤労の尊さや意義を理解し、奉仕の精神をもって、公共の福祉と社会の発展に努める。
(6) 父母、祖父母に敬愛の念を深め、家族の一員としての自覚をもって充実した家庭生活を築く。
(7) 学級や学校の一員としての自覚をもち、教師や学校の人々に敬愛の念を深め、協力してよりよい校風を樹立する。
(8) 地域社会の一員としての自覚をもって郷土を愛し、社会に尽くした先人や高齢者に尊敬と感謝の念を深め、郷土の発展に努める。
(9) 日本人としての自覚をもって国を愛し、国家の発展に努めるとともに、優れた伝統の継承と新しい文化の創造に貢献する。
(10) 世界の中の日本人としての自覚をもち、国際的視野に立って、世界の平和と人類の幸福に貢献する。

第３　指導計画の作成と内容の取扱い

1　各学校においては、校長の方針の下に、道徳教育の推進を主に担当する教師（以下「道徳教育推進教師」という。）を中心に、全教師が協力して道徳教育を展開するため、次に示すところにより、道徳教育の全体計画と道徳の時間の年間指導計画を作成するものとする。

(1)　道徳教育の全体計画の作成に当たっては、学校における全教育活動との関連の下に、生徒、学校及び地域の実態を考慮して、学校の道徳教育の重点目標を設定するとともに、第２に示す道徳の内容との関連を踏まえた各教科、総合的な学習の時間及び特別活動における指導の内容及び時期並びに家庭や地域社会との連携の方法を示す必要があること。

(2)　道徳の時間の年間指導計画の作成に当たっては、道徳教育の全体計画に基づき、各教科、総合的な学習の時間及び特別活動との関連を考慮しながら、計画的、発展的に授業がなされるよう工夫すること。その際、第２に示す各内容項目の指導の充実を図る中で、生徒や学校の実態に応じ、３学年間を見通した重点的な指導や内容項目間の関連を密にした指導を行うよう工夫すること。ただし、第２に示す内容項目はいずれの学年においてもすべて取り上げること。

(3)　各学校においては、生徒の発達の段階や特性等を踏まえ、指導内容の重点化を図ること。特に、自他の生命を尊重し、規律ある生活ができ、自分の将来を考え、法やきまりの意義の理解を深め、主体的に社会の形成に参画し、国際社会に生きる日本人としての自覚を身に付けるようにすることなどに配慮し、生徒や学校の実態に応じた指導を行うよう工夫すること。また、悩みや葛藤（かっとう）等の思春期の心の揺れ、人間関係の理解等の課題を積極的に取り上げ、道徳的価値に基づいた人間としての生き方について考えを深められるよう配慮すること。

2　第２に示す道徳の内容は、生徒が自ら道徳性をはぐくむためのものであり、道徳の時間はもとより、各教科、総合的な学習の時間及び特別活動においてもそれぞれの特質に応じた適切な指導を行うものとする。その際、生徒自らが成長を実感でき、これからの課題や目標が見付けられるよう工夫する必要がある。

3　道徳の時間における指導に当たっては、次の事項に配慮するものとする。

(1)　学級担任の教師が行うことを原則とするが、校長や教頭などの参加、他の教師との協力的な指導などについて工夫し、道徳教育推進教師を中心とした指導体制を充実すること。

(2)　職場体験活動やボランティア活動、自然体験活動などの体験活動を生かすなど、生徒の発達の段階や特性等を考慮した創意工夫ある指導を行うこと。

(3)　先人の伝記、自然、伝統と文化、スポーツなどを題材とし、生徒が感動を覚えるような魅力的な教材の開発や活用を通して、生徒の発達の段階や特性等を考慮した創意工夫ある指導を行うこと。

⑷　自分の考えを基に、書いたり討論したりするなどの表現する機会を充実し、自分とは異なる考えに接する中で、自分の考えを深め、自らの成長を実感できるよう工夫すること。

⑸　生徒の発達の段階や特性等を考慮し、第２に示す道徳の内容との関連を踏まえて、情報モラルに関する指導に留意すること。

4　道徳教育を進めるに当たっては、学校や学級内の人間関係や環境を整えるとともに、学校の道徳教育の指導内容が生徒の日常生活に生かされるようにする必要がある。また、道徳の時間の授業を公開したり、授業の実施や地域教材の開発や活用などに、保護者や地域の人々の積極的な参加や協力を得たりするなど、家庭や地域社会との共通理解を深め、相互の連携を図るよう配慮する必要がある。

5　生徒の道徳性については、常にその実態を把握して指導に生かすよう努める必要がある。ただし、道徳の時間に関して数値などによる評価は行わないものとする。

【資料】高等学校学習指導要領（抄）

（平成21年3月9日　文部科学省告示第34号）

第1章　総　　則

第1款　教育課程編成の一般方針

2　学校における道徳教育は、生徒が自己探求と自己実現に努め国家・社会の一員としての自覚に基づき行為しうる発達の段階にあることを考慮し人間としての在り方生き方に関する教育を学校の教育活動全体を通じて行うことにより、その充実を図るものとし、各教科に属する科目、総合的な学習の時間及び特別活動のそれぞれの特質に応じて、適切な指導を行わなければならない。

道徳教育は、教育基本法及び学校教育法に定められた教育の根本精神に基づき、人間尊重の精神と生命に対する畏(い)敬の念を家庭、学校、その他社会における具体的な生活の中に生かし、豊かな心をもち、伝統と文化を尊重し、それらをはぐくんできた我が国と郷土を愛し、個性豊かな文化の創造を図るとともに、公共の精神を尊び、民主的な社会及び国家の発展に努め、他国を尊重し、国際社会の平和と発展や環境の保全に貢献し未来を拓(ひら)く主体性のある日本人を育成するため、その基盤としての道徳性を養うことを目標とする。

道徳教育を進めるに当たっては、特に、道徳的実践力を高めるとともに、自他の生命を尊重する精神、自律の精神及び社会連帯の精神並びに義務を果たし責任を重んずる態度及び人権を尊重し差別のないよりよい社会を実現しようとする態度を養うための指導が適切に行われるよう配慮しなければならない。

【資料】道徳に係る教育課程の改善等について（答申）（抄）

（平成 26 年 10 月 21 日　中央教育審議会）

はじめに

道徳教育、とりわけ道徳の時間の指導の現状をめぐっては、これまでも様々な課題が繰り返し指摘され、その改善が強く求められている。教育再生実行会議の第一次提言を踏まえて設置された文部科学省「道徳教育の充実に関する懇談会」の報告（平成 25 年 12 月）では、道徳教育の改善・充実のための方策の一つとして、道徳の時間を、教育課程上「特別の教科道徳（仮称）として」位置付け、道徳教育の改善・充実を図ることが提言された。

本審議会は、文部科学大臣から平成 26 年 2 月に「道徳に係る教育課程の改善等について」諮問を受け、「道徳教育の充実に関する懇談会」の提言も踏まえつつ、審議を行ってきた。審議に当たっては、初等中等教育分科会教育課程部会の下に、道徳教育専門部会を新たに設け、有識者からのヒアリングや、審議のまとめ案に関する国民からの意見募集なども行いつつ、10 回にわたり専門的な検討を行った。

今般、これまでの審議の成果を取りまとめ、答申として文部科学大臣に提出するものである。

答申にもあるとおり、道徳教育を通じて育成される道徳性は、「豊かな心」はもちろん、「確かな学力」や「健やかな体」の基盤ともなり、児童生徒一人一人の「生きる力」を根本で支えるものである。また、道徳教育は、個人のよりよい人生の実現はもとより、国家・社会の持続的発展にとっても極めて重要な意義をもっている。

我が国には、人々が道徳を重んじてきた伝統があり、また、現在も、諸外国から、日本人の道徳性の高さが評価され、敬意を表される機会も多い。我々は、こうした伝統や評価に自信と誇りをもちながらも、一方で道徳教育をめぐる現状の課題を真摯（しんし）に受け止め、今後の時代を生きる子供たちのため、その改善に早急に取り組む必要がある。

今回の答申を踏まえ、文部科学省において、学校教育法施行規則の改正や学習指導要領の改訂をはじめとする制度改正や必要な条件整備が速やかに行われ、学校における道徳教育の抜本的な改善・充実が図られるとともに、学校と家庭や地域との連携・協力が強化され、社会全体で道徳教育に取り組む気運が高まることを願っている。

1　道徳教育の改善の方向性

(1)　道徳教育の使命

教育基本法においては、教育の目的として、人格の完成を目指すことが示されている。人格の基盤となるのが道徳性であり、その道徳性を育てることが道徳教育の使命である。平成 25 年 12 月の「道徳教育の充実に関する懇談会」報告では、道徳教育について「自立した一人の人間として人、生を他者とともによりよく生きる人格を形成することを目指すもの」と述べられている。道徳教育においては、人間尊重の精神と生命に対する畏敬の念を前提に、人が互いに尊重し協働して社会を形作っていく上で共通に求められるルールやマナーを学び、規範意識などを育むとともに、人としてよりよく生きる上で大切なものとは何か、自分はどのように生きるべきかなどについて、時には悩み、葛藤しつつ、考えを深め、自らの生き方を育んでいくことが求められる。

さらに、今後グローバル化が進展する中で、様々な文化や価値観を背景とする人々と相互に尊重し合いながら生きることや、科学技術の発展や社会・経済の変化の中で、人間の幸福と社会の発展の調和的な実現を図ることが一層重要な課題となる。こうした課題に対応していくためには、社会を構成する主体である一人一人が、高い倫理観をもち、人としての生き方や社会の在り方について、多様な価値観の存在を認識しつつ、自ら感じ、考え、他者と対話し協働しながら、よりよい方向を目指す資質・能力を備えることがこれまで以上に重要であり、こうした資質・能力の育成に向け、道徳教育は、大きな役割を果たす必要がある。

このように、道徳教育は、人が一生を通じて追求すべき人格形成の根幹に関わるものであり、同時に、民主的な国家・社会の持続的発展を根底で支えるものでもある。

また、道徳教育を通じて育成される道徳性、とりわけ、内省しつつ物事の本質を考える力や何事にも主体性をもって誠実に向き合う意志や態度、豊かな情操などは、「豊かな心」だけでなく、「確かな学力」や「健やかな体」の基盤ともなり、「生きる力」を育むものである。学校における道徳教育は、児童生徒一人一人が将来に対する夢や希望、自らの人生や未来を切り拓いていく力を育む源となるものでなければならない。

その意味で、道徳教育は、本来、学校教育の中核として位置付けられるべきものであるが、その実態については、学校の教育目標に即して充実した指導を重ね、確固たる成果を上げている優れた取組がある一方で、例えば、道徳教育の要である道徳の時間において、その特質を生かした授業が行われていない場合があることや、発達の段階が上がるにつれ、授業に対する児童生徒の受け止めがよくない状況にあること、学校や教員によって指導の格差が大きいことなど多くの課題が指摘されており、全体としては、いまだ不十分な状況にある。こうした実態も真摯に受け止めつつ、早急に改善に取り組む必要がある。

なお、道徳教育をめぐっては、児童生徒に特定の価値観を押し付けようとするものではないかなどの批判が一部にある。しかしながら、道徳教育の本来の使命に鑑みれば、特定の価値観を押し付けたり、主体性をもたず言われるままに行動するよう指導したりすることは、道徳教育が目指す方向の対極にあるものと言わなければならない。むしろ、多様な価値観の、時に対立がある場合を含めて、誠実にそれらの価値に向き合い、道徳としての問題を考え続ける姿勢こそ道徳教育で養うべき基本的資質であると考えられる。

もちろん、道徳教育において、児童生徒の発達の段階等を踏まえ、例えば、社会のルールやマナー、人としてしてはならないことなどについてしっかりと身に付けさせることは必要不可欠である。しかし、これらの指導の真（しん）の目的は、ルールやマナー等を単に身に付けさせることではなく、そのことを通して道徳性を養うことであり、道徳教育においては、発達の段階も踏まえつつ、こうしたルールやマナー等の意義や役割そのものについても考えを深め、さらには、必要があればそれをよりよいものに変えていく力を育てることをも目指していかなくてはならない。

また、実生活においては、同じ事象でも立場や状況によって見方が異なったり、複数の道徳的価値が対立し、単一の道徳的価値だけでは判断が困難な状況に遭遇したりすることも多い。このことを前提に、道徳教育においては、人として生きる上で重要な様々な道徳的価値について、児童生徒が発達の段階に応じて学び、理解を深めるとともに、それを基にしながら、それぞれの人生において出会うであろう多様で複雑な具体的事象に対し、一人一人が多角的に考え、判断し、適切に行動するための資質・能力を養うことを目指さなくてはならない。

⑵　道徳教育のねらいを実現するための教育課程の改善

こうした道徳教育の意義と課題を改めて確認した上で、本来の道徳教育のねらいがより効果的に実現されるよう改善を図る必要がある。

（中略）

また、今回の道徳教育の改善に関する議論の発端となったのは、いじめの問題への対応であった。児童生徒がこうした現実の困難な問題に主体的に対処することのできる実効性のある力を育成していく上で、道徳教育も大きな役割を果たすことが強く求められている。道徳教育を通じて、個人が直面する様々な事象の中で、状況を深く見つめ、自分はどうすべきか、自分に何ができるかを判断し、そのことを実行する手立てを考え、取り組めるようにしていくなどの改善が必要と考えられる。（以下略）

【資料】幼稚園、小学校、中学校、高等学校及び特別支援学校の学習指導要領等の改善及び必要な方策等について（答申）(抄)

(平成 28 年 12 月 21 日　中央教育審議会)

15. 道徳教育

(1) 現行学習指導要領の成果と課題を踏まえた道徳教育の在り方

①現行学習指導要領の成果と課題

○　これからの時代においては、社会を構成する主体である一人一人が、高い倫理観をもち、人間としての生き方や社会の在り方について、多様な価値観の存在を認識しつつ、自ら考え、他者と対話し協働しながら、よりよい方向を模索し続けるために必要な資質・能力を備えることが求められている。子供たちのこうした資質・能力を育成するために、道徳教育はますます重要になっていると考えられる。

（小・中学校学習指導要領等の一部改正と「考え、議論する道徳」への転換）

○　道徳教育については、平成 27 年 3 月に、学校教育法施行規則及び小・中学校の学習指導要領の一部改正が行われ、従来の「道徳の時間」が「特別の教科 道徳」（以下「道徳科」という。）として新たに位置付けられた。

○　戦後我が国の道徳教育は、学校の教育活動全体を通じて行うという方針の下に進められてきた。小・中学校に関しては、各学年週 1 単位時間の「道徳の時間」が、昭和 33 年告示の学習指導要領において設置され、学校における道徳教育の「要」としての役割を果たしてきた。

しかし、これまでの間、学校や児童生徒の実態などに基づき充実した指導を重ね、確固たる成果を上げている学校がある一方で、例えば、歴史的経緯に影響され、いまだに道徳教育そのものを忌避しがちな風潮があること、他教科に比べて軽んじられていること、発達の段階を踏まえた内容や指導方法となっていなかったり、主題やねらいの設定が不十分な単なる生活経験の話合いや読み物の登場人物の心情の読み取りのみに偏った形式的な指導が行われていたりする例があることなど、多くの課題が指摘されてきた。

○　このような状況を踏まえて行われた「特別の教科」化は、多様な価値観の、時には対立がある場合を含めて、誠実にそれらの価値に向き合い、道徳としての問題を考え続ける姿勢こそ道徳教育で養うべき基本的資質であるという認識に立ち、発達の段階に応じ、答えが一つではない道徳的な課題を一人一人の児童生徒が自分自身の問題と捉え、向き合う「考え、議論する道徳」へと転換を図るものである。小学校で平成 30 年度から、中学校で 31 年度から全面実施されることに向けて、全国の一つ一つの学校において、「考え、議論する道徳」への質的転換が、着実に進むようにすることが必要である。

（高等学校の道徳教育の充実）

○　高等学校については、道徳の時間を設けず、学校教育全体で道徳教育を行うこととしてきた。

高等学校段階の生徒は、自分の人生をどう生きればよいか、生きることの意味は何かということについて思い悩む時期であり、自分自身や自己と他者との関係、さらには、広く国家や社会について関心をもち、人間や社会の在るべき姿について考えを深める時期でもある。こうしたことに鑑み、高等学校においては、人間としての在り方生き方を考える学習を通して道徳教育の充実を図ることとしている。

しかしながら、中央教育審議会答申「道徳に係る教育課程の改善等について」で述べられているように、高等学校全体としては、人としての在り方や生き方に関する中核的な指導の場は、十分には担保されているとは言い難い。校長や個々の教員の力量に依存する部分が大きいという指摘もある。先んじて行われた小・中学校における学習指導要領等の一部改正の趣旨や、高等学校の公民科における「公共」の新設など今般の学習指導要領全体の改訂の方向性を踏まえ、高等学校の道徳教育の充実について検討する必要がある。

②課題を踏まえた道徳教育の目標の在り方

○　小・中学校学習指導要領においては、今回の改正により、道徳教育と道徳科の目標を「よりよく生きるための道徳性を養う」ものであると統一した。その上で、道徳科の目標は「道徳性を養う」ための学習活動を更に具体化して示す観点から、「道徳的諸価値についての理解を基に、自己を見つめ、物事を（広い視野から）多面的・多角的に考え、自己の（人間としての）生き方についての考えを深める学習を通して、道徳的な判断力、心情、実践意欲と態度を育てる」と規定した（括弧内は中学校学習指導要領における表記）。

○　道徳教育・道徳科で育成することを目指す資質・能力と、今回の学習指導要領改訂において整理する資質・能力の三つの柱（「知識・技能」「思考力・判断力・表現力等」「学びに向かう力・人間性等」）との関係については、人格そのものに働き掛け、道徳性を養うことを目的とする道徳教育の特質を考慮する必要がある。このため、「道徳教育に係る評価等の在り方に関する専門家会議」（以下「専門家会議」という。）の報告（平成28年7月22日）では、資質・能力の三つの柱との関係について、道徳科の学習活動に着目した捉え方を示している。

○　学習指導要領の一部改正により、小・中学校の道徳科においては、目標の中で、「道徳的諸価値についての理解を基に、自己を見つめ、物事を（広い視野から）多面的・多角的に考え、自己の（人間としての）生き方についての考えを深める」学習を通して道徳性を養うことが明確に示された。この道徳性を養うために行う道徳科における学習は、「道徳的諸価値の理解」と「自己の（人間としての）生き方についての考え」といった要素により支えられている。道徳科の学習の中で、これらが相互に関わり合い、深め合うことによって、道徳教育・道徳科で育成することを目指す資質・能力である「道徳性」を養うことにつながっていく（別添 16-2）。

○　高等学校においては、人間としての在り方生き方についての教育の中で、小・中学校における道徳科の学習等を通じた道徳的諸価値の理解を基にしながら、様々な体験や思索の機会を通して自らの考えを深めることにより自分自身に固有の選択基準・判断基準を形成していく（別添 16-3）。

○　また、小・中・高等学校のいずれにおいても、各教科等において、学びを人生や社会に生かそうとする「学びに向かう力・人間性等」を育成することは、自立した人間として他者と共によりよく生きるための基盤となる道徳性を育てることに深く関わっている。

○　こうしたことを踏まえると、道徳教育と資質・能力の三つの柱との関係については、道徳教育・道徳科の学習の過程に着目して、道徳性を養う学習を支える重要な要素である「道徳的諸価値の理解と自分自身に固有の選択基準・判断基準の形成」、「人間としての在り方生き方についての考え」及び道徳教育・道徳科で育成することを目指す資質・能力である「人間としてよりよく生きる基盤となる道徳性」の三つが、各教科等で育成することを目指す資質・能力の三つの柱にそれぞれ対応するものとして整理することができる。ただし、前述のような道徳教育の意義、特質から、これらの要素を分節して観点別に評価を行うことはなじまないことに留意する必要がある（別添 16-1）。

○　これらのことは改訂後の小・中学校の道徳科の目標等に示されているものと言えるため、改めて小・中学校の道徳科の目標を改訂し直すのではなく、指導資料の作成等を通じて周知していく中で分かりやすく示していくことが必要である。

○　高等学校学習指導要領総則の中で示している高等学校の道徳教育の目標等については、先に行われた小・中学校学習指導要領の改訂を踏まえつつ、高等学校全体で、答えが一つではない課題に誠実に向き合い、それらを自分のこととして捉え、他者と協働しながら自分の答えを見いだしていく思考力・判断力・表現力等や、これらの基になる主体性を持って多様な人々と協働して学ぶ態度の育成が求められていることに対応し、公民科に新たに設けられる「公共」や「倫理」及び特別活動を、人間としての在り方生き方に関する中核的な指導場面として関連付けを図る方向で改善を行う。

③道徳科における「見方・考え方」

○　各教科の特質に応じた「見方・考え方」は、それぞれの教科等の学びの「深まり」の鍵となるものである。生きて働く知識・技能を習得したり、思考力・判断力・表現力を豊かなものとしたり、社会や世界にどのように関わるかの視座を形成したりするために重要なものである。すなわち、資質・能力の三つの柱全てに深く関わる、各教科等を学ぶ本質的な意義の中核を成すものであり、教科等の教育と社会をつなぐものである。

○「考え、議論する道徳」を目指す今回の小・中学校学習指導要領の改訂の趣旨に照らして考えると、道徳科における「深い学び」の鍵となる「見方・考え方」は、今回の改訂で目標に示されている、「様々な事象を、道徳的諸価値の理解を基に自己との関わりで（広い視野から）多面的・多角的に捉え、自己の（人間としての）生き方について考えること」であると言える。

(2) 具体的な改善事項

①教育課程の示し方の改善

ⅰ）資質・能力を育成する学びの過程についての考え方

○　先に述べたように、小・中学校の道徳科において資質・能力を育成する学習過程は、道徳科の目標に示された「道徳的諸価値の理解を基に、自己を見つめ、様々な物事を（広い視野から）多面的・多角的に考え、自己の（人間としての）生き方についての考えを深める学習」である（別添16-2）。

○　道徳的諸価値の理解を図るには、児童生徒一人一人が道徳的価値の理解を自分との関わりで捉えることが重要である。「道徳的諸価値の理解を基に」とは、道徳的諸価値の理解を深めることが自分自身の生き方について考えることにつながっていくということだけでなく、自分自身の生き方について考えたり、体験的な学習を通して実感を伴って理解したり、道徳的問題について多面的・多角的に捉えその解決に向けて自分で考えたり他者と話し合ったりすることを通じて道徳的諸価値の理解が深まっていくことも含まれている。

○　このため、特定の道徳的価値を絶対的なものとして指導したり、本来実感を伴って理解すべき道徳的価値のよさや大切さを観念的に理解させたりする学習に終始することのないように配慮することが大切である。児童生徒の発達の段階等を踏まえ、例えば、社会のルールやマナー、人としてしてはならないことなどについてしっかりと身に付けさせることは必要不可欠であるが、これらの指導の真の目的は、ルールやマナー等を単に身に付けさせることではなく、そのことを通して道徳性を養うことである。

○　学校における道徳教育は、道徳科を要として学校の教育活動全体を通じて行うこととなっており、道徳科は、㋐道徳教育としては取り扱う機会が十分でない内容項目に関する指導を補うこと、㋑児童生徒や学校の実態等を踏まえて指導をより一層深めること、㋒内容項目の相互の関係を捉え直したり発展させたりすることに留意して指導する必要がある。

○　高等学校における道徳教育は、前述のとおり、人間としての在り方生き方に関する教育の中で、小・中学校における道徳科の学習等を通じた道徳的諸価値の理解を基にしながら、自分自身に固有の選択基準・判断基準を形成していく（別添 16-3）。これらは様々な体験や思索の機会を通して自らの考えを深めることにより形成されてくるものであるため、人間としての在り方生き方に関する教育においては、教員の一方的な押しつけや先哲の思想の紹介にとどまることのないよう留意し、生徒が自ら考え、自覚を深める学習とすることが重要である。

ii）指導内容の示し方の改善

○　小・中学校においては、小・中学校学習指導要領の改訂により、道徳科の内容の示し方について、いじめの問題への対応の充実や発達の段階をより一層踏まえた体系的なものに改善し、小学校では、第1・2学年に「個性の伸長」、「公正、公平、社会正義」、「国際理解、国際親善」を、第3・4学年に「相互理解、寛容」、「公平、公正、社会正義」、「国際理解、国際親善」を、第5・6学年には「よりよく生きる喜び」の内容項目を追加した。

○　高等学校における道徳教育については、小・中学校のように道徳科を特設しておらず、指導する内容項目等は示されていないが、学校全体で行う道徳教育の全体計画を作成、実施するに当たっては、小・中学校の内容項目とのつながりを意識することが求められる。その上で、高等学校の共通性と多様性ということを考慮すると、各高等学校において全体計画を作成、実施するに当たっては、各学校や生徒の実態に応じて、内容を網羅するのではなく重点化して示すことが重要である。このため、校長のリーダーシップの下で、全体計画に基づく道徳教育のカリキュラム・マネジメントを担う者として、高等学校においても道徳教育推進教師を置く（任命する）ことが求められる。

○　また、小・中・高等学校のいずれにおいても、カリキュラム・マネジメントの視点から、各学校が作成する道徳教育の全体計画及び別葉の中において、学校の道徳教育の重点目標に基づき各教科等で育成を目指す資質・能力と道徳科で育成を目指す資質・能力や指導内容等の関連を図ることを示すことが考えられる。また、作成した全体計画を教職員が共有するだけでなく、ホームページに掲載する等により広く公開することも重要である。

○　さらに、計画等を作成・公開して終わりではなく、例えば学校評価の中で、計画に基づいた達成状況を振り返り、次年度の計画の作成や取組に生かすといったことも重要である。

②教育内容の改善・充実

○　小・中学校学習指導要領の一部改正では、いじめへの対応や、情報モラル等の現代的課題などへの対応の充実が図られたところである。

○　今後、小・中・高等学校を通じて、更なる指導の充実を図るべき点としては、例えば、㋐公職選挙法改正による選挙権年齢の引き下げ等も踏まえた積極的な社会参画に関わること、㋑障害者差別解消法の施行等を踏まえた障害者理解（心のバリアフリー）に関わること等が考えられる。こうした課題に関する学習の充実を図るとともに、各学校においては学校や地域、児童生徒の状況に応じて重点的に取り組むべき課題の設定を行うことが望まれる。

③学習・指導の改善充実や教育環境の充実等

ⅰ）「主体的・対話的で深い学び」の実現

○　現在検討されている学習指導要領全体改訂の中では、社会で生きて働く知識や力を育むために、子供たちが「何を学ぶか」という学習内容の在り方に加えて、「どのように学ぶか」という、学びの過程に着目してその質を高めることにより、学習内容を深く理解し、資質・能力を身に付け、生涯にわたって能動的（アクティブ）に学び続けるようにしていくことが重要である。「どのように学ぶか」の鍵となるのがアクティブ・ラーニングの視点、すなわち子供たちの「主体的・対話的で深い学び」をいかに実現するかという学習・指導改善の視点である。道徳教育においては、他者と共によりよく生きるための基盤となる道徳性を育むため、答えが一つではない道徳的な課題を一人一人の児童生徒が自分自身の問題と捉え、向き合う「考え、議論する道徳」を実現することが、「主体的・対話的で深い学び」を実現することになると考えられる。

○　専門家会議では、「考え、議論する道徳への転換」に向けて求められる質の高い多様な指導方法の例示として、㋐読み物教材の登場人物への自我関与が中心の学習、㋑問題解決的な学習、㋒道徳的行為に関する体験的な学習を指導方法の例を挙げている。これらは独立した指導の「型」を示すわけではなく、それぞれに様々な展開が考えられ、またそれぞれの要素を組み合わせた指導を行うことも考えられることとしている。

○　道徳科における学習・指導改善における工夫や留意すべき点については、専門家会議における質の高い多様な指導方法の例示や、既に一部改正がなされた学習指導要領及びその解説等を、踏まえつつ、「主体的・対話的で深い学び」の視点に沿って整理すると、概ね以下のように考えられる。

○　なお、道徳科における具体的な学習プロセスは限りなく存在し得るものである。様々な工夫や留意点を三つの視点に分けることが目的ではなく、これらの視点を手掛かりに、教員一人一人が、子供たちの発達の段階や発達の特性、指導内容などに応じた方法について研究を重ね、ふさわしい方法を選択しながら工夫して実践できるようにすることが重要である。

（「主体的な学び」の視点）

- 「主体的な学び」の視点からは、児童生徒が問題意識を持ち、自己を見つめ、道徳的価値を自分自身との関わりで捉え、自己の生き方について考える学習とすることや、各教科で学んだこと、体験したことから道徳的価値に関して考えたことや感じたことを統合させ、自ら道徳性を養う中で、自らを振り返って成長を実感したり、これからの課題や目標を見付けたりすることができるよう工夫することが求められる。

  このため、主題やねらいの設定が不十分な単なる生活経験の話合いや、読み物教材の登場人物の心情理解のみに終始する指導、望ましいと思われることを言わせたり書かせたりすることに終始する指導などに陥らないよう留意することが必要である。例えば、児童生徒の発達の段階等を考慮し、興味や問題意識を持つことができるような身近な社会的課題を取り上げること、問題解決的な学習を通して一人一人が考えたことや感じたことを振り返る活動を取り入れること、我が国や郷土の伝統や文化、先人の業績や生き方に触れることや、自然体験活動など美しいもの・気高いものなどに出合う機会を多様に設定し、そこから感じたことを通じて自己を見つめ、自分自身の生き方について考え、多様な考えを持つ他者を相互に認め合い広い心で異なる意見や立場を尊重し、共によりよく生きようという意欲などを高めるようにすることも重要である。また、年度当初に自分の有様やよりよく生きるための課題を考え、課題や目標を捉える学習を行ったり、学習の過程や成果などの記録を計画的にファイル等に集積（ポートフォリオ）したりすること等により、学習状況を自ら把握し振り返ることができるようにすることなどが考えられる。

- 上記のような「主体的・対話的で深い学び」を実現するためには、多様な意見を受け止め、認め合える学級の雰囲気がその基盤としてなくてはならず、学級（ホームルーム）経営の充実が大変重要である。このことは、道徳的価値を自分との関わりで捉え考えを深める時間である道徳においては特に求められると言える。一方で、道徳の時間を通して、児童生徒理解を深め、これを学級経営に生かすということも考えられる。

- なお、前述のとおり高等学校には道徳の時間が設けられておらず、「公共」及び「倫理」並びに特別活動が中核的な指導場面として期待されている。したがって、これらの科目等においても、道徳教育において育成を目指す資質・能力及び上記の視点を意識した学習が求められる。

（「対話的な学び」の視点）

- 「対話的な学び」の視点からは、子供同士の協働、教員や地域の人との対話、先哲の考え方を手掛かりに考えたり、自分と異なる意見と向かい合い議論すること等を通じ、自分自身の道徳的価値の理解を深めたり広げたりすることが求められる。

例えば、教材や体験などから考えたこと、感じたことを発表し合ったり、「理解し合い、信頼や友情を育む（友情、信頼）」と「同調圧力に流されない（公正、公平、社会正義）」といった葛藤や衝突が生じる場面について、話合いなどにより異なる考えに接し、多面的・多角的に考え、議論したりするなどの工夫を行うことや、日頃から何でも言い合え、認め合える学級の雰囲気を作ることが重要である。また、資料を通じて先人の考えに触れて道徳的価値の理解を深めたり自己を見つめる学習につなげたりすることができるような教材の開発・活用を行うことや、様々な専門家や保護者、地域住民等に道徳科の授業への参加を得ることなども「対話的な学び」の視点から効果的な方法と考えられる。

・　また、児童生徒同士で話し合う問題解決的な学習を行うに当たっては、そこで何らかの合意を形成することが目的ではなく、そうした学習を通して、道徳的価値について自分のこととして捉え、多面的・多角的に考えることにより、将来、道徳的な選択や判断が求められる問題に対峙した時に、自分にも他者にとってもよりよい選択や判断ができるような資質・能力を育てることにつなげることが重要であることに留意する必要がある。なお、発達の段階や個人の特性等を踏まえれば、教員が介在することにより「対話的な学び」が実現できる場合も考えられ、その実態を踏まえた適切な配慮が求められる。言葉によって伝えるだけでなく、多様な表現を認めることも大切である。

特に、特設の道徳科の時間がない高等学校においては、特別活動、特にホームルーム活動における話合いを通して、人間としての在り方生き方に関する考えを深めることが重要である。

（「深い学び」の視点）

・　「深い学び」の視点からは、道徳的諸価値の理解を基に、自己を見つめ、物事を多面的・多角的に考え、自己の生き方について考える学習を通して、様々な場面、状況において、道徳的価値を実現するための問題状況を把握し、適切な行為を主体的に選択し、実践できるような資質・能力を育てる学習とすることが求められる。

そのためには、単に読み物教材の登場人物の心情理解のみで終わったり、単なる生活体験の話合いや、望ましいと分かっていることを言わせたり書かせたりする指導とならないよう留意し、道徳的な問題を自分事として捉え、議論し、探究する過程を重視し、道徳的価値に関わる自分の考え方、感じ方をより深めるための多様な指導方法を工夫することなどが考えられる。深い学びにつながる指導方法としては、例えば以下のような工夫が考えられる。

読み物教材の登場人物への自我関与を中心とした学習において、教材の登場人物の判断と心情を自分との関わりにおいて多面的・多角的に考えることを通し、道徳的価値の理解を深めること。

様々な道徳的諸価値に関わる問題や課題を主体的に解決する学習において、児童生徒の考えの根拠を問う発問や、問題場面を自分に当てはめて考えてみることを促す発問などを通じて、問題場面における道徳的価値の意味を考えさせること。

道徳的行為に関する体験的な学習において、疑似体験的な活動（役割演技など）を通して、実際の問題場面を実感を伴って理解することで、様々な問題や課題を主体的に解決するために必要な資質・能力を養うこと。

・ 道徳的な問題場面には、㋐道徳的諸価値が実現されていないことに起因する問題、㋑道徳的諸価値についての理解が不十分又は誤解していることから生じる問題、㋒道徳的諸価値のことは理解しているが、それを実現しようとする自分とそうできない自分との葛藤から生じる問題、㋓複数の道徳的価値の間の対立から生じる問題などがあり、これらの問題構造を踏まえた場面設定や学習活動の工夫を行うことも大切である。

ii）教材や教育環境の充実

○ 教材については、小・中学校学習指導要領において「特に、生命の尊厳、自然、伝統と文化、先人の伝記、スポーツ、情報化への対応等の現代的な課題など」を題材とすることが示されている。

○ 例えば「生命の尊厳」は、生命のもつ偶然性、有限性、連続性から、生命の尊重や感謝、よりよく生きる喜びなど様々な道徳的な問題を考えることができる言わば道徳の内容全体に関わる事項である。身近な人の死に接したり、人間の生命の尊さやかけがえのなさに心を揺り動かされたりする経験が少なくなっていると考えられる現代において、例えば動植物を取り上げた教材の提示により、生や死など生命の尊さについての考えを深めていくことができるような教材の工夫が考えられる。

○ また、「スポーツ」では、例えばオリンピック・パラリンピックなど、世界を舞台に活躍している競技者の公正な態度や苦悩、努力などに触れて、道徳的価値の理解を深めたり、自己を見つめたりすることも効果的であると考えられる。

○ 教材の活用に当たっては、地域や学校、児童生徒の実態や発達の段階、指導のねらいに即して、適切に選択することが求められる。教科書や教材について、学校に置いておくのではなく、持ち帰って家庭や地域でも活用できるようにすることも重要である。

○ 環境整備については専門家会議において提言されたように、道徳教育の質的転換に向けて、それぞれの立場から積極的な取組を進めることが求められる。

・ 文部科学省においては、道徳教育・道徳科で育成を目指す資質・能力など基本的な考え方について分かりやすく情報発信をすること、モデル事業の推進や学習指導要領解説の改訂、教師用指導資料の作成、教育委員会等の積極的な取組について全国へ発信すること等を進めること

・　各教育委員会や研究団体においては、質の高い多様な指導方法、特に問題解決的な学習や体験的な学習に関する研究をこれまで以上に進めること
・　各学校、特に管理職には、道徳科を学校教育全体で行う道徳教育の真の「要」となるようにカリキュラム・マネジメントを確立すること
・　道徳科の指導を行う一人一人の教員には、学級や児童生徒の実態から柔軟に授業を構想し、道徳教育推進教師と協働しつつ、家庭や地域との連携を深め、主体的・能動的に道徳教育を実践すること
・　家庭や地域においては、例えば「親子道徳の日」の設定や教科書などを通じて保護者と児童生徒が一緒に道徳について考えたり、道徳の授業にゲストティーチャーとして関わったりすること

○　特に、高等学校については、校長のリーダーシップの下、道徳教育推進教師を軸としながら、特設の時間がないからこそ、担任を持つ教員だけでなく教員全員が道徳教育の担当であるという意識で推進する必要がある。校長は全体をマネジメントするだけでなく、例えば校長自身も節目節目での講話等を通じて直接生徒に語り掛け、生徒が道徳について考える機会を作ることにも大きな意義がある。

○　なお、道徳教育推進教師には、例えば、児童生徒の実態把握に基づいて道徳教育に係る全体計画を作成することや、その実施のための各教員に対する支援、校内研修や授業研究の実施、家庭や地域、近隣の学校等との連携など、カリキュラム・マネジメントの視点から、学校教育全体における道徳教育を推進するための取組を実施するに当たって、中心的な役割を果たすことが求められる。そのためには、教育委員会等においても、道徳教育推進教師に対する研修の実施などを通じて、道徳教育推進教師に求められる資質・能力の育成とともに、管理職や他の教員の理解が得られるような取組の推進が求められる。

○　学校・地域によっては、独自に道徳教育のための時間を確保し、必修化するなどの取組や、そうした時間等や各教科等で活用できる教材の作成、道徳教育を担当する教員に対する研修など積極的な取組を行っている例がある。国や都道府県教育委員会には、そうした高等学校における道徳教育の充実に関する取組に対する支援や成果の共有などを積極的に進めることが求められる。

○　道徳教育の質的転換に向けては、「社会に開かれた教育課程」の視点から、道徳教育で育成を目指す資質・能力などについて、専門家同士での理解を前提としたものではなく、全ての教員はもとより、保護者や地域の理解も得られるような示し方、伝え方としていき、社会全体で共有できるようにしていくことが重要である。例えば道徳性の諸様相についての説明は昭和30年代から大きく変わっていないが、今後、関係する諸分野における科学的知見や資質・能力に関する研究等の進歩を踏まえながら、より分かりやすく適切な示し方について研究がなされることが期待される。

【資料】小学校学習指導要領（抄）

（平成29年3月31日　文部科学省告示第63号）

小学校学習指導要領

目次

前文
第1章　総則
第2章　各教科
　第1節　国語
　第2節　社会
　第3節　算数
　第4節　理科
　第5節　生活
　第6節　音楽
　第7節　図画工作
　第8節　家庭
　第9節　体育
　第10節　外国語
第3章　特別の教科道徳
第4章　外国語活動
第5章　総合的な学習の時間
第6章　特別活動

教育は、教育基本法第1条に定めるとおり、人格の完成を目指し、平和で民主的な国家及び社会の形成者として必要な資質を備えた心身ともに健康な国民の育成を期すという目的のもと、同法第2条に掲げる次の目標を達成するよう行われなければならない。

1　幅広い知識と教養を身に付け、真理を求める態度を養い、豊かな情操と道徳心を培うとともに、健やかな身体を養うこと。

2　個人の価値を尊重して、その能力を伸ばし、創造性を培い、自主及び自律の精神を養うとともに、職業及び生活との関連を重視し、勤労を重んずる態度を養うこと。

3　正義と責任、男女の平等、自他の敬愛と協力を重んずるとともに、公共の精神に基づき、主体的に社会の形成に参画し、その発展に寄与する態度を養うこと。

4　生命を尊び、自然を大切にし、環境の保全に寄与する態度を養うこと。

5　伝統と文化を尊重し、それらをはぐくんできた我が国と郷土を愛するとともに、他国を尊重し、国際社会の平和と発展に寄与する態度を養うこと。

これからの学校には、こうした教育の目的及び目標の達成を目指しつつ、一人一人の児童が、自分のよさや可能性を認識するとともに、あらゆる他者を価値のある存在として尊重し、多様な人々と協働しながら様々な社会的変化を乗り越え、豊かな人生を切り拓（ひら）き、持続可能な社会の創り手となることができるようにすることが求められる。このために必要な教育の在り方を具体化するのが、各学校において教育の内容等を組織的かつ計画的に組み立てた教育課程である。

教育課程を通して、これからの時代に求められる教育を実現していくためには、よりよい学校教育を通してよりよい社会を創るという理念を学校と社会とが共有し、それぞれの学校において、必要な学習内容をどのように学び、どのような資質・能力を身に付けられるようにするのかを教育課程において明確にしながら、社会との連携及び協働によりその実現を図っていくという、社会に開かれた教育課程の実現が重要となる。

学習指導要領とは、こうした理念の実現に向けて必要となる教育課程の基準を大綱的に定めるものである。学習指導要領が果たす役割の一つは、公の性質を有する学校における教育水準を全国的に確保することである。また、各学校がその特色を生かして創意工夫を重ね、長年にわたり積み重ねられてきた教育実践や学術研究の蓄積を生かしながら、児童や地域の現状や課題を捉え、家庭や地域社会と協力して、学習指導要領を踏まえた教育活動の更なる充実を図っていくことも重要である。

児童が学ぶことの意義を実感できる環境を整え、一人一人の資質・能力を伸ばせるようにしていくことは、教職員をはじめとする学校関係者はもとより、家庭や地域の人々も含め、様々な立場から児童や学校に関わる全ての大人に期待される役割である。幼児期の教育の基礎の上に、中学校以降の教育や生涯にわたる学習とのつながりを見通しながら、児童の学習の在り方を展望していくために広く活用されるものとなることを期待して、ここに小学校学習指導要領を定める。

第１章　総　　則

第１　小学校教育の基本と教育課程の役割

１　各学校においては、教育基本法及び学校教育法その他の法令並びにこの章以下に示すところに従い、児童の人間として調和のとれた育成を目指し、児童の心身の発達の段階や特性及び学校や地域の実態を十分考慮して、適切な教育課程を編成するものとし、これらに掲げる目標を達成するよう教育を行うものとする。

２　学校の教育活動を進めるに当たっては、各学校において、第３の１に示す主体的・対話的で深い学びの実現に向けた授業改善を通して、創意工夫を生かした特色ある教育活動を展開する中で、次の(1)から(3)までに掲げる事項の実現を図り、児童に生きる力を育むことを目指すものとする。

(1)　基礎的・基本的な知識及び技能を確実に習得させ、これらを活用して課題を解決するために必要な思考力、判断力、表現力等を育むとともに、主体的に学習に取り組む態度を養い、個性を生かし多様な人々との協働を促す教育の充実に努めること。その際、児童の発達の段階を考慮して、児童の言語活動など、学習の基盤をつくる活動を充実するとともに、家庭との連携を図りながら、児童の学習習慣が確立するよう配慮すること。

(2)　道徳教育や体験活動、多様な表現や鑑賞の活動等を通して、豊かな心や創造性の涵(かん)養を目指した教育の充実に努めること。

学校における道徳教育は、特別の教科である道徳（以下「道徳科」という。）を要として学校の教育活動全体を通じて行うものであり、道徳科はもとより、各教科、外国語活動、総合的な学習の時間及び特別活動のそれぞれの特質に応じて、児童の発達の段階を考慮して、適切な指導を行うこと。

道徳教育は、教育基本法及び学校教育法に定められた教育の根本精神に基づき、自己の生き方を考え、主体的な判断の下に行動し、自立した人間として他者と共によりよく生きるための基盤となる道徳性を養うことを目標とすること。

道徳教育を進めるに当たっては、人間尊重の精神と生命に対する畏敬の念を家庭、学校、その他社会における具体的な生活の中に生かし、豊かな心をもち、伝統と文化を尊重し、それらを育んできた我が国と郷土を愛し、個性豊かな文化の創造を図るとともに、平和で民主的な国家及び社会の形成者として、公共の精神を尊び、社会及び国家の発展に努め、他国を尊重し、国際社会の平和と発展や環境の保全に貢献し未来を拓(ひら)く主体性のある日本人の育成に資することとなるよう特に留意すること。

(3)　学校における体育・健康に関する指導を、児童の発達の段階を考慮して、学校の教育活動全体を通じて適切に行うことにより、健康で安全な生活と豊かなスポーツライフの実現を目指した教育の充実に努めること。特に、学校における食育の推進並びに体力の向上に関する指導、安全に関する指導及び心身の健康の保持増進に関する指導については、体育科、家庭科及び特別活動の時間はもとより、各教科、道徳科、外国語活動及び総合的な学習の時間などにおいてもそれぞれの特質に応じて適切に行うよう努めること。また、それらの指導を通して、家庭や地域社会との連携を図りながら、日常生活において適切な体育・健康に関する活動の実践を促し、生涯を通じて健康・安全で活力ある生活を送るための基礎が培われるよう配慮すること。

3　2の(1)から(3)までに掲げる事項の実現を図り、豊かな創造性を備え持続可能な社会の創り手となることが期待される児童に、生きる力を育むことを目指すに当たっては、学校教育全体並びに各教科、道徳科、外国語活動、総合的な学習の時間及び特別活動（以下「各教科等」という。ただし、第2の3の(2)のア及びウにおいて、特別活動については学級活動（学校給食に係るものを除く。）に限る。）の指導を通してどのような資質・能力の育成を目指すのかを明確にしながら、教育活動の充実を図るものとする。その際、児童の発達の段階や特性等を踏まえつつ、次に掲げることが偏りなく実現できるようにするものとする。

(1)　知識及び技能が習得されるようにすること。

(2)　思考力、判断力、表現力等を育成すること。

(3)　学びに向かう力、人間性等を涵（かん）養すること。

4　各学校においては、児童や学校、地域の実態を適切に把握し、教育の目的や目標の実現に必要な教育の内容等を教科等横断的な視点で組み立てていくこと、教育課程の実施状況を評価してその改善を図っていくこと、教育課程の実施に必要な人的又は物的な体制を確保するとともにその改善を図っていくことなどを通して、教育課程に基づき組織的かつ計画的に各学校の教育活動の質の向上を図っていくこと（以下「カリキュラム・マネジメント」という。）に努めるものとする。

第2　教育課程の編成

1　各学校の教育目標と教育課程の編成

教育課程の編成に当たっては、学校教育全体や各教科等における指導を通して育成を目指す資質・能力を踏まえつつ、各学校の教育目標を明確にするとともに、教育課程の編成についての基本的な方針が家庭や地域とも共有されるよう努めるものとする。その際、第5章総合的な学習の時間の第2の1に基づき定められる目標との関連を図るものとする。

2　教科等横断的な視点に立った資質・能力の育成

(1)　各学校においては、児童の発達の段階を考慮し、言語能力、情報活用能力（情報モラルを含む。)、問題発見・解決能力等の学習の基盤となる資質・能力を育成していくことができるよう、各教科等の特質を生かし、教科等横断的な視点から教育課程の編成を図るものとする。

(2) 各学校においては、児童や学校、地域の実態及び児童の発達の段階を考慮し、豊かな人生の実現や災害等を乗り越えて次代の社会を形成することに向けた現代的な諸課題に対応して求められる資質・能力を、教科等横断的な視点で育成していくことができるよう、各学校の特色を生かした教育課程の編成を図るものとする。

3　教育課程の編成における共通的事項

(1) 内容等の取扱い

ア　第2章以下に示す各教科、道徳科、外国語活動及び特別活動の内容に関する事項は、特に示す場合を除き、いずれの学校においても取り扱わなければならない。

イ　学校において特に必要がある場合には、第2章以下に示していない内容を加えて指導することができる。また、第2章以下に示す内容の取扱いのうち内容の範囲や程度等を示す事項は、全ての児童に対して指導するものとする内容の範囲や程度等を示したものであり、学校において特に必要がある場合には、この事項にかかわらず加えて指導することができる。ただし、これらの場合には、第2章以下に示す各教科、道徳科、外国語活動及び特別活動の目標や内容の趣旨を逸脱したり、児童の負担過重となったりすることのないようにしなければならない。

ウ　第2章以下に示す各教科、道徳科、外国語活動及び特別活動の内容に掲げる事項の順序は、特に示す場合を除き、指導の順序を示すものではないので、学校においては、その取扱いについて適切な工夫を加えるものとする。

エ　学年の内容を2学年まとめて示した教科及び外国語活動の内容は、2学年間かけて指導する事項を示したものである。各学校においては、これらの事項を児童や学校、地域の実態に応じ、2学年間を見通して計画的に指導することとし、特に示す場合を除き、いずれかの学年に分けて、又はいずれの学年においても指導するものとする。

オ　学校において2以上の学年の児童で編制する学級について特に必要がある場合には、各教科及び道徳科の目標の達成に支障のない範囲内で、各教科及び道徳科の目標及び内容について学年別の順序によらないことができる。

カ　道徳科を要として学校の教育活動全体を通じて行う道徳教育の内容は、第3章特別の教科道徳の第2に示す内容とし、その実施に当たっては、第6に示す道徳教育に関する配慮事項を踏まえるものとする。

(2) 授業時数等の取扱い

ア　各教科等の授業は、年間35週（第1学年については34週）以上にわたって行うよう計画し、週当たりの授業時数が児童の負担過重にならないようにするものとする。ただし、各教科等や学習活動の特質に応じ効果的な場合には、夏季、冬季、学年末等の休業日の期間に授業日を設定する場合を含め、これらの授業を特定の期間に行うことができる。

イ　特別活動の授業のうち、児童会活動、クラブ活動及び学校行事については、それらの内容に応じ、年間、学期ごと、月ごとなどに適切な授業時数を充てるものとする。

ウ　各学校の時間割については、次の事項を踏まえ適切に編成するものとする。

(ｱ) 各教科等のそれぞれの授業の1単位時間は、各学校において、各教科等の年間授業時数を確保しつつ、児童の発達の段階及び各教科等や学習活動の特質を考慮して適切に定めること。

(ｲ) 各教科等の特質に応じ、10分から15分程度の短い時間を活用して特定の教科等の指導を行う場合において、教師が、単元や題材など内容や時間のまとまりを見通した中で、その指導内容の決定や指導の成果の把握と活用等を責任を持って行う体制が整備されているときは、その時間を当該教科等の年間授業時数に含めることができること。

(ｳ) 給食、休憩などの時間については、各学校において工夫を加え、適切に定めること。

(ｴ) 各学校において、児童や学校、地域の実態、各教科等や学習活動の特質等に応じて、創意工夫を生かした時間割を弾力的に編成できること。

エ　総合的な学習の時間における学習活動により、特別活動の学校行事に掲げる各行事の実施と同様の成果が期待できる場合においては、総合的な学習の時間における学習活動をもって相当する特別活動の学校行事に掲げる各行事の実施に替えることができる。

(3) 指導計画の作成等に当たっての配慮事項

各学校においては、次の事項に配慮しながら、学校の創意工夫を生かし、全体として、調和のとれた具体的な指導計画を作成するものとする。

ア　各教科等の指導内容については、(1)のアを踏まえつつ、単元や題材など内容や時間のまとまりを見通しながら、そのまとめ方や重点の置き方に適切な工夫を加え、第3の1に示す主体的・対話的で深い学びの実現に向けた授業改善を通して資質・能力を育む効果的な指導ができるようにすること。

イ　各教科等及び各学年相互間の関連を図り、系統的、発展的な指導ができるようにすること。

ウ　学年の内容を２学年まとめて示した教科及び外国語活動については、当該学年間を見通して、児童や学校、地域の実態に応じ、児童の発達の段階を考慮しつつ、効果的、段階的に指導するようにすること。

エ　児童の実態等を考慮し、指導の効果を高めるため、児童の発達の段階や指導内容の関連性等を踏まえつつ、合科的・関連的な指導を進めること。

4　学校段階等間の接続

教育課程の編成に当たっては、次の事項に配慮しながら、学校段階等間の接続を図るものとする。

(1)　幼児期の終わりまでに育ってほしい姿を踏まえた指導を工夫することにより、幼稚園教育要領等に基づく幼児期の教育を通して育まれた資質・能力を踏まえて教育活動を実施し、児童が主体的に自己を発揮しながら学びに向かうことが可能となるようにすること。

　また、低学年における教育全体において、例えば生活科において育成する自立し生活を豊かにしていくための資質・能力が、他教科等の学習においても生かされるようにするなど、教科等間の関連を積極的に図り、幼児期の教育及び中学年以降の教育との円滑な接続が図られるよう工夫すること。特に、小学校入学当初においては、幼児期において自発的な活動としての遊びを通して育まれてきたことが、各教科等における学習に円滑に接続されるよう、生活科を中心に、合科的・関連的な指導や弾力的な時間割の設定など、指導の工夫や指導計画の作成を行うこと。

(2)　中学校学習指導要領及び高等学校学習指導要領を踏まえ、中学校教育及びその後の教育との円滑な接続が図られるよう工夫すること。特に、義務教育学校、中学校連携型小学校及び中学校併設型小学校においては、義務教育９年間を見通した計画的かつ継続的な教育課程を編成すること。

第３　教育課程の実施と学習評価

1　主体的・対話的で深い学びの実現に向けた授業改善

各教科等の指導に当たっては、次の事項に配慮するものとする。

(1)　第１の３の(1)から(3)までに示すことが偏りなく実現されるよう、単元や題材など内容や時間のまとまりを見通しながら、児童の主体的・対話的で深い学びの実現に向けた授業改善を行うこと。

　特に、各教科等において身に付けた知識及び技能を活用したり、思考力、判断力、表現力等や学びに向かう力、人間性等を発揮させたりして、学習の対象となる物事を捉え思考することにより、各教科等の特質に応じた物事を捉える視点や考え方（以下「見方・考え方」という。）が鍛えられていくことに留意し、児童が各教科等の特質に応じた見方・考え方を働かせながら、知識を相互に関連付けてより深く理解したり、情報を精査して考えを形成したり、問題を見いだして解決策を考えたり、思いや考えを基に創造したりすることに向かう過程を重視した学習の充実を図ること。

(2) 第2の2の(1)に示す言語能力の育成を図るため、各学校において必要な言語環境を整えるとともに、国語科を要としつつ各教科等の特質に応じて、児童の言語活動を充実すること。あわせて、(7)に示すとおり読書活動を充実すること。

(3) 第2の2の(1)に示す情報活用能力の育成を図るため、各学校において、コンピュータや情報通信ネットワークなどの情報手段を活用するために必要な環境を整え、これらを適切に活用した学習活動の充実を図ること。また、各種の統計資料や新聞、視聴覚教材や教育機器などの教材・教具の適切な活用を図ること。

あわせて、各教科等の特質に応じて、次の学習活動を計画的に実施すること。

ア　児童がコンピュータで文字を入力するなどの学習の基盤として必要となる情報手段の基本的な操作を習得するための学習活動

イ　児童がプログラミングを体験しながら、コンピュータに意図した処理を行わせるために必要な論理的思考力を身に付けるための学習活動

(4) 児童が学習の見通しを立てたり学習したことを振り返ったりする活動を、計画的に取り入れるように工夫すること。

(5) 児童が生命の有限性や自然の大切さ、主体的に挑戦してみることや多様な他者と協働することの重要性などを実感しながら理解することができるよう、各教科等の特質に応じた体験活動を重視し、家庭や地域社会と連携しつつ体系的・継続的に実施できるよう工夫すること。

(6) 児童が自ら学習課題や学習活動を選択する機会を設けるなど、児童の興味・関心を生かした自主的、自発的な学習が促されるよう工夫すること。

(7) 学校図書館を計画的に利用しその機能の活用を図り、児童の主体的・対話的で深い学びの実現に向けた授業改善に生かすとともに、児童の自主的、自発的な学習活動や読書活動を充実すること。また、地域の図書館や博物館、美術館、劇場、音楽堂等の施設の活用を積極的に図り、資料を活用した情報の収集や鑑賞等の学習活動を充実すること。

2　学習評価の充実

学習評価の実施に当たっては、次の事項に配慮するものとする。

(1) 児童のよい点や進歩の状況などを積極的に評価し、学習したことの意義や価値を実感できるようにすること。また、各教科等の目標の実現に向けた学習状況を把握する観点から、単元や題材など内容や時間のまとまりを見通しながら評価の場面や方法を工夫して、学習の過程や成果を評価し、指導の改善や学習意欲の向

上を図り、資質・能力の育成に生かすようにすること。

(2) 創意工夫の中で学習評価の妥当性や信頼性が高められるよう、組織的かつ計画的な取組を推進するとともに、学年や学校段階を越えて児童の学習の成果が円滑に接続されるように工夫すること。

第4　児童の発達の支援

1　児童の発達を支える指導の充実

教育課程の編成及び実施に当たっては、次の事項に配慮するものとする。

(1) 学習や生活の基盤として、教師と児童との信頼関係及び児童相互のよりよい人間関係を育てるため、日頃から学級経営の充実を図ること。また、主に集団の場面で必要な指導や援助を行うガイダンスと、個々の児童の多様な実態を踏まえ、一人一人が抱える課題に個別に対応した指導を行うカウンセリングの双方により、児童の発達を支援すること。

あわせて、小学校の低学年、中学年、高学年の学年の時期の特長を生かした指導の工夫を行うこと。

(2) 児童が、自己の存在感を実感しながら、よりよい人間関係を形成し、有意義で充実した学校生活を送る中で、現在及び将来における自己実現を図っていくことができるよう、児童理解を深め、学習指導と関連付けながら、生徒指導の充実を図ること。

(3) 児童が、学ぶことと自己の将来とのつながりを見通しながら、社会的・職業的自立に向けて必要な基盤となる資質・能力を身に付けていくことができるよう、特別活動を要としつつ各教科等の特質に応じて、キャリア教育の充実を図ること。

(4) 児童が、基礎的・基本的な知識及び技能の習得も含め、学習内容を確実に身に付けることができるよう、児童や学校の実態に応じ、個別学習やグループ別学習、繰り返し学習、学習内容の習熟の程度に応じた学習、児童の興味・関心等に応じた課題学習、補充的な学習や発展的な学習などの学習活動を取り入れることや、教師間の協力による指導体制を確保することなど、指導方法や指導体制の工夫改善により、個に応じた指導の充実を図ること。その際、第3の1の(3)に示す情報手段や教材・教具の活用を図ること。

2　特別な配慮を必要とする児童への指導

(1) 障害のある児童などへの指導

ア　障害のある児童などについては、特別支援学校等の助言又は援助を活用しつつ、個々の児童の障害の状態等に応じた指導内容や指導方法の工夫を組織的かつ計画的に行うものとする。

イ　特別支援学級において実施する特別の教育課程については、次のとおり編成するものとする。

(ｱ)　障害による学習上又は生活上の困難を克服し自立を図るため、特別支援学校小学部・中学部学習指導要領第７章に示す自立活動を取り入れること。

(ｲ)　児童の障害の程度や学級の実態等を考慮の上、各教科の目標や内容を下学年の教科の目標や内容に替えたり、各教科を、知的障害者である児童に対する教育を行う特別支援学校の各教科に替えたりするなどして、実態に応じた教育課程を編成すること。

ウ　障害のある児童に対して、通級による指導を行い、特別の教育課程を編成する場合には、特別支援学校小学部・中学部学習指導要領第７章に示す自立活動の内容を参考とし、具体的な目標や内容を定め、指導を行うものとする。その際、効果的な指導が行われるよう、各教科等と通級による指導との関連を図るなど、教師間の連携に努めるものとする。

エ　障害のある児童などについては、家庭、地域及び医療や福祉、保健、労働等の業務を行う関係機関との連携を図り、長期的な視点で児童への教育的支援を行うために、個別の教育支援計画を作成し活用することに努めるとともに、各教科等の指導に当たって、個々の児童の実態を的確に把握し、個別の指導計画を作成し活用することに努めるものとする。特に、特別支援学級に在籍する児童や通級による指導を受ける児童については、個々の児童の実態を的確に把握し、個別の教育支援計画や個別の指導計画を作成し、効果的に活用するものとする。

(2)　海外から帰国した児童などの学校生活への適応や、日本語の習得に困難のある児童に対する日本語指導

ア　海外から帰国した児童などについては、学校生活への適応を図るとともに、外国における生活経験を生かすなどの適切な指導を行うものとする。

イ　日本語の習得に困難のある児童については、個々の児童の実態に応じた指導内容や指導方法の工夫を組織的かつ計画的に行うものとする。特に、通級による日本語指導については、教師間の連携に努め、指導についての計画を個別に作成することなどにより、効果的な指導に努めるものとする。

(3)　不登校児童への配慮

ア　不登校児童については、保護者や関係機関と連携を図り、心理や福祉の専門家の助言又は援助を得ながら、社会的自立を目指す観点から、個々の児童の実態に応じた情報の提供その他の必要な支援を行うものとする。

イ　相当の期間小学校を欠席し引き続き欠席すると認められる児童を対象として、文部科学大臣が認める特別の教育課程を編成する場合には、児童の実態に配慮した教育課程を編成するとともに、個別学習やグループ別学習など指導方

法や指導体制の工夫改善に努めるものとする。

第5　学校運営上の留意事項

1　教育課程の改善と学校評価等

ア　各学校においては、校長の方針の下に、校務分掌に基づき教職員が適切に役割を分担しつつ、相互に連携しながら、各学校の特色を生かしたカリキュラム・マネジメントを行うよう努めるものとする。また、各学校が行う学校評価については、教育課程の編成、実施、改善が教育活動や学校運営の中核となることを踏まえ、カリキュラム・マネジメントと関連付けながら実施するよう留意するものとする。

イ　教育課程の編成及び実施に当たっては、学校保健計画、学校安全計画、食に関する指導の全体計画、いじめの防止等のための対策に関する基本的な方針など、各分野における学校の全体計画等と関連付けながら、効果的な指導が行われるように留意するものとする。

2　家庭や地域社会との連携及び協働と学校間の連携

教育課程の編成及び実施に当たっては、次の事項に配慮するものとする。

ア　学校がその目的を達成するため、学校や地域の実態等に応じ、教育活動の実施に必要な人的又は物的な体制を家庭や地域の人々の協力を得ながら整えるなど、家庭や地域社会との連携及び協働を深めること。また、高齢者や異年齢の子供など、地域における世代を越えた交流の機会を設けること。

イ　他の小学校や、幼稚園、認定こども園、保育所、中学校、高等学校、特別支援学校などとの間の連携や交流を図るとともに、障害のある幼児児童生徒との交流及び共同学習の機会を設け、共に尊重し合いながら協働して生活していく態度を育むようにすること。

第6　道徳教育に関する配慮事項

道徳教育を進めるに当たっては、道徳教育の特質を踏まえ、前項までに示す事項に加え、次の事項に配慮するものとする。

1　各学校においては、第1の2の(2)に示す道徳教育の目標を踏まえ、道徳教育の全体計画を作成し、校長の方針の下に、道徳教育の推進を主に担当する教師（以下「道徳教育推進教師」という。）を中心に、全教師が協力して道徳教育を展開すること。なお、道徳教育の全体計画の作成に当たっては、児童や学校、地域の実態を考慮して、学校の道徳教育の重点目標を設定するとともに、道徳科の指導方針、第3章特別の教科道徳の第2に示す内容との関連を踏まえた各教科、外国語活動、総合的な学習の時間及び特別活動における指導の内容及び時期並びに家庭や地域社会との連携の方法を示すこと。

2　各学校においては、児童の発達の段階や特性等を踏まえ、指導内容の重点化を図ること。その際、各学年を通じて、自立心や自律性、生命を尊重する心や他者を思いやる心を育てることに留意すること。また、各学年段階においては、次の事項に留意すること。

(1)　第1学年及び第2学年においては、挨拶などの基本的な生活習慣を身に付けること、善悪を判断し、してはならないことをしないこと、社会生活上のきまりを守ること。

(2)　第3学年及び第4学年においては、善悪を判断し、正しいと判断したことを行うこと、身近な人々と協力し助け合うこと、集団や社会のきまりを守ること。

(3)　第5学年及び第6学年においては、相手の考え方や立場を理解して支え合うこと、法やきまりの意義を理解して進んで守ること、集団生活の充実に努めること、伝統と文化を尊重し、それらを育んできた我が国と郷土を愛するとともに、他国を尊重すること。

3　学校や学級内の人間関係や環境を整えるとともに、集団宿泊活動やボランティア活動、自然体験活動、地域の行事への参加などの豊かな体験を充実すること。また、道徳教育の指導内容が、児童の日常生活に生かされるようにすること。その際、いじめの防止や安全の確保等にも資することとなるよう留意すること。

4　学校の道徳教育の全体計画や道徳教育に関する諸活動などの情報を積極的に公表したり、道徳教育の充実のために家庭や地域の人々の積極的な参加や協力を得たりするなど、家庭や地域社会との共通理解を深め、相互の連携を図ること。

第３章　特別の教科　道徳

第１　目　標

第１章総則の第１の２の(2)に示す道徳教育の目標に基づき、よりよく生きるための基盤となる道徳性を養うため、道徳的諸価値についての理解を基に、自己を見つめ、物事を多面的・多角的に考え、自己の生き方についての考えを深める学習を通して、道徳的な判断力、心情、実践意欲と態度を育てる。

第２　内　容

学校の教育活動全体を通じて行う道徳教育の要である道徳科においては、以下に示す項目について扱う。

A　主として自分自身に関すること

［善悪の判断、自律、自由と責任］

〔第１学年及び第２学年〕

よいことと悪いこととの区別をし、よいと思うことを進んで行うこと。

〔第３学年及び第４学年〕

正しいと判断したことは、自信をもって行うこと。

〔第５学年及び第６学年〕

自由を大切にし、自律的に判断し、責任のある行動をすること。

［正直、誠実］

〔第１学年及び第２学年〕

うそをついたりごまかしをしたりしないで、素直に伸び伸びと生活すること。

〔第３学年及び第４学年〕

過ちは素直に改め、正直に明るい心で生活すること。

〔第５学年及び第６学年〕

誠実に、明るい心で生活すること。

［節度、節制］

〔第１学年及び第２学年〕

健康や安全に気を付け、物や金銭を大切にし、身の回りを整え、わがままをしないで、規則正しい生活をすること。

〔第３学年及び第４学年〕

自分でできることは自分でやり、安全に気を付け、よく考えて行動し、節度のある生活をすること。

〔第５学年及び第６学年〕

安全に気を付けることや、生活習慣の大切さについて理解し、自分の生活を見直し、節度を守り節制に心掛けること。

［個性の伸長］

〔第１学年及び第２学年〕

自分の特徴に気付くこと。

〔第３学年及び第４学年〕

自分の特徴に気付き、長所を伸ばすこと。

〔第５学年及び第６学年〕

自分の特徴を知って、短所を改め長所を伸ばすこと。

［希望と勇気、努力と強い意志］

〔第１学年及び第２学年〕

自分のやるべき勉強や仕事をしっかりと行うこと。

〔第３学年及び第４学年〕

自分でやろうと決めた目標に向かって、強い意志をもち、粘り強くやり抜くこと。

〔第５学年及び第６学年〕

より高い目標を立て、希望と勇気をもち、困難があってもくじけずに努力して物事をやり抜くこと。

［真理の探究］

〔第５学年及び第６学年〕

真理を大切にし、物事を探究しようとする心をもつこと。

Ｂ　主として人との関わりに関すること

［親切、思いやり］

〔第１学年及び第２学年〕

身近にいる人に温かい心で接し、親切にすること。

〔第３学年及び第４学年〕

相手のことを思いやり、進んで親切にすること。

〔第５学年及び第６学年〕

誰に対しても思いやりの心をもち、相手の立場に立って親切にすること。

［感謝］

〔第１学年及び第２学年〕

家族など日頃世話になっている人々に感謝すること。

〔第３学年及び第４学年〕

家族など生活を支えてくれている人々や現在の生活を築いてくれた高齢者に、尊敬と感謝の気持ちをもって接すること。

〔第５学年及び第６学年〕

日々の生活が家族や過去からの多くの人々の支え合いや助け合いで成り立っていることに感謝し、それに応えること。

［礼儀］

〔第１学年及び第２学年〕

気持ちのよい挨拶、言葉遣い、動作などに心掛けて、明るく接すること。

〔第３学年及び第４学年〕

礼儀の大切さを知り、誰に対しても真心をもって接すること。

〔第５学年及び第６学年〕

時と場をわきまえて、礼儀正しく真心をもって接すること。

［友情、信頼］

〔第１学年及び第２学年〕

友達と仲よくし、助け合うこと。

〔第３学年及び第４学年〕

友達と互いに理解し、信頼し、助け合うこと。

〔第５学年及び第６学年〕

友達と互いに信頼し、学び合って友情を深め、異性についても理解しながら、人間関係を築いていくこと。

［相互理解、寛容］

〔第３学年及び第４学年〕

自分の考えや意見を相手に伝えるとともに、相手のことを理解し、自分と異なる意見も大切にすること。

〔第５学年及び第６学年〕

自分の考えや意見を相手に伝えるとともに、謙虚な心をもち、広い心で自分と異なる意見や立場を尊重すること。

C　主として集団や社会との関わりに関すること

［規則の尊重］

〔第１学年及び第２学年〕

約束やきまりを守り、みんなが使う物を大切にすること。

〔第３学年及び第４学年〕

約束や社会のきまりの意義を理解し、それらを守ること。

〔第５学年及び第６学年〕

法やきまりの意義を理解した上で進んでそれらを守り、自他の権利を大切にし、義務を果たすこと。

［公正、公平、社会正義］

〔第１学年及び第２学年〕

自分の好き嫌いにとらわれないで接すること。

〔第3学年及び第4学年〕

誰に対しても分け隔てをせず、公正、公平な態度で接すること。

〔第5学年及び第6学年〕

誰に対しても差別をすることや偏見をもつことなく、公正、公平な態度で接し、正義の実現に努めること。

[勤労、公共の精神]

〔第1学年及び第2学年〕

働くことのよさを知り、みんなのために働くこと。

〔第3学年及び第4学年〕

働くことの大切さを知り、進んでみんなのために働くこと。

〔第5学年及び第6学年〕

働くことや社会に奉仕することの充実感を味わうとともに、その意義を理解し、公共のために役に立つことをすること。

[家族愛、家庭生活の充実]

〔第1学年及び第2学年〕

父母、祖父母を敬愛し、進んで家の手伝いなどをして、家族の役に立つこと。

〔第3学年及び第4学年〕

父母、祖父母を敬愛し、家族みんなで協力し合って楽しい家庭をつくること。

〔第5学年及び第6学年〕

父母、祖父母を敬愛し、家族の幸せを求めて、進んで役に立つことをすること。

[よりよい学校生活、集団生活の充実]

〔第1学年及び第2学年〕

先生を敬愛し、学校の人々に親しんで、学級や学校の生活を楽しくすること。

〔第3学年及び第4学年〕

先生や学校の人々を敬愛し、みんなで協力し合って楽しい学級や学校をつくること。

〔第5学年及び第6学年〕

先生や学校の人々を敬愛し、みんなで協力し合ってよりよい学級や学校をつくるとともに、様々な集団の中での自分の役割を自覚して集団生活の充実に努めること。

[伝統と文化の尊重、国や郷土を愛する態度]

〔第1学年及び第2学年〕

我が国や郷土の文化と生活に親しみ、愛着をもつこと。

〔第3学年及び第4学年〕

我が国や郷土の伝統と文化を大切にし、国や郷土を愛する心をもつこと。

〔第５学年及び第６学年〕

我が国や郷土の伝統と文化を大切にし、先人の努力を知り、国や郷土を愛する心をもつこと。

[国際理解、国際親善]

〔第１学年及び第２学年〕

他国の人々や文化に親しむこと。

〔第３学年及び第４学年〕

他国の人々や文化に親しみ、関心をもつこと。

〔第５学年及び第６学年〕

他国の人々や文化について理解し、日本人としての自覚をもって国際親善に努めること。

D　主として生命や自然、崇高なものとの関わりに関すること

[生命の尊さ]

〔第１学年及び第２学年〕

生きることのすばらしさを知り、生命を大切にすること。

〔第３学年及び第４学年〕

生命の尊さを知り、生命あるものを大切にすること。

〔第５学年及び第６学年〕

生命が多くの生命のつながりの中にあるかけがえのないものであることを理解し、生命を尊重すること。

[自然愛護]

〔第１学年及び第２学年〕

身近な自然に親しみ、動植物に優しい心で接すること。

〔第３学年及び第４学年〕

自然のすばらしさや不思議さを感じ取り、自然や動植物を大切にすること。

〔第５学年及び第６学年〕

自然の偉大さを知り、自然環境を大切にすること。

[感動、畏敬の念]

〔第１学年及び第２学年〕

美しいものに触れ、すがすがしい心をもつこと。

〔第３学年及び第４学年〕

美しいものや気高いものに感動する心をもつこと。

〔第５学年及び第６学年〕

美しいものや気高いものに感動する心や人間の力を超えたものに対する畏敬の

念をもつこと。

［よりよく生きる喜び］

〔第５学年及び第６学年〕

よりよく生きようとする人間の強さや気高さを理解し、人間として生きる喜びを感じること。

第３　指導計画の作成と内容の取扱い

１　各学校においては、道徳教育の全体計画に基づき、各教科、外国語活動、総合的な学習の時間及び特別活動との関連を考慮しながら、道徳科の年間指導計画を作成するものとする。なお、作成に当たっては、第２に示す各学年段階の内容項目について、相当する各学年において全て取り上げることとする。その際、児童や学校の実態に応じ、２学年間を見通した重点的な指導や内容項目間の関連を密にした指導、一つの内容項目を複数の時間で扱う指導を取り入れるなどの工夫を行うものとする。

２　第２の内容の指導に当たっては、次の事項に配慮するものとする。

(1)　校長や教頭などの参加、他の教師との協力的な指導などについて工夫し、道徳教育推進教師を中心とした指導体制を充実すること。

(2)　道徳科が学校の教育活動全体を通じて行う道徳教育の要としての役割を果たすことができるよう、計画的・発展的な指導を行うこと。特に、各教科、外国語活動、総合的な学習の時間及び特別活動における道徳教育としては取り扱う機会が十分でない内容項目に関わる指導を補うことや、児童や学校の実態等を踏まえて指導をより一層深めること、内容項目の相互の関連を捉え直したり発展させたりすることに留意すること。

(3)　児童が自ら道徳性を養う中で、自らを振り返って成長を実感したり、これからの課題や目標を見付けたりすることができるよう工夫すること。その際、道徳性を養うことの意義について、児童自らが考え、理解し、主体的に学習に取り組むことができるようにすること。

(4)　児童が多様な感じ方や考え方に接する中で、考えを深め、判断し、表現する力などを育むことができるよう、自分の考えを基に話し合ったり書いたりするなどの言語活動を充実すること。

(5)　児童の発達の段階や特性等を考慮し、指導のねらいに即して、問題解決的な学習、道徳的行為に関する体験的な学習等を適切に取り入れるなど、指導方法を工夫すること。その際、それらの活動を通じて学んだ内容の意義などについて考えることができるようにすること。また、特別活動等における多様な実践活動や体験活動も道徳科の授業に生かすようにすること。

(6) 児童の発達の段階や特性等を考慮し、第２に示す内容との関連を踏まえつつ、情報モラルに関する指導を充実すること。また、児童の発達の段階や特性等を考慮し、例えば、社会の持続可能な発展などの現代的な課題の取扱いにも留意し、身近な社会的課題を自分との関係において考え、それらの解決に寄与しようとする意欲や態度を育てるよう努めること。なお、多様な見方や考え方のできる事柄について、特定の見方や考え方に偏った指導を行うことのないようにすること。

(7) 道徳科の授業を公開したり、授業の実施や地域教材の開発や活用などに家庭や地域の人々、各分野の専門家等の積極的な参加や協力を得たりするなど、家庭や地域社会との共通理解を深め、相互の連携を図ること。

3　教材については、次の事項に留意するものとする。

(1) 児童の発達の段階や特性、地域の実情等を考慮し、多様な教材の活用に努めること。特に、生命の尊厳、自然、伝統と文化、先人の伝記、スポーツ、情報化への対応等の現代的な課題などを題材とし、児童が問題意識をもって多面的・多角的に考えたり、感動を覚えたりするような充実した教材の開発や活用を行うこと。

(2) 教材については、教育基本法や学校教育法その他の法令に従い、次の観点に照らし適切と判断されるものであること。

ア　児童の発達の段階に即し、ねらいを達成するのにふさわしいものであること。

イ　人間尊重の精神にかなうものであって、悩みや葛藤等の心の揺れ、人間関係の理解等の課題も含め、児童が深く考えることができ、人間としてよりよく生きる喜びや勇気を与えられるものであること。

ウ　多様な見方や考え方のできる事柄を取り扱う場合には、特定の見方や考え方に偏った取扱いがなされていないものであること。

4　児童の学習状況や道徳性に係る成長の様子を継続的に把握し、指導に生かすよう努める必要がある。ただし、数値などによる評価は行わないものとする。

【資料】中学校学習指導要領（抄）

（平成 29 年 3 月 31 日　文部科学省告示第 64 号）

中学校学習指導要領

目次

前文
第 1 章　総則
第 2 章　各教科
第 1 節　国語
第 2 節　社会
第 3 節　数学
第 4 節　理科
第 5 節　音楽
第 6 節　美術
第 7 節　保健体育
第 8 節　技術・家庭
第 9 節　外国語
第 3 章　特別の教科道徳
第 4 章　総合的な学習の時間
第 5 章　特別活動

教育は、教育基本法第 1 条に定めるとおり、人格の完成を目指し、平和で民主的な国家及び社会の形成者として必要な資質を備えた心身ともに健康な国民の育成を期すという目的のもと、同法第 2 条に掲げる次の目標を達成するよう行われなければならない。

1　幅広い知識と教養を身に付け、真理を求める態度を養い、豊かな情操と道徳心を培うとともに、健やかな身体を養うこと。

2　個人の価値を尊重して、その能力を伸ばし、創造性を培い、自主及び自律の精神を養うとともに、職業及び生活との関連を重視し、勤労を重んずる態度を養うこと。

3　正義と責任、男女の平等、自他の敬愛と協力を重んずるとともに、公共の精神に基づき、主体的に社会の形成に参画し、その発展に寄与する態度を養うこと。

4　生命を尊び、自然を大切にし、環境の保全に寄与する態度を養うこと。

5　伝統と文化を尊重し、それらをはぐくんできた我が国と郷土を愛するとともに、他国を尊重し、国際社会の平和と発展に寄与する態度を養うこと。

これからの学校には、こうした教育の目的及び目標の達成を目指しつつ、一人一人の生徒が、自分のよさや可能性を認識するとともに、あらゆる他者を価値のある存在として尊重し、多様な人々と協働しながら様々な社会的変化を乗り越え、豊かな人生を切り拓（ひら）き、持続可能な社会の創り手となることができるようにすることが求められる。このために必要な教育の在り方を具体化するのが、各学校において教育の内容等を組織的かつ計画的に組み立てた教育課程である。

教育課程を通して、これからの時代に求められる教育を実現していくためには、よりよい学校教育を通してよりよい社会を創るという理念を学校と社会とが共有し、それぞれの学校において、必要な学習内容をどのように学び、どのような資質・能力を身に付けられるようにするのかを教育課程において明確にしながら、社会との連携及び協働によりその実現を図っていくという、社会に開かれた教育課程の実現が重要となる。

学習指導要領とは、こうした理念の実現に向けて必要となる教育課程の基準を大綱的に定めるものである。学習指導要領が果たす役割の一つは、公の性質を有する学校における教育水準を全国的に確保することである。また、各学校がその特色を生かして創意工夫を重ね、長年にわたり積み重ねられてきた教育実践や学術研究の蓄積を生かしながら、生徒や地域の現状や課題を捉え、家庭や地域社会と協力して、学習指導要領を踏まえた教育活動の更なる充実を図っていくことも重要である。

生徒が学ぶことの意義を実感できる環境を整え、一人一人の資質・能力を伸ばせるようにしていくことは、教職員をはじめとする学校関係者はもとより、家庭や地域の人々も含め、様々な立場から生徒や学校に関わる全ての大人に期待される役割である。幼児期の教育及び小学校教育の基礎の上に、高等学校以降の教育や生涯にわたる学習とのつながりを見通しながら、生徒の学習の在り方を展望していくために広く活用されるものとなることを期待して、ここに中学校学習指導要領を定める。

第1章　総　　則

第1　中学校教育の基本と教育課程の役割

1　各学校においては、教育基本法及び学校教育法その他の法令並びにこの章以下に示すところに従い、生徒の人間として調和のとれた育成を目指し、生徒の心身の発達の段階や特性及び学校や地域の実態を十分考慮して、適切な教育課程を編成するものとし、これらに掲げる目標を達成するよう教育を行うものとする。

2　学校の教育活動を進めるに当たっては、各学校において、第3の1に示す主体的・対話的で深い学びの実現に向けた授業改善を通して、創意工夫を生かした特色ある教育活動を展開する中で、次の(1)から(3)までに掲げる事項の実現を図り、生徒に生きる力を育むことを目指すものとする。

(1)　基礎的・基本的な知識及び技能を確実に習得させ、これらを活用して課題を解決するために必要な思考力、判断力、表現力等を育むとともに、主体的に学習に取り組む態度を養い、個性を生かし多様な人々との協働を促す教育の充実に努めること。その際、生徒の発達の段階を考慮して、生徒の言語活動など、学習の基盤をつくる活動を充実するとともに、家庭との連携を図りながら、生徒の学習習慣が確立するよう配慮すること。

(2)　道徳教育や体験活動、多様な表現や鑑賞の活動等を通して、豊かな心や創造性の涵(かん)養を目指した教育の充実に努めること。

学校における道徳教育は、特別の教科である道徳（以下「道徳科」という）を要として学校の教育活動全体を通じて行うものであり、道徳科はもとより、各教科、総合的な学習の時間及び特別活動のそれぞれの特質に応じて、生徒の発達の段階を考慮して、適切な指導を行うこと。

道徳教育は、教育基本法及び学校教育法に定められた教育の根本精神に基づき、自己の生き方を考え、主体的な判断の下に行動し、自立した人間として他者と共によりよく生きるための基盤となる道徳性を養うことを目標とすること。

道徳教育を進めるに当たっては、人間尊重の精神と生命に対する畏敬の念を家庭、学校、その他社会における具体的な生活の中に生かし、豊かな心をもち、伝統と文化を尊重し、それらを育んできた我が国と郷土を愛し、個性豊かな文化の創造を図るとともに、平和で民主的な国家及び社会の形成者として、公共の精神を尊び、社会及び国家の発展に努め、他国を尊重し、国際社会の平和と発展や環境の保全に貢献し未来を拓(ひら)く主体性のある日本人の育成に資することとなるよう特に留意すること。

(3)　学校における体育・健康に関する指導を、生徒の発達の段階を考慮して、学校の教育活動全体を通じて適切に行うことにより、健康で安全な生活と豊かなスポーツライフの実現を目指した教育の充実に努めること。特に、学校における食育の推進並びに体力の向上に関する指導、安全に関する指導及び心身の健康の保持増進に関する指導については、保健体育科、技術・家庭科及び特別活動の時間はもとより、各教科、道徳科及び総合的な学習の時間などにおいてもそれぞれの特質に応じて適切に行うよう努めること。また、それらの指導を通して、家庭や地域社会との連携を図りながら、日常生活において適切な体育・健康に関する活動の実践を促し、生涯を通じて健康・安全で活力ある生活を送るための基礎が培われるよう配慮すること。

3　2の(1)から(3)までに掲げる事項の実現を図り、豊かな創造性を備え持続可能な社会の創り手となることが期待される生徒に、生きる力を育むことを目指すに当たっては、学校教育全体並びに各教科、道徳科、総合的な学習の時間及び特別活動（以下「各教科等」という。ただし、第2の3の(2)のア及びウにおいて、特別活動については学級活動（学校給食に係るものを除く。）に限る。）の指導を通してどのような資質・能力の育成を目指すのかを明確にしながら、教育活動の充実を図るものとする。その際、生徒の発達の段階や特性等を踏まえつつ、次に掲げることが偏りなく実現できるようにするものとする。

(1)　知識及び技能が習得されるようにすること。

(2)　思考力、判断力、表現力等を育成すること。

(3)　学びに向かう力、人間性等を涵養すること。

4　各学校においては、生徒や学校、地域の実態を適切に把握し、教育の目的や目標の実現に必要な教育の内容等を教科等横断的な視点で組み立てていくこと、教育課程の実施状況を評価してその改善を図っていくこと、教育課程の実施に必要な人的又は物的な体制を確保するとともにその改善を図っていくことなどを通して、教育課程に基づき組織的かつ計画的に各学校の教育活動の質の向上を図っていくこと（以下「カリキュラム・マネジメント」という。）に努めるものとする。

第2　教育課程の編成

1　各学校の教育目標と教育課程の編成

教育課程の編成に当たっては、学校教育全体や各教科等における指導を通して育成を目指す資質・能力を踏まえつつ、各学校の教育目標を明確にするとともに、教育課程の編成についての基本的な方針が家庭や地域とも共有されるよう努めるものとする。その際、第4章総合的な学習の時間の第2の1に基づき定められる目標との関連を図るものとする。

2　教科等横断的な視点に立った資質・能力の育成

(1)　各学校においては、生徒の発達の段階を考慮し、言語能力、情報活用能力（情報モラルを含む。）問題発見・解決能力等の学習の基盤となる資質・能力を育成していくことができるよう、各教科等の特質を生かし、教科等横断的な視点から教育課程の編成を図るものとする。

(2)　各学校においては、生徒や学校、地域の実態及び生徒の発達の段階を考慮し、豊かな人生の実現や災害等を乗り越えて次代の社会を形成することに向けた現代的な諸課題に対応して求められる資質・能力を、教科等横断的な視点で育成していくことができるよう、各学校の特色を生かした教育課程の編成を図るものとする。

3　教育課程の編成における共通的事項

(1)　内容等の取扱い

ア　第2章以下に示す各教科、道徳科及び特別活動の内容に関する事項は、特に示す場合を除き、いずれの学校においても取り扱わなければならない。

イ　学校において特に必要がある場合には、第2章以下に示していない内容を加えて指導することができる。また、第2章以下に示す内容の取扱いのうち内容の範囲や程度等を示す事項は、全ての生徒に対して指導するものとする内容の範囲や程度等を示したものであり、学校において特に必要がある場合には、この事項にかかわらず加えて指導することができる。ただし、これらの場合には、第2章以下に示す各教科、道徳科及び特別活動の目標や内容の趣旨を逸脱したり、生徒の負担過重となったりすることのないようにしなければならない。

ウ　第2章以下に示す各教科、道徳科及び特別活動の内容に掲げる事項の順序は、特に示す場合を除き、指導の順序を示すものではないので、学校においては、その取扱いについて適切な工夫を加えるものとする。

エ　学校において2以上の学年の生徒で編制する学級について特に必要がある場合には、各教科の目標の達成に支障のない範囲内で、各教科の目標及び内容について学年別の順序によらないことができる。

オ　各学校においては、生徒や学校、地域の実態を考慮して、生徒の特性等に応じた多様な学習活動が行えるよう、第2章に示す各教科や、特に必要な教科を、選択教科として開設し生徒に履修させることができる。その場合にあっては、全ての生徒に指導すべき内容との関連を図りつつ、選択教科の授業時数及び内容を適切に定め選択教科の指導計画を作成し、生徒の負担加重となることのないようにしなければならない。また、特に必要な教科の名称、目標、内容などについては、各学校が適切に定めるものとする。

カ　道徳科を要として学校の教育活動全体を通じて行う道徳教育の内容は、第3章特別の教科道徳の第2に示す内容とし、その実施に当たっては、第6に示す道徳教育に関する配慮事項を踏まえるものとする。

(2) 授業時数等の取扱い

ア　各教科等の授業は、年間35週以上にわたって行うよう計画し、週当たりの授業時数が生徒の負担過重にならないようにするものとする。ただし、各教科等や学習活動の特質に応じ効果的な場合には、夏季、冬季、学年末等の休業日の期間に授業日を設定する場合を含め、これらの授業を特定の期間に行うことができる。

イ　特別活動の授業のうち、生徒会活動及び学校行事については、それらの内容に応じ、年間、学期ごと、月ごとなどに適切な授業時数を充てるものとする。

ウ　各学校の時間割については、次の事項を踏まえ適切に編成するものとする。

(ア) 各教科等のそれぞれの授業の1単位時間は、各学校において、各教科等の年間授業時数を確保しつつ、生徒の発達の段階及び各教科等や学習活動の特質を考慮して適切に定めること。

(イ) 各教科等の特質に応じ、10分から15分程度の短い時間を活用して特定の教科等の指導を行う場合において、当該教科等を担当する教師が、単元や題材など内容や時間のまとまりを見通した中で、その指導内容の決定や指導の成果の把握と活用等を責任を持って行う体制が整備されているときは、その時間を当該教科等の年間授業時数に含めることができること。

(ウ) 給食、休憩などの時間については、各学校において工夫を加え、適切に定めること。

(エ) 各学校において、生徒や学校、地域の実態、各教科等や学習活動の特質等に応じて、創意工夫を生かした時間割を弾力的に編成できること。

エ　総合的な学習の時間における学習活動により、特別活動の学校行事に掲げる各行事の実施と同様の成果が期待できる場合においては、総合的な学習の時間における学習活動をもって相当する特別活動の学校行事に掲げる各行事の実施に替えることができる。

(3) 指導計画の作成等に当たっての配慮事項

各学校においては、次の事項に配慮しながら、学校の創意工夫を生かし、全体として、調和のとれた具体的な指導計画を作成するものとする。

ア　各教科等の指導内容については、(1)のアを踏まえつつ、単元や題材など内容や時間のまとまりを見通しながら、そのまとめ方や重点の置き方に適切な工夫を加え、第3の1に示す主体的・対話的で深い学びの実現に向けた授業改善を通して資質・能力を育む効果的な指導ができるようにすること。

イ　各教科等及び各学年相互間の関連を図り、系統的、発展的な指導ができるようにすること。

4　学校段階間の接続

教育課程の編成に当たっては、次の事項に配慮しながら、学校段階間の接続を図るものとする。

(1)　小学校学習指導要領を踏まえ、小学校教育までの学習の成果が中学校教育に円滑に接続され、義務教育段階の終わりまでに育成することを目指す資質・能力を、生徒が確実に身に付けることができるよう工夫すること。特に、義務教育学校、小学校連携型中学校及び小学校併設型中学校においては、義務教育9年間を見通した計画的かつ継続的な教育課程を編成すること。

(2)　高等学校学習指導要領を踏まえ、高等学校教育及びその後の教育との円滑な接続が可能となるよう工夫すること。特に、中等教育学校、連携型中学校及び併設型中学校においては、中等教育6年間を見通した計画的かつ継続的な教育課程を編成すること。

第3　教育課程の実施と学習評価

1　主体的・対話的で深い学びの実現に向けた授業改善

各教科等の指導に当たっては、次の事項に配慮するものとする。

(1)　第1の3の(1)から(3)までに示すことが偏りなく実現されるよう、単元や題材など内容や時間のまとまりを見通しながら、生徒の主体的・対話的で深い学びの実現に向けた授業改善を行うこと。

特に、各教科等において身に付けた知識及び技能を活用したり、思考力、判断力、表現力等や学びに向かう力、人間性等を発揮させたりして、学習の対象となる物事を捉え思考することにより、各教科等の特質に応じた物事を捉える視点や考え方（以下「見方・考え方」という。）が鍛えられていくことに留意し、生徒が各教科等の特質に応じた見方・考え方を働かせながら、知識を相互に関連付けてより深く理解したり、情報を精査して考えを形成したり、問題を見いだして解決策を考えたり、思いや考えを基に創造したりすることに向かう過程を重視した学習の充実を図ること。

(2)　第2の2の(1)に示す言語能力の育成を図るため、各学校において必要な言語環境を整えるとともに、国語科を要としつつ各教科等の特質に応じて、生徒の言語活動を充実すること。あわせて、(7)に示すとおり読書活動を充実すること。

(3)　第2の2の(1)に示す情報活用能力の育成を図るため、各学校において、コンピュータや情報通信ネットワークなどの情報手段を活用するために必要な環境を整え、これらを適切に活用した学習活動の充実を図ること。また、各種の統計資料や新聞、視聴覚教材や教育機器などの教材・教具の適切な活用を図ること。

(4)　生徒が学習の見通しを立てたり学習したことを振り返ったりする活動を、計画的に取り入れるように工夫すること。

(5) 生徒が生命の有限性や自然の大切さ、主体的に挑戦してみることや多様な他者と協働することの重要性などを実感しながら理解することができるよう、各教科等の特質に応じた体験活動を重視し、家庭や地域社会と連携しつつ体系的・継続的に実施できるよう工夫すること。

(6) 生徒が自ら学習課題や学習活動を選択する機会を設けるなど、生徒の興味・関心を生かした自主的、自発的な学習が促されるよう工夫すること。

(7) 学校図書館を計画的に利用しその機能の活用を図り、生徒の主体的・対話的で深い学びの実現に向けた授業改善に生かすとともに、生徒の自主的、自発的な学習活動や読書活動を充実すること。また、地域の図書館や博物館、美術館、劇場、音楽堂等の施設の活用を積極的に図り、資料を活用した情報の収集や鑑賞等の学習活動を充実すること。

2　学習評価の充実

学習評価の実施に当たっては、次の事項に配慮するものとする。

(1) 生徒のよい点や進歩の状況などを積極的に評価し、学習したことの意義や価値を実感できるようにすること。また、各教科等の目標の実現に向けた学習状況を把握する観点から、単元や題材など内容や時間のまとまりを見通しながら評価の場面や方法を工夫して、学習の過程や成果を評価し、指導の改善や学習意欲の向上を図り、資質・能力の育成に生かすようにすること。

(2) 創意工夫の中で学習評価の妥当性や信頼性が高められるよう、組織的かつ計画的な取組を推進するとともに、学年や学校段階を越えて生徒の学習の成果が円滑に接続されるように工夫すること。

第4　生徒の発達の支援

1　生徒の発達を支える指導の充実

教育課程の編成及び実施に当たっては、次の事項に配慮するものとする。

(1) 学習や生活の基盤として、教師と生徒との信頼関係及び生徒相互のよりよい人間関係を育てるため、日頃から学級経営の充実を図ること。また、主に集団の場面で必要な指導や援助を行うガイダンスと、個々の生徒の多様な実態を踏まえ、一人一人が抱える課題に個別に対応した指導を行うカウンセリングの双方により、生徒の発達を支援すること。

(2) 生徒が、自己の存在感を実感しながら、よりよい人間関係を形成し、有意義で充実した学校生活を送る中で、現在及び将来における自己実現を図っていくことができるよう、生徒理解を深め、学習指導と関連付けながら、生徒指導の充実を図ること。

(3) 生徒が、学ぶことと自己の将来とのつながりを見通しながら、社会的・職業的自立に向けて必要な基盤となる資質・能力を身に付けていくことができるよう、特別活動を要としつつ各教科等の特質に応じて、キャリア教育の充実を図ること。その中で、生徒が自らの生き方を考え主体的に進路を選択することができるよう、学校の教育活動全体を通じ、組織的かつ計画的な進路指導を行うこと。

(4) 生徒が、基礎的・基本的な知識及び技能の習得も含め、学習内容を確実に身に付けることができるよう、生徒や学校の実態に応じ、個別学習やグループ別学習、繰り返し学習、学習内容の習熟の程度に応じた学習、生徒の興味・関心等に応じた課題学習、補充的な学習や発展的な学習などの学習活動を取り入れることや、教師間の協力による指導体制を確保することなど、指導方法や指導体制の工夫改善により、個に応じた指導の充実を図ること。その際、第3の1の(3)に示す情報手段や教材・教具の活用を図ること。

2　特別な配慮を必要とする生徒への指導

(1) 障害のある生徒などへの指導

ア　障害のある生徒などについては、特別支援学校等の助言又は援助を活用しつつ、個々の生徒の障害の状態等に応じた指導内容や指導方法の工夫を組織的かつ計画的に行うものとする。

イ　特別支援学級において実施する特別の教育課程については、次のとおり編成するものとする。

(ア) 障害による学習上又は生活上の困難を克服し自立を図るため、特別支援学校小学部・中学部学習指導要領第7章に示す自立活動を取り入れること。

(イ) 生徒の障害の程度や学級の実態等を考慮の上、各教科の目標や内容を下学年の教科の目標や内容に替えたり、各教科を、知的障害者である生徒に対する教育を行う特別支援学校の各教科に替えたりするなどして、実態に応じた教育課程を編成すること。

ウ　障害のある生徒に対して、通級による指導を行い、特別の教育課程を編成する場合には、特別支援学校小学部・中学部学習指導要領第7章に示す自立活動の内容を参考とし、具体的な目標や内容を定め、指導を行うものとする。その際、効果的な指導が行われるよう、各教科等と通級による指導との関連を図るなど、教師間の連携に努めるものとする。

エ　障害のある生徒などについては、家庭、地域及び医療や福祉、保健、労働等の業務を行う関係機関との連携を図り、長期的な視点で生徒への教育的支援を行うために、個別の教育支援計画を作成し活用することに努めるとともに、各教科等の指導に当たって、個々の生徒の実態を的確に把握し、個別の指導計画を作成し活用することに努めるものとする。

特に、特別支援学級に在籍する生徒や通級による指導を受ける生徒については、個々の生徒の実態を的確に把握し、個別の教育支援計画や個別の指導計画を作成し、効果的に活用するものとする。

(2)　海外から帰国した生徒などの学校生活への適応や、日本語の習得に困難のある生徒に対する日本語指導

ア　海外から帰国した生徒などについては、学校生活への適応を図るとともに、外国における生活経験を生かすなどの適切な指導を行うものとする。

イ　日本語の習得に困難のある生徒については、個々の生徒の実態に応じた指導内容や指導方法の工夫を組織的かつ計画的に行うものとする。特に、通級による日本語指導については、教師間の連携に努め、指導についての計画を個別に作成することなどにより、効果的な指導に努めるものとする。

(3)　不登校生徒への配慮

ア　不登校生徒については、保護者や関係機関と連携を図り、心理や福祉の専門家の助言又は援助を得ながら、社会的自立を目指す観点から、個々の生徒の実態に応じた情報の提供その他の必要な支援を行うものとする。

イ　相当の期間中学校を欠席し引き続き欠席すると認められる生徒を対象として、文部科学大臣が認める特別の教育課程を編成する場合には、生徒の実態に配慮した教育課程を編成するとともに、個別学習やグループ別学習など指導方法や指導体制の工夫改善に努めるものとする。

(4)　学齢を経過した者への配慮

ア　夜間その他の特別の時間に授業を行う課程において学齢を経過した者を対象として特別の教育課程を編成する場合には、学齢を経過した者の年齢、経験又は勤労状況その他の実情を踏まえ、中学校教育の目的及び目標並びに第２章以下に示す各教科等の目標に照らして、中学校教育を通じて育成を目指す資質・能力を身に付けることができるようにするものとする。

イ　学齢を経過した者を教育する場合には、個別学習やグループ別学習など指導方法や指導体制の工夫改善に努めるものとする。

第５　学校運営上の留意事項

１　教育課程の改善と学校評価、教育課程外の活動との連携等

ア　各学校においては、校長の方針の下に、校務分掌に基づき教職員が適切に役割を分担しつつ、相互に連携しながら、各学校の特色を生かしたカリキュラム・マネジメントを行うよう努めるものとする。また、各学校が行う学校評価については、教育課程の編成、実施、改善が教育活動や学校運営の中核となることを踏まえつつ、カリキュラム・マネジメントと関連付けながら実施するよう留

意するものとする。

イ　教育課程の編成及び実施に当たっては、学校保健計画、学校安全計画、食に関する指導の全体計画、いじめの防止等のための対策に関する基本的な方針など、各分野における学校の全体計画等と関連付けながら、効果的な指導が行われるように留意するものとする。

ウ　教育課程外の学校教育活動と教育課程の関連が図られるように留意するものとする。特に、生徒の自主的、自発的な参加により行われる部活動については、スポーツや文化、科学等に親しませ、学習意欲の向上や責任感、連帯感の涵養等、学校教育が目指す資質・能力の育成に資するものであり、学校教育の一環として、教育課程との関連が図られるよう留意すること。その際、学校や地域の実態に応じ、地域の人々の協力、社会教育施設や社会教育関係団体等の各種団体との連携などの運営上の工夫を行い、持続可能な運営体制が整えられるようにするものとする。

2　家庭や地域社会との連携及び協働と学校間の連携

教育課程の編成及び実施に当たっては、次の事項に配慮するものとする。

ア　学校がその目的を達成するため、学校や地域の実態等に応じ、教育活動の実施に必要な人的又は物的な体制を家庭や地域の人々の協力を得ながら整えるなど、家庭や地域社会との連携及び協働を深めること。また、高齢者や異年齢の子供など、地域における世代を越えた交流の機会を設けること。

イ　他の中学校や、幼稚園、認定こども園、保育所、小学校、高等学校、特別支援学校などとの間の連携や交流を図るとともに、障害のある幼児児童生徒との交流及び共同学習の機会を設け、共に尊重し合いながら協働して生活していく態度を育むよう努めること。

第6　道徳教育に関する配慮事項

道徳教育を進めるに当たっては、道徳教育の特質を踏まえ、前項までに示す事項に加え、次の事項に配慮するものとする。

1　各学校においては、第1の2の(2)に示す道徳教育の目標を踏まえ、道徳教育の全体計画を作成し、校長の方針の下に、道徳教育の推進を主に担当する教師（以下「道徳教育推進教師」という。）を中心に、全教師が協力して道徳教育を展開すること。なお、道徳教育の全体計画の作成に当たっては、生徒や学校、地域の実態を考慮して、学校の道徳教育の重点目標を設定するとともに、道徳科の指導方針、第3章特別の教科道徳の第2に示す内容との関連を踏まえた各教科、総合的な学習の時間及び特別活動における指導の内容及び時期並びに家庭や地域社会との連携の方法を示すこと。

2　各学校においては、生徒の発達の段階や特性等を踏まえ、指導内容の重点化を図ること。その際、小学校における道徳教育の指導内容を更に発展させ、自立心や自律性を高め、規律ある生活をすること、生命を尊重する心や自らの弱さを克服して気高く生きようとする心を育てること、法やきまりの意義に関する理解を深めること、自らの将来の生き方を考え主体的に社会の形成に参画する意欲と態度を養うこと、伝統と文化を尊重し、それらを育んできた我が国と郷土を愛するとともに、他国を尊重すること、国際社会に生きる日本人としての自覚を身に付けることに留意すること。

3　学校や学級内の人間関係や環境を整えるとともに、職場体験活動やボランティア活動、自然体験活動、地域の行事への参加などの豊かな体験を充実すること。また、道徳教育の指導内容が、生徒の日常生活に生かされるようにすること。その際、いじめの防止や安全の確保等にも資することとなるよう留意すること。

4　学校の道徳教育の全体計画や道徳教育に関する諸活動などの情報を積極的に公表したり、道徳教育の充実のために家庭や地域の人々の積極的な参加や協力を得たりするなど、家庭や地域社会との共通理解を深め、相互の連携を図ること。

第３章　特別の教科　道徳

第１　目　標

第１章総則の第１の２の(2)に示す道徳教育の目標に基づき、よりよく生きるための基盤となる道徳性を養うため、道徳的諸価値についての理解を基に、自己を見つめ、物事を広い視野から多面的・多角的に考え、人間としての生き方についての考えを深める学習を通して、道徳的な判断力、心情、実践意欲と態度を育てる。

第２　内　容

学校の教育活動全体を通じて行う道徳教育の要である道徳科においては、以下に示す項目について扱う。

A　主として自分自身に関すること

［自主、自律、自由と責任］

自律の精神を重んじ、自主的に考え、判断し、誠実に実行してその結果に責任をもつこと。

［節度、節制］

望ましい生活習慣を身に付け、心身の健康の増進を図り、節度を守り節制に心掛け、安全で調和のある生活をすること。

［向上心、個性の伸長］

自己を見つめ、自己の向上を図るとともに、個性を伸ばして充実した生き方を追求すること。

［希望と勇気、克己と強い意志］

より高い目標を設定し、その達成を目指し、希望と勇気をもち、困難や失敗を乗り越えて着実にやり遂げること。

［真理の探究、創造］

真実を大切にし、真理を探究して新しいものを生み出そうと努めること。

B　主として人との関わりに関すること

［思いやり、感謝］

思いやりの心をもって人と接するとともに、家族などの支えや多くの人々の善意により日々の生活や現在の自分があることに感謝し、進んでそれに応え、人間愛の精神を深めること。

［礼儀］

礼儀の意義を理解し、時と場に応じた適切な言動をとること。

［友情、信頼］

友情の尊さを理解して心から信頼できる友達をもち、互いに励まし合い、高め合うとともに、異性についての理解を深め、悩みや葛藤も経験しながら人間関係を深めていくこと。

［相互理解、寛容］

自分の考えや意見を相手に伝えるとともに、それぞれの個性や立場を尊重し、いろいろなものの見方や考え方があることを理解し、寛容の心をもって謙虚に他に学び、自らを高めていくこと。

C　主として集団や社会との関わりに関すること

［遵法精神、公徳心］

法やきまりの意義を理解し、それらを進んで守るとともに、そのよりよい在り方について考え、自他の権利を大切にし、義務を果たして、規律ある安定した社会の実現に努めること。

［公正、公平、社会正義］

正義と公正さを重んじ、誰に対しても公平に接し、差別や偏見のない社会の実現に努めること。

［社会参画、公共の精神］

社会参画の意識と社会連帯の自覚を高め、公共の精神をもってよりよい社会の実現に努めること。

［勤労］

勤労の尊さや意義を理解し、将来の生き方について考えを深め、勤労を通じて社会に貢献すること。

［家族愛、家庭生活の充実］

父母、祖父母を敬愛し、家族の一員としての自覚をもって充実した家庭生活を築くこと。

［よりよい学校生活、集団生活の充実］

教師や学校の人々を敬愛し、学級や学校の一員としての自覚をもち、協力し合ってよりよい校風をつくるとともに、様々な集団の意義や集団の中での自分の役割と責任を自覚して集団生活の充実に努めること。

［郷土の伝統と文化の尊重、郷土を愛する態度］

郷土の伝統と文化を大切にし、社会に尽くした先人や高齢者に尊敬の念を深め、地域社会の一員としての自覚をもって郷土を愛し、進んで郷土の発展に努めること。

［我が国の伝統と文化の尊重、国を愛する態度］

優れた伝統の継承と新しい文化の創造に貢献するとともに、日本人としての自覚をもって国を愛し、国家及び社会の形成者として、その発展に努めること。

［国際理解、国際貢献］

世界の中の日本人としての自覚をもち、他国を尊重し、国際的視野に立って、世界の平和と人類の発展に寄与すること。

D　主として生命や自然、崇高なものとの関わりに関すること

［生命の尊さ］

生命の尊さについて、その連続性や有限性なども含めて理解し、かけがえのない生命を尊重すること。

［自然愛護］

自然の崇高さを知り、自然環境を大切にすることの意義を理解し、進んで自然の愛護に努めること。

［感動、畏敬の念］

美しいものや気高いものに感動する心をもち、人間の力を超えたものに対する畏敬の念を深めること。

［よりよく生きる喜び］

人間には自らの弱さや醜さを克服する強さや気高く生きようとする心があることを理解し、人間として生きることに喜びを見いだすこと。

第３　指導計画の作成と内容の取扱い

1　各学校においては、道徳教育の全体計画に基づき、各教科、総合的な学習の時間及び特別活動との関連を考慮しながら、道徳科の年間指導計画を作成するものとする。なお、作成に当たっては、第２に示す内容項目について、各学年において全て取り上げることとする。その際、生徒や学校の実態に応じ、３学年間を見通した重点的な指導や内容項目間の関連を密にした指導、一つの内容項目を複数の時間で扱う指導を取り入れるなどの工夫を行うものとする。

2　第２の内容の指導に当たっては、次の事項に配慮するものとする。

(1)　学級担任の教師が行うことを原則とするが、校長や教頭などの参加、他の教師との協力的な指導などについて工夫し、道徳教育推進教師を中心とした指導体制を充実すること。

(2)　道徳科が学校の教育活動全体を通じて行う道徳教育の要としての役割を果たすことができるよう、計画的・発展的な指導を行うこと。特に、各教科、総合的な学習の時間及び特別活動における道徳教育としては取り扱う機会が十分でない内容項目に関わる指導を補うことや、生徒や学校の実態等を踏まえて指導をより一層深めること、内容項目の相互の関連を捉え直したり発展させたりすることに留意すること。

(3)　生徒が自ら道徳性を養う中で、自らを振り返って成長を実感したり、これからの課題や目標を見付けたりすることができるよう工夫すること。その際、道徳性を養うことの意義について、生徒自らが考え、理解し、主体的に学習に取り組む

ことができるようにすること。また、発達の段階を考慮し、人間としての弱さを認めながら、それを乗り越えてよりよく生きようとすることのよさについて、教師が生徒と共に考える姿勢を大切にすること。

(4) 生徒が多様な感じ方や考え方に接する中で、考えを深め、判断し、表現する力などを育むことができるよう、自分の考えを基に討論したり書いたりするなどの言語活動を充実すること。その際、様々な価値観について多面的・多角的な視点から振り返って考える機会を設けるとともに、生徒が多様な見方や考え方に接しながら、更に新しい見方や考え方を生み出していくことができるよう留意すること。

(5) 生徒の発達の段階や特性等を考慮し、指導のねらいに即して、問題解決的な学習、道徳的行為に関する体験的な学習等を適切に取り入れるなど、指導方法を工夫すること。その際、それらの活動を通じて学んだ内容の意義などについて考えることができるようにすること。また、特別活動等における多様な実践活動や体験活動も道徳科の授業に生かすようにすること。

(6) 生徒の発達の段階や特性等を考慮し、第2に示す内容との関連を踏まえつつ、情報モラルに関する指導を充実すること。また、例えば、科学技術の発展と生命倫理との関係や社会の持続可能な発展などの現代的な課題の取扱いにも留意し、身近な社会的課題を自分との関係において考え、その解決に向けて取り組もうとする意欲や態度を育てるよう努めること。なお、多様な見方や考え方のできる事柄について、特定の見方や考え方に偏った指導を行うことのないようにすること。

(7) 道徳科の授業を公開したり、授業の実施や地域教材の開発や活用などに家庭や地域の人々、各分野の専門家等の積極的な参加や協力を得たりするなど、家庭や地域社会との共通理解を深め、相互の連携を図ること。

3　教材については、次の事項に留意するものとする。

(1) 生徒の発達の段階や特性、地域の実情等を考慮し、多様な教材の活用に努めること。特に、生命の尊厳、社会参画、自然、伝統と文化、先人の伝記、スポーツ、情報化への対応等の現代的な課題などを題材とし、生徒が問題意識をもって多面的・多角的に考えたり、感動を覚えたりするような充実した教材の開発や活用を行うこと。

(2) 教材については、教育基本法や学校教育法その他の法令に従い、次の観点に照らし適切と判断されるものであること。

ア　生徒の発達の段階に即し、ねらいを達成するのにふさわしいものであること。

イ　人間尊重の精神にかなうものであって、悩みや葛藤等の心の揺れ、人間関係の理解等の課題も含め、生徒が深く考えることができ、人間としてよりよく生きる喜びや勇気を与えられるものであること。

ウ　多様な見方や考え方のできる事柄を取り扱う場合には、特定の見方や考え方に偏った取扱いがなされていないものであること。

4　生徒の学習状況や道徳性に係る成長の様子を継続的に把握し、指導に生かすよう努める必要がある。ただし、数値などによる評価は行わないものとする。

【資料】高等学校学習指導要領（抄）

（平成 30 年 3 月 30 日　文部科学省告示第 68 号）

高等学校学習指導要領

目次

前文
第 1 章　総則
第 2 章　各学科に共通する各教科
第 3 章　主として専門学科において開設される各教科
第 4 章　総合的な探求の時間
第 5 章　特別活動
附則

第 1 章　総　　則

第 1 款　高等学校教育の基本と教育課程の役割

2　学校の教育活動を進めるに当たっては、各学校において、第 3 款の 1 に示す主体的・対話的で深い学びの実現に向けた授業改善を通して、創意工夫を生かした特色ある教育活動を展開する中で、次の(1)から(3)までに掲げる事項の実現を図り、生徒に生きる力を育むことを目指すものとする。

(2)　道徳教育や体験活動、多様な表現や鑑賞の活動等を通して、豊かな心や創造性の涵(かん)養を目指した教育の充実に努めること。

学校における道徳教育は、人間としての在り方生き方に関する教育を学校の教育活動全体を通じて行うことによりその充実を図るものとし、各教科に属する科目(以下「各教科・科目」という。)、総合的な探究の時間及び特別活動（以下「各教科・科目等」という。）のそれぞれの特質に応じて、適切な指導を行うこと。

道徳教育は、教育基本法及び学校教育法に定められた教育の根本精神に基づき、生徒が自己探求と自己実現に努め国家・社会の一員としての自覚に基づき行為しうる発達の段階にあることを考慮し、人間としての在り方生き方を考え、主体的な判断の下に行動し、自立した人間として他者と共によりよく生きるための基盤となる道徳性を養うことを目標とすること。

道徳教育を進めるに当たっては、人間尊重の精神と生命に対する畏敬の念を家庭、学校、その他社会における具体的な生活の中に生かし、豊かな心をもち、伝統と文化を尊重し、それらを育んできた我が国と郷土を愛し、個性豊かな文化の創造を図るとともに、平和で民主的な国家及び社会の形成者として、公共の精神を尊び、社会及び国家の発展に努め、他国を尊重し、国際社会の平和と発展や環境の保全に貢献し未来を拓(ひら)く主体性のある日本人の育成に資することとなるよう特に留意すること。

第７款　道徳教育に関する配慮事項

道徳教育を進めるに当たっては、道徳教育の特質を踏まえ、第６款までに示す事項に加え、次の事項に配慮するものとする。

1　各学校においては、第１款の２の(2)に示す道徳教育の目標を踏まえ、道徳教育の全体計画を作成し、校長の方針の下に、道徳教育の推進を主に担当する教師（「道徳教育推進教師」という。）を中心に、全教師が協力して道徳教育を展開すること。なお、道徳教育の全体計画の作成に当たっては、生徒や学校の実態に応じ、指導の方針や重点を明らかにして、各教科・科目等との関係を明らかにすること。その際、公民科の「公共」及び「倫理」並びに特別活動が、人間としての在り方生き方に関する中核的な指導の場面であることに配慮すること。

2　道徳教育を進めるに当たっては、中学校までの特別の教科である道徳の学習等を通じて深めた、主として自分自身、人との関わり、集団や社会との関わり、生命や自然、崇高なものとの関わりに関する道徳的諸価値についての理解を基にしながら、様々な体験や思索の機会等を通して、人間としての在り方生き方についての考えを深めるよう留意すること。また、自立心や自律性を高め、規律ある生活をすること、生命を尊重する心を育てること、社会連帯の自覚を高め、主体的に社会の形成に参画する意欲と態度を養うこと、義務を果たし責任を重んずる態度及び人権を尊重し差別のないよりよい社会を実現しようとする態度を養うこと、伝統と文化を尊重し、それらを育んできた我が国と郷土を愛するとともに、他国を尊重すること、国際社会に生きる日本人としての自覚を身に付けることに関する指導が適切に行われるよう配慮すること。

3　学校やホームルーム内の人間関係や環境を整えるとともに、就業体験活動やボランティア活動、自然体験活動、地域の行事への参加などの豊かな体験を充実すること。また、道徳教育の指導が、生徒の日常生活に生かされるようにすること。その際、いじめの防止や安全の確保等にも資することとなるように留意すること。

4　学校の道徳教育の全体計画や道徳教育に関する諸活動などの情報を積極的に公表したり、道徳教育の充実のために家庭や地域の人々の積極的な参加や協力を得たりするなど、家庭や地域社会との共通理解を深めること。

執筆者紹介

第１章　田部井　潤（たべい・じゅん）
元東京国際大学人間社会学部教授

第２章　柴原　宜幸（しばはら・よしゆき）
開智国際大学教育学部教授

＊第３章　栗栖　　淳（くりす・じゅん）
国士舘大学文学部教授

＊第４章　内山　宗昭（うちやま・むねあき）
工学院大学教育推進機構教授

第５章　浜野　兼一（はまの・けんいち）
淑徳大学短期大学部こども学科教授

第６章　坂本　徳雄（さかもと・とくお）
国士舘大学文学部講師・教職支援アドバイザー

（＊編者、執筆順）

道徳教育の理論と方法［第２版］

2017 年 6 月 30 日　初　版第 1 刷発行
2021 年 3 月 30 日　第 2 版第 1 刷発行
2024 年 3 月 30 日　第 2 版第 2 刷発行

編著者　内山宗昭
　　　　栗栖　淳

発行者　阿部成一

〒162-0041　東京都新宿区早稲田鶴巻町 514 番地

発行所　株式会社　成文堂

電話 03(3203)9201　FAX 03(3203)9201

http://www.seibundoh.co.jp

製版・印刷・製本　三報社印刷

ISBN978-4-7923-9279-6　C3037　検印省略

定価（本体 2,500 円＋税）